Brauen und Genießen

Für Dagmar

HAGEN RUDOLPH

CRAFT-BIER

Brauen und Genießen

Bibliografische Informationen der Deutschen Nationalbibliothek

Die Deutsche Nationalbibliothek verzeichnet diese Publikation in der Deutschen Nationalbibliografie; detaillierte bibliografische Daten sind im Internet über
http://dnd.d-nb.de abrufbar.

Verlag Hans Carl

© 2019 Fachverlag Hans Carl GmbH, Nürnberg
1. Auflage

Gestaltung: Wildner+Designer GmbH, Fürth
Druck und Bindung: Silber Druck oHG, Niestetal
Alle Fotos: Hagen Rudolph (außer Porträt: Dagmar Petermann)

ISBN: 978-3-418-00134-0

INHALT

VORWORT

Malz, obergärige Hefe und Hopfenpellets

Selbst ein Wirtschaftsnobelpreisträger aus dem Jahr 2017 doziert mit Wohlgefallen über Craft-Bier und macht sich überhaupt nichts daraus, wenn es seine Pläne völlig durcheinander bringt: „Wenn wir uns in einem kühlen, reflektierten Gemütszustand befinden — zum Beispiel darüber nachdenken, was wir am Mittwochabend essen wollen, nachdem wir gerade einen sättigenden Brunch am Sonntag beendet haben —, denken wir, dass es uns nicht schwerfallen wird, an unserem Plan festzuhalten, während der Woche abends gesunde, kalorienarme Speisen zu essen. Aber wenn dann der Mittwochabend kommt und Freunde vorschlagen, in eine neue Pizzeria zu gehen, in der

Hagen Rudolph

Craft-Biere — von unabhängigen kleinen Brauereien handwerklich hergestellte Biere — angeboten werden, essen und trinken wir schließlich mehr, als wir am Sonntag oder auch noch am Mittwoch erwartet hätten, bevor wir im Restaurant mit seinen verführerischen Düften, die aus dem Holzofen aufstiegen, eintrafen, ganz zu schweigen von einer verlockenden Liste von Spezialbieren, die zum Probieren einluden"[1].

Wie wir sehen, liefert Craft-Bier ein appetitanregendes Beispiel zur Verhaltensökonomik, die Richard Thaler uns hier näherbringen möchte. Als gelernter Wirtschafts- und Sozialwissenschaftler lese ich aus beruflichen Gründen zwischendurch jenes Buch, während ich dieses über Craft-Bier schreibe. Und da gerade Mittwoch ist und ich an diesem Tag bislang nur gesunde, kalorienarme Speisen zu mir genommen habe, dämmert mir, dass heute möglicherweise etwas nicht optimal lief. Wo ist die Holzofen-Pizza? Wo sind die Craft-Biere?

Sie sind doch allzu verlockend. Zumindest wecken sie Neugier, auch wenn nicht jedes jedem schmeckt. Aber das weiß man erst, nachdem man es gekostet hat.

Beispielsweise ein mit Marshmallows, Tonkabohnen und Torfmalz gebrautes Bier. Klingt ja eher nach Süßspeise. Wird aber Bier genannt. Ist das zulässig? Und was sind Tonkabohnen? Ich schlage nach. Sie stammen aus Südamerika, Trinidad und dem tropischen Afrika und sollen süßlich, leicht bitter und etwas nach Vanille schmecken. Für die Zubereitung von Lebensmitteln waren Tonkabohnen in den 1980er-Jahren in Deutschland verboten (das macht sie natürlich gleich interessant), weil sie zwei bis drei Prozent Cumarin enthalten. Cumarin kommt ebenso in Datteln und im Waldmeister vor. Sind die auch verboten? Erinnert das Bier an Maibowle? Ich werde es nie erfahren.

Es war ausverkauft.

[1] *Richard Thaler (2018), S. 155 f.*

Eines schönen Wintertages fragte mein Verlag an, ob ich neben meinen beiden dort bereits veröffentlichten und immer wieder neu aufgelegten Büchern „Heimbrauen" und „Heimbrauen für Fortgeschrittene" womöglich ein weiteres Bierbuch „in petto" habe, vielleicht über Craft-Biere oder so. Ich hatte nicht. Aber ab dem nächsten Moment, als der Vorschlag Wirkung entfaltete, hatte ich. Also vertiefte ich mich in die Materie und ging auf die Suche …

Und stieß ziemlich schnell auf kuriose Namen wie *New Beer Generation* „Crazy Lazy Hazy", *Yankee&Kraut* „Dry Humor" oder *Sudden Death Brewing* „Pils Brosnan" (auf dem Etikett das unverkennbare Gesicht eines James-Bond-Darstellers in Form einer Hopfendolde, dessen typisch gehaltene Wasserpistole einen Tropfen Bier verkleckert). Die Botschaft ist klar: Wir sind anders. Wir sind frech und kreativ. Wir trauen uns was und gehen neue Wege. Damit sprechen Craft-Biere vor allem junge und neugierige Menschen an. Aber natürlich sind auch ältere Bierfreunde wie ich für Innovationen und pfiffige Ideen zu haben. Und für ungewöhnliche, wohlschmeckende Biere sowieso. Denn was sich da an neuen Aromen bietet, ist wahrhaft beeindruckend und ein echter Gewinn. So entstand allmählich dieses Buch zum Bier.

Alles in allem möchte ich in diesem Buch …
⇨ zeigen, was die Craft-Bier-Bewegung ausmacht und welche Veränderungen sie in relativ wenigen Jahren bewirkt hat;
⇨ Craft-Bier-Freunden und Genießern Informationen über Craft-Bier, Rohstoffe und Brauverfahren anbieten, damit sie besser nachvollziehen können, wie Craft-Bier gebraut wird und wieviel Kreativität, Hingabe und Experimentierfreude oftmals dahinterstecken;
⇨ Hobbybrauern und Craft-Bier-Brauern Anregungen für ihre eigenen Biere liefern, die in vielen Fällen direkt von erfahrenen Praktikern stammen.

Ein Buch über Craft-Bier ist nur möglich, wenn Brauereien und deren Biere beispielhaft genannt werden dürfen. Das kann natürlich immer nur eine mehr oder weniger subjektive Auswahl sein. Dasselbe gilt für andere Unternehmen und Produkte. Deren Erwähnungen in diesem Buch sind allesamt nicht als Werbung gedacht, sondern dienen lediglich der Information, was alles möglich ist.

Zur Beruhigung etwaiger Bierschützer unter meinen Lesern möchte ich abschließend versichern, dass sämtliche auf meinen Fotos gezeigten Biere zum Zeitpunkt der Aufnahme echt und frisch eingeschenkt waren und dass keins von ihnen nicht getrunken und dabei genossen wurde — wie es Brauch ist im Land …

Hagen Rudolph, Bardowick, im Juni 2019

WAS IST CRAFT-BIER?

Die Zahl der Brauereien in Deutschland steigt seit Jahren. Der Bierausstoß hingegen sinkt. Geht das? Ja. Denn während einige große Brauereien schließen, kommen viele kleine hinzu. Die Kleinen brauen deutlich geringere Mengen, diese aber zumeist mit Kreativität und Liebe zum Detail. Viele von ihnen wenden sich nicht an den Massenmarkt, sondern an Genießer, die besondere Biere zu schätzen wissen. Es sind Craft-Brauereien, die Craft-Biere brauen.

Wir haben immerhin über 1.400 Brauereien in Deutschland. „Über 1.500!" korrigiert mich der Brauer Carsten Nolte. Es ist Herbst 2018 und meine Zahl (1.492) stammt aus dem Vorjahr. „Die Lille-Brauerei in Kiel — mit den Jungs sind wir auch ein bisschen befreundet — die hatten sich erst irgendwo eingemietet, haben Kuckucksbrauer gespielt, und jetzt haben sie in Kiel endlich ein Grundstück gekauft und eine Brauerei dort hingesetzt und sind gleich Brauerei Nummer drei in Schleswig-Holstein geworden. Und die sind ganz stolz, dass sie zu dem Zeitpunkt die exakt eintausendfünfhundertste Brauerei in Deutschland waren. Also, wir haben jetzt die Eins-Fünf vollgemacht. 2015 waren es noch unter Eins-Vier. Es hat also einen richtigen Boom gegeben." Nach neuesten Zahlen des Statistischen Bundesamtes gab es Ende 2018 in Deutschland 1.539 Brauereien.

Craft-Bier-Boom, schön und gut. Aber warum müssen wir unbedingt den englischen Begriff „craft" vor unser Bier setzen? Und wenn schon „Craftbier" oder „Craft Bier" oder „Craft-Bier" — welche Schreibweise ist korrekt? Der Duden kennt das Wort jedenfalls noch nicht. Und so habe ich mich wegen der Englisch-Deutsch-Kombination für Variante drei mit zwei Wörtern und Bindestrich entschieden. Das gilt analog für „Craft-Brauer", „Craft-Brauerei" und so weiter. Bei rein englischen Varianten wie „Craft Beer" entfällt der Strich.

Das englische Substantiv „craft" steht unter anderem für Handwerk, Geschick, Gewerk, Fertigkeit oder Kunst, aber auch für Zunft oder Handwerkerinnung. Das Verb „to craft" bedeutet etwas anfertigen, etwas (kunsthandwerklich) gestalten, etwas von Hand fertigen. Das Substantiv „craft beer" oder „craftbeer" wird als Craft-Bier übersetzt und die „craft brewery" heißt zu deutsch Gasthausbrauerei, Hausbrauerei, Kleinbrauerei, Kleinstbrauerei, Minibrauerei, Wirtshausbrauerei oder Mikrobrauerei.

Craft-Pils (ungefiltert) im passenden Glas

Davon gibt es in Deutschland seit jeher viele. Vor allem im Frankenland finden sich Hunderte von Brauereien — gefühlt mindestens eine in jedem Dorf. Sie haben Tradition und halten sich oft seit Generationen im Besitz einer stolzen Brauerfamilie. Sie brauen ihr Bier handwerklich in Anlagen von überschaubarer Größe. Ist das nicht Craft-Bier?

Craft-Bier in den USA

Ortswechsel. Die Vereinigten Staaten von Amerika — Land der unbegrenzten Möglichkeiten. Auch Bier floss dort praktisch unbegrenzt. Freilich nur in begrenzter Auswahl. „Budweiser" hat einen guten Klang in europäischen Ohren, war (und ist) in den USA aber ein Erzeugnis von *Anheuser-Busch InBev*. Der Streit um die Namensrechte mit der tschechischen Brauerei aus Budweis zog sich jahrelang hin und führte dazu, dass das US-„Budweiser" in Europa aus markenrechtlichen Gründen lediglich „Bud" genannt werden darf — aber das nur am Rande. Wer in den USA kein „Budweiser" mochte, trank „Miller" von *SABMiller* (heute *MillerCoors, LLC*). Und wer dies nicht mochte, kaufte „Michelob", wiederum von *Anheuser-Busch*. Das war es dann so ziemlich. Hinzu kamen Importbiere wie „Beck's" und „Heineken". Die große Mehrheit war zufrieden damit.

Doch Neil Young erklärte „Ain't singing for Miller, don't sing for Bud ..." (in „This Note's For You").

Hier und da muss es wohl Menschen gegeben haben, die Bier nicht nur trinken, sondern besondere und vielfältige Biere genießen wollten. Sie verspürten gewissermaßen den Wunsch, ihre eigenen Zaubertränke zu kreieren. Aber sie durften nicht. Das Hausbrauen war illegal — ein Relikt aus der Zeit der Prohibition (1919—33). Für einen Lichtblick sorgte im Oktober 1976 Jack McAuliffe mit der Eröffnung seiner *New Albion Brewing Company* in Sonoma, Kalifornien. Sie gilt als erste amerikanische Craft-Brauerei seit der Prohibition, wurde aber mangels Wirtschaftlichkeit im November 1982 wieder geschlossen (ihre Markenrechte erwarb später die *Boston Beer Company*)[2].

Dann kam ein historischer Tag. Am 14. Oktober 1978 unterzeichnete Präsident Jimmy Carter die vom kalifornischen Senator Alan Cranston vorgelegte Gesetzesänderung „H.R. 1337"[3]. Sie gestattete das Brauen von 100 Gallonen[4] Bier pro Jahr (379 Liter) für den Eigenbedarf in Haushalten mit einem (oder 200 Gallonen bei mindestens zwei) Erwachsenen. Sie befreite Hobbybrauer von der Biersteuer und schaffte die Hinterlegung einer hohen Sicherheitsleistung (penal bond) für die Ausübung der Brautätigkeit ab — allerdings nur auf Bundesebene. Staaten konnten eigene Regelungen treffen. Alabama und Mississippi machten davon Gebrauch. Dort blieb das Heimbrauen bis 2013 verboten.

Damit durfte der Geist des Heimbrauens endlich aus der Flasche und wuchs schnell zu einer kreativen Bewegung. Binnen weniger Monate nach Inkrafttreten von Bill H.R. 1337

---

[2] *Siehe https://en.wikipedia.org/wiki/New_Albion_Brewing_Company*
[3] *Siehe https://www.gpo.gov/fdsys/pkg/STATUTE-92/pdf/STATUTE-92-Pg1255.pdf*
[4] *1 US.liq.gal. = 3,785411784 Liter. Siehe https://de.wikipedia.org/wiki/Gallone*

legte der Kernphysiker Charlie Papazian gewaltig los. Er gründete noch 1978 zunächst die *American Homebrewers Association*[5], die für ihre Mitglieder das Heimbrauer-Magazin Zymurgy herausgibt. 1979 gründete Papazian die *Association of Brewers*, aus der 2005 nach dem Zusammenschluss mit der 63 Jahre alten *Brewers' Association of America* die heutige *Brewers Association*[6] hervorging. Er organisierte 1982 in Boulder, Colorado auch das erste Great American Beer Festival, ein dreitägiges, jährlich stattfindendes Spektakel. Es wurde später nach Denver, Colorado verlegt und hatte zuletzt (2018) mehr als 60.000 Teilnehmer. Die Zahl der mitwirkenden Brauereien stieg von 22 (1982) auf rund 800 (2018)[7].

Viele Bierfreunde hatten vom American Light Lager die Nase voll. Mit einer gewissen Verzögerung — schließlich mussten sie zunächst Erfahrungen mit dem endlich legalen Bierbrauen sammeln, bevor sie eigene Brauereien aufmachen konnten — starteten Hobbybrauer durch und brachten frischen Wind und eine gewaltige Dynamik in den langweiligen Biermarkt.

Die Zahl der Brauereien (siehe die folgende Tabelle)[8] war von 857 (1941), dem vorläufigen Höhepunkt nach der Prohibition, auf 89 (1978) gesunken. Doch nun bildeten sich Craft-Brauereien in zunächst langsam, dann schnell wachsender und zuletzt regelrecht explodierender Zahl. 1979 entstand eine neue Brauerei — die *Sierra Nevada Brewing Company* in Chico, Kalifornien durch Ken Grossman und Paul Camusi. Sie ist aktuell die zehntgrößte Brauerei in den Vereinigten Staaten. 1980 wurden zwei neue Brauereien gegründet. 1990 existierten bereits 284 Brauereien, soviel wie seit 1952 (285) nicht mehr. 1996 wurde die Tausender-Marke geknackt. Ende 2018 waren es 7.450 Braustätten, die meisten von Hobbybrauern gegründet.

Jahr	Brauereien	Jahr	Brauereien	Jahr	Brauereien	Jahr	Brauereien
1873	4.131	1932	0	1979	90	2013	3.032
1880	2.266	1933	331	1980	92	2014	3.860
1890	2.156	1940	684	1990	284	2015	4.672
1900	1.816	1950	350	2000	1.566	2016	5.606
1910	1.568	1960	188	2010	1.813	2017	6.596
1919	669	1970	138	2011	2.047	2018	7.450
1920	0	1978	89	2012	2.475	2019	?

Tabelle 1: Entwicklung der Zahl der Brauereien in den USA von 1873 bis 2018

Mindestens 90 Prozent aller professionellen Brauer haben als Hobbybrauer angefangen[9] — was allerdings kein Wunder ist, da laut Bill H.R. 1337 jede Person als Brauer gilt, die Bier zum Zweck des Verkaufs braut. Eine formale Ausbildung ist danach nicht erforderlich, lediglich einige Genehmigungen müssen eingeholt werden. Es mag wohl so ein ehemaliger Hobbybrauer gewesen sein, der seine Erfahrungen in den bissigen Spruch packte: „A Craft Brewer is just a Home Brewer that got tired of his friends drinking for free" (Ein Craft-Brauer ist einfach ein Heimbrauer, der es müde wurde, seine Freunde kostenlos trinken zu lassen).

Einer der Craft-Pioniere, Jim Koch, gründete 1984 die *Boston Beer Company*. Sein „Samuel Adams Boston Lager" wurde kurz nach der Einführung beim Great American Beer Festival 1985 zum „Best Beer in America" gewählt und konnte diesen Erfolg noch dreimal wiederholen[10]. Das Festival und die vielen Brauereien mit ihren kreativen Bieren bescherten der Craft-Bier-Szene gewaltiges Interesse und enormen Zulauf.

Die *Brewers Association* legte als Definition fest, dass ein amerikanischer Craft-Brauer „small, independent, and traditional", also klein, unabhängig und traditionell sein soll — jedenfalls bislang. Als ich Anfang Mai 2019 — kurz vor Fertigstellung dieses Buches — vorsichtshalber noch einmal nachschaute, hatte sich die Definition im dritten Punkt plötzlich geändert. Das „traditional" war verschwunden. Die Definition lautete nun schlicht: „An American craft brewer is a small and independent brewer"[11].

→ **Klein:** Der zurechenbare Jahresausstoß beläuft sich auf maximal 6 Millionen Barrel[12].
→ **Unabhängig:** Weniger als 25 Prozent der Craft-Brauerei gehören oder werden kontrolliert von einem Unternehmen der Alkoholgetränke-Industrie, sofern dies nicht seinerseits eine Craft-Brauerei ist.
→ **Brauer (neu):** „Has a TTB Brewer's Notice and makes beer". Also etwa: Ist vom Tax and Trade Bureau (TTB) als Brauer bestätigt und stellt Bier her[13].

---

[5] Siehe https://www.homebrewersassociation.org
[6] Siehe https://www.brewersassociation.org
[7] Siehe https://en.wikipedia.org/wiki/Great_American_Beer_Festival und https://www.greatamericanbeerfestival.com
[8] Siehe https://www.brewersassociation.org/statistics/number-of-breweries/. Hinweis: Verschiedene Quellen liefern unterschiedliche Zahlen. Da hier aber alle Jahre von 1873 bis 2018 erfasst und die letzten sechs Jahre noch weiter nach Kategorien aufgeschlüsselt sind (2018 gab es beispielsweise 7.346 Craft und 104 Non-Craft Breweries), scheint diese Quelle besonders gut recherchiert zu sein und sei daher herangezogen. Die jüngsten Zahlen werden aber nachträglich meist noch korrigiert. Stand: 7. Mai 2019.
[9] Siehe https://www.homebrewersassociation.org/homebrewing-rights/talking-points/
[10] Siehe http://www.bostonbeer.com
[11] Siehe https://www.brewersassociation.org/brewers-association/craft-brewer-definition/
[12] Achtung — das Barrel Bier entspricht vom Volumen her nicht dem wohl bekannteren Barrel Erdöl (1 bbl. (U.S.) = 158,9873 Liter oder 1 bbl. (Imp.) = 159,1132 Liter). Für Bier und Wein haben die Barrel andere Maße. In den USA gilt: 1 bl. (U.S.) = 119,2405 Liter, also rund 1,19 Hektoliter (hl). In England gilt: 1 bl. (Imp.) = 163,6593 Liter. Trotzdem können Volumenmaße von Brauanlagen auch in „bbl." angegeben sein. Man muss immer höllisch aufpassen, welches Fass (Barrel) gerade gemeint ist. Manchmal hilft der Blick auf die Gallonen weiter: 1 bl. (U.S.) = 31,5 Gallonen (U.S.) und →

Die *Boston Beer Company* mit einem zuletzt etwas gesunkenen Jahresausstoß von 2,0 Millionen Barrel (2017) ist eine Ikone der Craft-Szene. Sie ist mit ihr groß geworden und hat sie geprägt. Inzwischen ist die *BBC* freilich so stark gewachsen, dass sie als neuntgrößte Brauerei der USA nicht wirklich mehr klein genannt werden kann. Nur eine Craft-Brauerei ist größer und liegt vor ihr auf Rang sechs: D.G. *Yuengling and Son* (kurz: *Yuengling* — gesprochen: Jüngling) in Pottsville, Pennsylvania, gegründet 1829. Es ist die älteste produzierende Brauerei der Vereinigten Staaten. Ihr Jahresausstoß lag 2017 bei rund 2,7 Millionen Barrel. Vermutlich hat die *Brewers Association* das Kriterium der Größe so weit gefasst, dass *Boston Beer* und *Yuengling* auch bei weiterem Wachstum nicht um ihr Prädikat als Craft-Brauereien bangen müssen. Damit verliert das Kriterium jedoch seine Trennschärfe und ist eigentlich überflüssig.

Die größten 15 US-Brauereien brauten 2017 zusammen 124 Millionen Barrel Bier — 72,6 Prozent des Gesamtausstoßes von 170,8 Millionen Barrel. Dass *Yuengling* und *Boston Beer* nicht unter diesen Top-15, dennoch aber auf den Rängen sechs und neun zu finden sind, dürfte damit zu erklären sein, dass die Marktführer jeweils mehrere große Braustätten besitzen. Am unteren Ende der Skala erzeugten 4.199 Brauereien — also drei Viertel von ihnen — zusammen gerade mal 1,1 Millionen Barrel und damit 0,7 Prozent der Gesamtmenge. Der Ausstoß der als Craft Breweries zusammengefassten Kontrakt-, Gasthaus-, Mikro- und Regionalen Brauereien ist von 2004 bis 2017 von 6 auf über 25 Millionen Barrel gestiegen. Trotzdem lag der Marktanteil der Craft-Brauereien bei lediglich 12,7 Prozent[14]. Marktführer *Anheuser-Busch InBev* hingegen erreichte 2018 allein schon 40,8 Prozent[15]. Fazit: Craft-Bier hat gewaltig zugelegt — ist aber immer noch eine Nische im Revier der industriellen Platzhirsche:

Brauer/Importeur	2007 in Prozent	2017 in Prozent	2018 in Prozent
Anheuser-Busch InBev	48,3	41,6	40,8
MillerCoors, LLC	29,4	24,3	23,5
Constellation	5,4	8,9	9,9
Heineken USA	4,1	3,8	3,5
Pabst Brewing	2,8	2,3	2,1
All Other Domestic* and Imports	10	19	20
Total	100	100	100

Tabelle 2: Marktanteile der größten Brauereien in den USA — * = Hinter „All Other Domestic" verbergen sich alle kleineren Brauereien sowie sämtliche Craft-Brauereien (2017: zusammen 12,7 Prozent).

Craft-Bier in Deutschland und Europa

Zurück nach Deutschland. Hier wird aufgrund des Reinheitsgebots (Details und Diskussion folgen später) sowieso traditionell gebraut (heißt es). Unabhängig sind wohl die meisten der über 1.500 Brauereien, auch wenn die größten von ihnen — die ohnehin niemand als Craft-Brauereien einstufen würde — häufig einer Gruppe angehören. Der Aspekt der Größe (im Vergleich zu den USA) relativiert sich, wenn man bedenkt, dass die führende *Radeberger*-Gruppe 2017 einen Inlandsabsatz von 10,8 Millionen Hektoliter erreichte, der sich aber auf mehrere Brauhäuser und Biermarken verteilte. Die Top-Ten in Deutschland[16]:

Brauerei-Gruppe	Mio hl
1. Radeberger-Gruppe (inkl. Jever, DAB, Berliner Pilsner)	10,8
2. Anheuser-Busch InBev (Beck's, Diebels, Hasseröder, Franziskaner, Löwenbräu)	6,6
3. Bitburger-Gruppe (inkl. König, Köstritzer, Licher, Wernesgrüner)	6,3
4. Oettinger-Gruppe (Oettinger, 5.0)	6,0
5. Krombacher-Gruppe (inkl. Eichner, Rhenania Alt, Rolinck)	5,8
6. Paulaner-Gruppe (inkl. Kulmbacher, Fürstenberg, Hoepfner, Schmucker)	4,5
7. TCB-Gruppe (Frankfurter Brauhaus, Feldschlösschen, Gilde)	4,1
8. Warsteiner-Gruppe (inkl. Frankenheim, Herforder, König Ludwig, Paderborner)	3,3
9. Veltins/Grevensteiner	2,7
10. Carlsberg-Gruppe (inkl. Lübzer, Astra, Duckstein, Holsten)	2,4

Tabelle 3: Die größten Brauereigruppen in Deutschland nach Inlandsabsatz 2017 in Millionen Hektoliter

---

1 bl. (Imp.) = 36 Gallonen (Imp.) — siehe https://de.wikipedia.org/wiki/Barrel. Aber damit nicht genug. Mitunter findet man Angaben wie „1 Barrel (31 Gallons)" und weiß nicht, ob der Urheber sich das „Komma Fünf" gespart hat oder tatsächlich sein eigenes Barrel mit einer halben Gallone weniger meint. Seufz... wie praktisch ist doch unser metrisches System!
[13] *Noch 2018 lautete der dritte Punkt: Traditionell: Der überwiegende Teil der in der Craft-Brauerei erzeugten alkoholischen Getränke besteht aus Bier, deren „flavors" (bedeutet zugleich Geschmack, Duft, Aroma und Würze) von traditionellen (Wasser, Malz, Hopfen, Hefe) oder innovativen Zutaten und ihrer Vergärung herrühren. Aromatisierte Malzgetränke gelten nicht als Bier.*
[14] *Siehe https://www.craftbeer.com/beer/what-is-craft-beer*
[15] *Siehe https://www.nbwa.org/resources/industry-fast-facts*
[16] *Siehe Brauwelt Nr. 14/2018, S. 383 und https://www.capital.de/wirtschaft-politik/die-10-groessten-brauereien-in-deutschland*

Selbst wenn man die US-Vorgabe von 6 Millionen Barrel (ca. 7 Millionen Hektoliter) proportional zur Bevölkerung auf ein Viertel reduziert, liegen nur sehr wenige Brauereien in Deutschland über diesem Wert. Die Kriterien der *Brewers Association* gelten also auch hierzulande (wie schon in den USA) für nahezu sämtliche Brauereien, was nicht ihr Sinn sein kann, weil Größe dann auch in Deutschland kein echtes Unterscheidungsmerkmal mehr ist. Vor diesem Hintergrund sei die Frage wiederholt, was in Deutschland und analog dazu in anderen Ländern wie Österreich oder der Schweiz als Craft-Brauerei gelten kann. Hierzu bietet das Craft-Bier-Online-Magazin *Hopfenhelden* eine Definition[17] an, nach der eine Craft-Brauerei mindestens vier der folgenden fünf Punkte erfüllen muss. Das Schema gefällt mir grundsätzlich, aber einige Modifikationen möchte ich dennoch vorschlagen. Vor allem möchte ich die Merkmale nicht auf Craft-Bier, sondern auf Personen — nämlich die Craft-Brauerin oder den Craft-Brauer — beziehen, wie es bereits die *Brewers Association* getan hat. Denn das Bier an sich sollte zwar schmecken, kann für sich aber weder unabhängig, noch kreativ sein:

1. „Craft Beer zeigt Gesicht: Es gibt bei Craft Beer immer einen Menschen, einen Gründer, Brauer, Macher, der für die Marke und das Produkt einsteht." — Ich möchte dies als Individualität bezeichnen und im Kontrast zu Bieren sehen, die unter einer anonymen Marke laufen.

2. „Craft Beer ist unabhängig: Ähnlich wie die *Brewers Association* denken auch wir, dass Craft-Brauereien nicht Teil großer Konzerne sein sollten." — Im Prinzip ja. Allerdings wankt dieses Kriterium, weil große Konzerne kleine Ableger in das Biotop der Craft-Brauereien pflanzen. So ist *Craftwerk Brewing*[18] eine Versuchs- und Spezialitätenbrauerei mit 20-Hektoliter-Anlage von *Bitburger*. Sie ging 1991 an den Start und produzierte zunächst überwiegend Bock- und Weizenbiere für spezielle Anlässe wie firmeninterne Weihnachtsfeiern und Jubiläen. In der *Pilotbrauerei* liefen und laufen allerdings auch Forschungsprogramme. 2003 begann man, mit den neuen Hopfensorten zu experimentieren, landete 2009 mit einem India Pale Ale endgültig beim Craft-Bier und gab sich schließlich den aktuellen Namen. Callista und Ariana, einige der jüngsten Hopfensorten (2016 zugelassen) mit markanten Fruchtaromen, erhalten hier große Aufmerksamkeit. Die Vermarktung der Bierstile — ein Blick auf die Website lohnt sich — finde ich pfiffig und gelungen. Wie soll man dies einordnen? Ist es nun Craft-Bier, oder nicht? Ich meine ja. Zwar steht ein großer Konzern mit tiefen Taschen hinter *Craftwerk Brewing*. Aber der Ableger ist, ebenso wie gute Craft-Brauereien, mit kreativen Ideen und hochwertigen Produkten ein Botschafter für Bier-Vielfalt. Dasselbe gilt für *Braufactum*, eine Tochter von *Radeberger*. Ihr Gründer Marc Rauschmann

[17] Siehe https://www.hopfenhelden.de/was-ist-craft-beer/
[13] Siehe https://www.craftwerk.de

gehört zu den Pionieren, die Craft-Bier überhaupt nach Deutschland gebracht haben. Daher möchte ich den Aspekt der Unabhängigkeit eher auf die ideelle Ebene beziehen — auf Kreativität und Innovationsfreude — als auf die rechtlich-finanzielle Nicht-Zugehörigkeit zu einem Konzern.

3. „Craft Beer ist kreativ: Wer immer nur ein Helles braut, weil sich das so gut verkauft, der ist nicht kreativ. Es ist aber auch nicht kreativ, nur ein IPA zu brauen. Kreativ heißt, besondere Biere zu wagen, zu variieren, neu zu denken." — Dem kann ich so zustimmen und möchte in Gedanken die Begriffe Innovationsfreude und Inspiration mitschwingen lassen.

4. „Craft Beer ist ‚Handwerk': Natürlich arbeiten Craft-Brauer mit modernster Technik und ‚Handwerk' soll sich nicht auf das Rühren von Hand beziehen, sondern auf die Verwendung natürlicher Zutaten." — Dann ist der Handwerksbegriff aber irreführend und kann entfallen. Ich möchte lieber betonen, dass sie „ausschließlich (!) natürliche Zutaten verwenden". Zum Craft-Bier gehört offenbar, neue Wege zu gehen; gerne auch unvermälzte Getreide wie Gerste, Hafer, Reis oder Mais zu verwenden; unübliche, neu gezüchtete Hopfensorten und spezielle Hefen auszuprobieren; Gewürze oder Früchte einzusetzen, auch Teile von ihnen wie Orangenschalen und einiges mehr — aber eben keine Chemie, keine künstlichen Enzyme und dergleichen.

5. „Craft Beer schmeckt: Nicht immer jedem. Aber grundsätzlich müssen die Produkte einer Craft-Brauerei schon überzeugen, damit wir sie in unserem Sinne als Craft-Brauerei wahrnehmen." — Richtig. Und sie müssen sortentypisch ausfallen, wenn sie schon einer Biersorte zugeordnet werden.

Somit wage ich folgende Definition und meine, dass nach Möglichkeit alle fünf Punkte zutreffen sollten, wobei es im Einzelfall Gründe geben kann, etwas großzügiger zu sein:

> **Definition:**
> *Craft-Brauer brauen individuell, unabhängig, kreativ, verwenden ausschließlich natürliche Zutaten und überzeugen mit Geschmack und Qualität.*

Ich gebe aber zu bedenken, dass man Definitionen nicht zum Dogma machen sollte. Meine Definition ist eher der Versuch, einen Pudding an die Wand zu nageln. Mit Blick in die Zukunft — wenn sich die Trennung zwischen Craft und Nicht-Craft zunehmend schwieriger gestaltet, wenn Craft-Bier kein hipper Trend mehr, sondern normal geworden ist — stellt sich ohnehin die Frage, ob eine Unterscheidung überhaupt noch sinnvoll und nötig sein wird. Dann sind Craft-Biere womöglich einfach nur etwas kreativer gebraute Biere.

Erfreulich ist jedenfalls, dass frischer Wind in eine zuletzt etwas verstaubte und konservative Branche weht, der uns ungeahnte Kreativität und Vielfalt beschert und Bier auch für jüngere Menschen wieder interessant macht. Dieses neue Bewusstsein und diese Begeisterung erkennt auch Holger Eichele vom *Deutschen Brauer-Bund* an: „Wir sehen zum einen die wirtschaftlichen Kennzahlen des Craft-Segments. Craft stand 2017 laut einer Nielsen-Studie mit rund 78.000 Hektoliter Absatz für etwa 0,4 Prozent des Umsatzes im deutschen Biermarkt. Auf der anderen Seite muss man feststellen, dass Craft trotz der geringen wirtschaftlichen Bedeutung für 60 Prozent der Medienwirkung steht. In mehr als der Hälfte aller Berichte über Bier ging es in den letzten Jahren um Craft, Rohstoffe, Start-up und die Renaissance des Brauhandwerks. Das ist natürlich ein Riesengewinn und mit Geld nicht zu bezahlen. Craft-Bier ist und bleibt ein Riesengeschenk für die gesamte deutsche Brauwirtschaft. Durch Existenzgründer, Sommeliers und Hobbybrauer, eine neue Bar- und Restaurant-Szene ist ein völlig neuer Blick auf Bier als Genussmittel entstanden. Das ist der eigentliche Ertrag der Craft-Bewegung. Der andere, der umsatzrelevante Ertrag ist hingegen eher bescheiden und wird auch in Zukunft klein bleiben. Ich fürchte sogar, dass viele Betriebe in diesem Bereich noch hart werden kämpfen müssen, um nicht unterzugehen."[19]

Biersommelier Thomas Vogel hat „die Craft-Entwicklung in Deutschland von Anfang an mitverfolgt. Wir haben also auch schon so 2008, 2009 zusammengesessen mit vereinzelten Leuten in der Branche, als sich abzeichnete, dass sich besondere Biere entwickeln. Man kann die Verhältnisse in den USA aber nicht eins zu eins übertragen. Zwar wird sich viel auf die USA bezogen. Die waren schließlich der Motor der Craft-Bier-Industrie, weil diese besonderen Bierstile und die Idee hinter dem Craft-Bier letztendlich aus den USA kommen. Jetzt ist es aber so, dass man in Deutschland immer schon eine große Dichte an handwerklichen, kleinen Brauereien hatte. So gab es am Anfang der Entwicklung auch hier die Diskussion: Was ist denn Craft-Bier eigentlich? Denn wenn man das übersetzt, ist es handwerklich gebrautes Bier. ,Crafted' heißt handwerklich hergestellt. Und wenn man sich manche Craft-Bier-Brauer in den USA anschaut, dann ist das keineswegs mehr Craft-Bier. Das wird dann schon in der mittelständischen industriellen Größenordnung produziert und die USA definieren das etwas anders als wir das hier tun. Hier gibt es ja mittlerweile verschiedene Strömungen, die einfach sagen: Wir finden, dass Craft nicht mehr Craft ist, wenn es zum Beispiel in größeren Töpfen hergestellt wird. Da scheiden sich die Gemüter."

[19] Siehe https://www.hopfenhelden.de/biermarkt-deutschland-craft-beer/

Viele Meinungen

Bamberg, die Stadt der Biere. Hier beginne ich meine Recherchen über Craft-Biere. Im Reiseführer nimmt das Thema Bier breiten Raum ein, denn viele Touristen kommen wegen des Gerstensafts in das Weltkulturerbe. Elf kleine bis mittelständische Brauereien bieten zumeist traditionelle Biere an, und schon befindet man sich im Spannungsfeld zwischen Craft und Nicht-Craft. Am bekanntesten ist vielleicht das *„Schlenkerla"* Rauchbier der *Brauerei Heller*[20] und hier wiederum unter mehreren Sorten das Märzen, welches in vierzig Länder exportiert wird. *„Schlenkerla"* ist eigentlich die Marke, aber der Einfachheit halber benutze ich den Namen als Synonym für die Brauerei. Auch die *Brauerei Spezial* braut Rauchbier. Beide stellen ihr Rauchmalz selbst her.

Rauchbier mit Leberkäse und Spiegelei

Innovativ ist vor allem der *Kronprinz*, der sich ausdrücklich als „Craft-Beer-Restaurant mit eigener Brauerei"[21] bezeichnet. Dort findet der Bierfreund im Sommer 2018 unter anderem „American Pale Ale", „Ebony Smoke Touch", „Habemus Papam", „Bunnahabhain Whisky Ale" (Bunnahabhain ist ein schottischer Malt Whisky von der Insel Islay) und „Hazelnut Porter". Bei ihnen erkennt man schon an den Namen, dass es sich um Craft-Biere handelt.

Die Meinungen, was ein Craft-Bier ist, driften in der Praxis allemal erheblich auseinander. Ob er die Bamberger Brauereien mit ihrer Vielfalt als Craft-Brauereien bezeichnen würde, frage ich den Verkäufer in einem örtlichen Craft-Bier-Geschäft. Nein, sagt er. Die machen doch nichts Neues, sondern nur das, was sie immer schon getan haben. Keine Experimente mit Hopfen oder so. Eine Ausnahme bilde lediglich der *Kronprinz*.

Der *Kronprinz* passt nicht zu Bamberg, finden Einheimische, mit denen wir in einem Biergarten ins Gespräch kommen. Wie sich zeigt, verstehen sie zwar durchaus etwas von Craft-Bier, aber wer braucht diese neumodischen Getränke? Bamberg hat eine genügend große Bier-Vielfalt, meinen sie. Und seit Jahrhunderten handwerklich in kleinen Brauereien hergestellt seien das doch sowieso alles schon Craft-Biere.

Michael Hanreich, Braumeister beim *Schlenkerla*, antwortet auf meine Frage, ob sein Bier — auch wenn das *Schlenkerla* die Bezeichnung Craft-Bier offiziell nicht verwendet — zur Szene zu rechnen ist: „Wenn man den Zusammenhang sieht zum Rauchbier und dass mit der Craft-Bier-Bewegung auch das Rauchbier einen Boom erlebt — also nicht nur unseres, sondern auch aus anderen Brauereien — da kann man auf jeden Fall davon sprechen."

Was ist denn in seinen Augen ein Craft-Bier? „Diese Bewegung mit den Spezialitäten-Bieren, wie sie in Amerika begann, ist nicht auf ausländische Sorten beschränkt wie jetzt meinetwegen schottisches Ale oder West-Coast IPA oder ähnliches. Die sind halt ungewöhnlich und beispielsweise mit speziellen Hopfensorten eingebraut, die es vorher in Deutschland nicht gab oder die keine Verwendung gefunden haben. Die Craft-Bier-Bewegung, wie sie in Amerika Ende der Achtziger und Anfang der Neunziger losgegangen ist, das waren Hobbybrauer oder Neugründungen irgendwo im Hinterhof. Sie stellten dem ganzen Mainstream-Bier etwas entgegen — Mainstream-Bier in dem Sinne, dass es Konzern-Biere oder Großbrauereien-Biere waren, die einen sehr einheitlichen Geschmack hatten. Craft-Bier war und ist eine geschmackliche Gegenbewegung. Für mich ist eine Craft-Bier-Brauerei — und in dem Sinne sind wir auch eine — eine kleine oder mittelständische, vor allem aber unabhängige Brauerei."

[20] Siehe https://www.schlenkerla.de
[21] Siehe http://kronprinz.beer/#main-content

„Man sieht ja auch die Großbrauereien, die jetzt auf diesen Zug aufspringen", fährt er fort. „Für mich ist das nur ein Marketing-Gag, wenn die Brauerei XY, die man aus der Fernsehwerbung kennt, irgendwelche IPAs braut, die ich auch schon alle probiert habe, mit denen man einfach nur eine Nische füllen will, was mit dem Grundgedanken als solchem aber nichts zu tun hat. Man hat das halt für sich entdeckt, wie das oft so ist, wenn etwas in Mode kommt. Und dann sagen die Großen, wir machen da auch mit. Grundsätzlich denke ich, dass dieses Unabhängige, die Experimentierfreude dahinter und eben die Spezialität ein Craft—Bier ausmachen."

Großbrauereien wollen verständlicherweise am Craft-Bier-Trend mitverdienen. Andererseits nimmt nicht jede Brauerei, die alle Kriterien für „Craft" erfüllt, dieses Etikett für sich in Anspruch. Es ist nämlich auch eine Frage der Positionierung, der Zielgruppe und der Geschäftsphilosophie. Im eher konservativen ländlichen Raum tut eine Brauerei sich vielleicht gar keinen Gefallen damit, ihr Bier „Craft" zu nennen, auch wenn es dies in jeder Hinsicht ist. Man würde damit nur unnötig seine konservative Kundschaft verschrecken, die einfach nur Bier wünscht und keinen „neumodischen Kram". Marc Brammer aus dem beschaulichen Klein Sommerbeck (Kreis Lüneburg) möchte sein *Dachs*[22] trotz aller Craft-Affinität vor allem als regionales Bier verkaufen.

Was ist Craft-Bier für den Braumeister beim Bamberger *Kronprinz* Tobias Seidel? „Das ist ein bisschen schwierig. Craft-Bier kommt ja ganz allgemein aus Amerika — da gab's zuvor nur Einheitsbier. Dann kam diese Craft-Bier-Welle, durch die viele kleine Brauereien relativ schnell ganz groß geworden sind, mittlerweile fast genauso groß wie industrielle Brauereien etc., aber noch immer als Craft-Brauereien zählen. Nach deren Maßstäben macht jede Brauerei in Deutschland Craft-Bier, gerade hier im fränkischen Raum und auch in der Fränkischen Schweiz. Da sind ja so viele alte Brauereien und Wirtschaften, die ein super Bier machen und das ist für mich genauso Craft-Bier, weil es Handwerk ist. Für mich ist Craft-Bier, wenn ich mit guten regionalen Produkten — kann aber auch der Hopfen aus Neuseeland dabei sein oder wie auch immer — hochwertiges Premium-Bier braue und nicht auf Masse geh' wie in der Industrie, wo der Kasten für acht Euro verkauft wird."

Tatsächlich ist Craft-Bier kein (oder jedenfalls nicht das typische) Kastenbier. Gewiss erhält man es auch in Kästen. Aber in der Regel kaufen und verkosten Bierfreunde es flaschenweise. Bei Preisen von zwei bis fünfzig Euro pro Flasche ist das auch kein Wunder. Und das sind zumeist kleine Drittelliterflaschen. Es gibt sogar noch exklusivere Spezialitäten wie den „Schorschbock" von *Schorschbräu* mit 57 Prozent Alkohol — nach Angaben der Brauerei das stärkste Bier der Welt — für etwa 200 Euro pro 0,33 Liter. Preislich hat Bier damit also die Liga besserer Weine erreicht. Dennoch greifen Craft-Bier-Fans für derlei

---

[22] Siehe *http://www.sommerbecker-dachs.de*

Eine Bierverkostung wird vorbereitet

Besonderheiten gerne tiefer in die Tasche. Die hohen Preise haben mehrere Ursachen. Zum einen können kleine Brauereien einfach nicht so kostengünstig brauen wie große — bei fast der gleichen Arbeit fällt die produzierte Menge wesentlich geringer aus. Die Folge sind höhere Stückkosten (Kosten pro Liter). Auch der Vertrieb kleiner Mengen gestaltet sich aufwendiger. Zum anderen ist Hopfen in der Regel die teuerste Zutat und insbesondere für die Erzielung der besonderen Hopfenaromen werden gerne größere Mengen exotischer und seltener Sorten eingesetzt und treiben die Rohstoffkosten beträchtlich in die Höhe. Ich komme darauf zurück.

„Craft-Bier heißt immer extrem viel Hopfen oder extrem viel in irgendeine Richtung und da muss man vorsichtig sein", weiß Tobias Seidel. „Ich kenne ja die Zahlen vom *Kronprinz*. Wir bieten vom Hahn zehn verschiedene Biere an plus ein paar von der Flasche. Gerade die Bamberger Biertrinker sind da etwas schwierig, weil die ihr Kellerbier und ihr Rauchbier haben. Was am meisten geht, ist halt das etwas stärker gehopfte Kellerbier und das Helle, also die Standardbiere. Es trinkt zwar gerne mal einer ein American Pale Ale, aber gefragt ist vor allem das Kellerbier." Was jetzt also noch fehlt und vielleicht ein wenig in die Richtung erzogen werden muss, ist das Publikum, welches die Künste des Craft-Brauers auch zu schätzen weiß. Was in den USA Jahrzehnte gebraucht hat, ist in Deutschland nicht in gerade mal sieben Jahren zu schaffen.

Vorsichtige Worte kommen von Marc Brammer, dessen Marketing den Craft-Begriff meidet. „Craft ist für uns auch eine Modeerscheinung. Wir glauben, dass Craft irgendwann weniger wird, vielleicht schon am Abebben ist. Zwar zieht der Begriff Craft-Brauerei noch in Städten. Aber gemeint sind vielleicht sogar eher Kleinbrauereien, wie es auch einige in Bamberg gibt."

Holger Eichele, Hauptgeschäftsführer des *Deutschen Brauer-Bundes*, haut in dieselbe Kerbe. Er nimmt „aus vielen Gesprächen mit, dass viele Craft-Brauer sich aktuell überlegen, wie sie vom Begriff ‚craft' wegkommen. Manche empfinden ihn sogar schon als etwas geschäftsschädigend. Sie brauen Craft und können sich damit identifizieren, aber bei vielen Konsumenten hat sich leider der Eindruck eingeschlichen, man würde einmal im Leben ein Craft-Bier probieren und hätte damit schon das ganze Spektrum erlebt. Nach dem Motto: ‚Craft? — Ach, das hatte ich schon mal ...' Viele Menschen erkennen noch nicht, welche große Vielfalt dahintersteht."[23]

Rudolf Eisemann, Hopfenhändler in der fünften Generation, sieht die Zukunftschancen von Craft-Bier recht skeptisch: „Also hierzu möchte ich nur (m)eine Markteinschätzung abgeben. Sowohl in den USA als auch in Deutschland konsolidiert sich der Markt. Einige große US Craft Brewer haben massive Absatzprobleme und mussten bereits Personal entlassen oder haben ihre Brauerei an Global Player verkauft. In Deutschland wird das Segment Craft-Bier nicht über einen Marktanteil von 0,5 Prozent hinauskommen. Dem Großteil der ‚Start-ups' fehlen die Vertriebswege. Ein Verkauf über Online-Plattformen bringt nicht den erhofften Erfolg. Bestehen werden nur einige Wenige — oder die Brauereien, die bereits seit vielen Jahren mit ‚konventionellem' Bier am Markt sind und *Craft Beer* nur als Abrundung ihres Portfolios sehen wie *Riegele, Maisel's, Störtebeker, Eichbaum* (solange Lidl damit beliefert wird), *Schneider* usw."

Craft-Brauer müssen sich von dieser Einschätzung nicht entmutigen lassen. Aber sie sollten sie als Mahnung nehmen, sich ihr Geschäftsmodell sehr genau zu überlegen, bevor sie nennenswerte Investitionen tätigen.

---

[23] Siehe https://www.hopfenhelden.de/biermarkt-deutschland-craft-beer/

Wo sind die Grenzen?

Die Schwierigkeiten bei der Definition von Craft-Bier zeigen, dass es nicht scharf von anderen Bieren oder Getränken abzugrenzen ist. Lassen sich denn keine eindeutigen Grenzen festlegen?

Michael Hanreich antwortet auf die Frage, wo er die Grenzen des Craft-Bieres sieht: „Mei, das ist natürlich sehr subjektiv. Womit ich nichts anfangen kann, das sind Sauerbiere — mein Stellvertreter liebt sie. Sauer erinnert mich immer an Rückbier, wenn der Wirt klagt: Dein Bier ist schlecht. Aber in Belgien ist es traditionelles Bier und darum steht es mir nicht zu, zu sagen: Da hört's bei mir auf. Ich war dieses Jahr bei einer Verkostung, da ist ein amerikanisches Bier prämiert worden mit 20 Prozent Whisky. Das ist für mich auch kein Bier mehr, aber das ist meine eigene, subjektive Meinung. Es schmeckte nur nach Whisky und hatte keinen Schaum. Alle anderen am Tisch waren begeistert. Da waren namhafte Sommeliers dabei und die fanden es toll. Es war ein ,Ultrastrong Lager' und lief unter der Definition Bier."

Alexander Welzel von *Hopfen der Welt* sieht „persönlich eigentlich wenig Grenzen. Es gibt zwar einige Sachen, die nicht so mein Fall sind wie Sauerbiere, die momentan recht angesagt sind. Aber wer die trinken oder brauen will, kann das natürlich gerne machen. Und wenn jemand mit Früchten oder Kräutern experimentiert, habe ich auch kein Problem damit. Habe ich auch schon ausprobiert — ein Kirschbier oder ein Kräuterbier."

Noch einmal Michael Hanreich: „Meine Meinung dazu ist: Alles ist möglich, alles ist erlaubt. Für mich, so wie ich als Brauer ticke, ist die Ausgewogenheit wichtig. Irgendwas zusammenschmeißen und es dann irgendwie zum Gären bringen und auf Flasche füllen und ein nettes Etikett draufkleben — das kann jeder. Entscheidend ist aber, es so hinzubringen, dass die Inhaltsstoffe, die Zutaten, miteinander harmonieren, dass es ausgewogen ist, auch wenn etwas ganz Extremes dabei ist, meinetwegen Chili. Wenn das Bier trotzdem ein schönes Mundgefühl erzeugt oder meinetwegen noch ein spezieller Hopfen dabei ist und Chili und Hopfen miteinander harmonieren und ich Lust habe, ein zweites davon zu trinken — da gibt's für mich nach oben keine Grenze. Aber ich bin der Meinung, das kriegen die Wenigsten hin — oder Wenige."

DIE CRAFT-BIER-SZENE

Schmunzelt jemand über die Bill H.R. 1337? Fast vergessen ist, dass die Weitergabe von Braukenntnissen für Hobbybrauer in Deutschland noch bis in die 1980er-Jahre laut § 11 des Biersteuergesetzes (BierStG) von 1952 verboten war[24]:

„Zur Herstellung von Bier bestimmte Zubereitungen aller Art und zur Herstellung von Bier im Haushalt bestimmte Braustoffe oder Brauersatzstoffe dürfen nicht angepriesen oder in Verkehr gebracht werden. (...) Es ist verboten, Vorschriften über die Bereitung von Bier im Haushalt anzupreisen, zu veräußern oder unentgeldlich abzugeben."

Viel besser als in den USA stand es in Deutschland also auch nicht. Wir haben es Jean Pütz vom WDR mit seiner Sendung „Hobbythek" zu verdanken, dass 1982 eine Lockerung dieser Regel erreicht wurde. „Wein können Sie in der Küche selbst keltern; es gibt kein Gesetz, das Sie daran hindern könnte. Beim Bier ist das anders. Da gibt es das Biersteuergesetz, und das hat uns bei der Vorbereitung der ‚Hobbythek'-Sendung zunächst ganz schön zu schaffen gemacht. Daß die Sendung — und schließlich auch dieses Kapitel — doch noch zustande kamen, ermöglichten uns die zuständigen Beamten im Bundesfinanzministerium, denen hier noch einmal herzlich gedankt sei. Sie gestatteten für den Hausbrauer ein erheblich vereinfachtes Genehmigungsverfahren", berichteten die Autoren im Buch zur Sendung[25]. Das war der erste Schritt. Endlich konnten Hobbybrauer loslegen, was zunächst mit sehr einfachen Mitteln geschah. Es war sozusagen die Steinzeit des Hobbybrauens. Wie weit haben wir uns inzwischen doch davon entfernt!

---

[24] Siehe https://www.alkohol-lexikon.de/ALCOHOL/AL_GE/Ebene2/BiersteuerG1952.html — Anmerkung: Bei Gesetzestexten und anderen Zitaten, die aus der Zeit vor der deutschen Rechtschreibreform von 1996 stammen, habe ich die Originalschreibweise beibehalten.

[25] Jean Pütz, Heinz Gollhardt (1982), S. 13.

[26] Die erste Auflage meines Buches „Heimbrauen für Fortgeschrittene" (erschienen 2002) enthielt ein Kapitel über Gasthausbrauereien, in dem ich ausführlich zeigte, wie man als Hobbybrauer den Meisterzwang umgehen konnte, was in der Praxis allerdings schwierig war. Mit dem Ende dieses Relikts der Zunftordnungen wurde auch besagtes Kapitel im Buch überflüssig und ich ersetzte es für die zweite Auflage (2008) durch ein neues (nämlich „Superstarkbier").

Im Jahr 2004 wurde die Anlage A der Handwerksordnung (HWO) geändert. Diese Maßnahme des Gesetzgebers war aus meiner Sicht der entscheidende Impuls, um Craft-Bier-Brauereien in Deutschland den Weg zu ebnen. Denn der Beruf des Brauers und Mälzers wurde neben vielen anderen aus der Liste entfernt. Damit wurde für Brauereien der Meisterzwang aufgehoben. Nun hatten Hobbybrauer freie Bahn, eigene Brauereien aufzubauen und ihr Bier „in Verkehr zu bringen", was vorher praktisch unmöglich war[26]. Eine neue und unkonventionelle Sicht auf das Brauen konnte endlich auch hierzulande die Bierwelt erobern.

„Wir hatten in Deutschland wegen der vielen kleinen, ziemlich verstreuten Brauereien immer schon die Möglichkeit, gutes, solides Bier neben dem Industriestandard zu finden — kleine interessante Biere", so Carsten Nolte. „Ein bisschen unter die Räder gekommen ist trotzdem das Thema Vielfalt. Auch in Franken, da kriegst du dein Helles, vielleicht auch ein Rauchbier, ein Kellerbier oder ein Zwickel, aber andere Bierstile findest du dort eher selten. Die Biervielfalt war am Ende doch ein wenig eingeschränkt. Aber der Craft-Bier-Boom, der jetzt aus den USA rüber geschwappt ist, ändert dies und bringt zusätzlich eine Renaissance alter Bierstile mit rüber. Wenn sie Craft-Bier hören, denken viele Leute, es drehe sich um India Pale Ale. Aber da ist ja nicht nur Helles, nett und handwerklich hergestellt." Nein, es sind kreative Biere aller Art ... von hell bis dunkel ... von alkoholfrei bis superstark ... mit ungewöhnlichen Aromen und gelegentlich exotischen Zutaten.

Craft-Bier ist in gewisser Weise ein Symbol für Freiheit und Selbstbestimmung — für Kreativität, die sich nach dem Wegfall staatlicher Bevormundung Bahn bricht. In den USA steht „Bill H.R. 1337" (1978) für ein derartiges Ereignis. In Deutschland sind es die „Hobbythek" und eben jene Änderung der Anlage A der Handwerksordnung. Vielleicht hat es vergleichbare Liberalisierungen auch in anderen Ländern gegeben. Der Staat zieht sich ein Stück weit aus Bereichen zurück, die zu regulieren er sich aus irgendwelchen Gründen einst angemaßt hat. Plötzlich ist den Menschen etwas gestattet, das ihnen zuvor durch die Obrigkeit verwehrt blieb. Und enthusiastische Bierfreunde, die sich endlich entfalten dürfen, ergreifen die Gelegenheit, Neues auszuprobieren, Altes wiederzuentdecken und beides miteinander zu verbinden.

Für Sabine Weyermann ist die Craft-Bewegung „eine zum Horizont hin offene Bewegung — vor allem in Deutschland. Hier paart sich handwerkliches Geschick (wie es in dem Wort Craft bereits vorkommt) mit der Kreativität junger Braumeister" oder Brauer, weil sie ja keine Meisterausbildung mehr benötigen.

Brauer

Carsten Nolte und ich unterhalten uns darüber, was unsere Bierbrauseminare mitunter auslösen. „Einer meiner Kursteilnehmer war total abgedreht. Der ist 25, ist gelernter Elektroniker, arbeitet hier oben im Hafen und der hat sich die komplette BrauEule zu Hause nachgebaut. Der hat sich einen Mikro-Controller besorgt, hat ihn irgendwie programmiert, hat sich zwei Induktionskochplatten besorgt, hat sich seine Steuerung gebaut, hat sich auch ein Rührwerk gebastelt aus drei Scheibenwischermotoren und das ist total irre."

Ich habe 1996 mit dem Bierbrauen angefangen und seit 1997 wohl um die 150 Bierbrauseminare durchgeführt. Bei manchen Kursteilnehmern hatte auch ich den Eindruck, dass das Bierbrauen nur Mittel zum Zweck sei, um ihrer Leidenschaft für Technik nachzugehen. Endlich hatten sie etwas gefunden, das sich nicht wehren konnte. Bier lief fast ein wenig nebenher — der Brauprozess war lediglich die Herausforderung. Tatsächlich ging es ihnen darum, eine funktionierende Anlage zu entwerfen und mit eigenen Händen aufzubauen. Insbesondere, wenn sie an der Quelle saßen. Wenn sie beispielsweise in einer Firma arbeiteten, die Edelstahl-Anlagen anfertigte oder wenn sie mit elektronischen Steuerungen zu tun hatten. Sie verfügten über das notwendige Know-how. Sie kamen günstig an die Materialien ran. So bauten sie sich halt ihre eigene Brauerei. Manche Hobbybrauer haben erstaunliche Anlagen erstellt — computergesteuert und komplett selbst entwickelt.

„Wahnsinn, ne? Aber ich finde das cool. Ich finde das geil, wenn man so ein bisschen das Gefühl hat, man hat denen sozusagen den letzten Schnitzer verpasst und dann laufen sie auf einmal los und sind in dem Sinne neue Bier-Botschafter, die die Möglichkeiten dieses Getränkes natürlich auch in ihren Freundeskreis und so weiter mit reinbringen und die einfach zeigen, hey, wir können ein Helles oder ein Pils oder was weiß ich auch anders machen und vielleicht sogar interessanter als das, was wir im Getränkemarkt kriegen. Und das ist jetzt wieder der Bogen zum Thema Craft-Bier — dass man einfach den Leuten zeigt, es geht anders als rein industriell hergestelltes Pils oder Bier und es geht vielleicht auch geschmacklich noch ein bisschen anders. Und das sind so die Angriffspunkte, wo ich Craft-Bier in Deutschland verorte."

„Wir beziehen unser Malz von der *Rhönmalz*", fährt Carsten fort. „Das ist eine kleine Mälzerei in der Rhön — obwohl, so klein sind die inzwischen auch nicht mehr. Die haben sich schon seit Jahrzehnten auf die Produktion von ökologischem Malz spezialisiert. Das geht in den ganzen Bereich der Wertschätzung des Produktes, aber auf der anderen Seite auch der Wertschätzung des Konsumenten. Denn in gewisser Weise hat jeder ein Recht darauf, Produkte aus sauberen Rohstoffen zu konsumieren. Manchmal stößt man allerdings an Grenzen. Wir wollten unseren Hopfen umstellen, auch auf hundert Prozent Öko. Das

Schaubrauen mit einer Braukaskade 2018

haben wir bisher leider nicht hingekriegt. Das Problem ist, es gibt nach meinem Wissen in Deutschland nur sieben Hopfenbauern, die sich darauf spezialisiert haben, ökologisch Hopfen anzubauen. Es geht zwar auch, dass man im Internet auf den einschlägigen Platt-formen immer mal ein paar hundert Gramm gekauft kriegt. Aber wenn man vorplanen will für ein halbes Jahr, dann wird es ein bisschen enger, habe ich so das Gefühl. Dann kommt halt so ein Player um die Ecke wie *Lammsbräu*, der dann einfach mal den ganzen Öko-hopfenmarkt in Deutschland per Option im Vorwege leerkauft und leerfegt. Da haben wir meiner Meinung nach ein ganz großes Thema und das ist für uns noch eine Baustelle, an der wir arbeiten. Unsere Hefe ist eine Lebendhefe von der *Holsten*, die wir im ein- oder zweiwöchigen Takt aus Hamburg holen. Und wir nehmen Lüneburger Wasser, das man ja nicht aufbereiten muss. Wir haben hier eine ideale Wasserhärte von 3,8 — besser geht kaum."

Bei meinem Besuch in Bamberg habe ich auch die Mälzerei *Weyermann*® als Teil der Craft-Bewegung wahrgenommen und die Geschäftsführerin Sabine Weyermann stimmt mir vollkommen zu. In der hauseigenen *Braumanufaktur* stellt *Weyermann*® recht ungewöhnliche Biere wie „Schoko küsst Orange", „Oatmeal Stout" (englisch „oatmeal" = zarte Haferflocken) oder ein „Süßholz Porter" her, die im Shop neben fremden Craft-Bieren verkauft werden. Ich möchte wissen, welche Bedeutung ihre hauseigene Brauerei für die Mälzerei hat und erfahre, dass sie dem Entwickeln oder Testen neuer Malze, der Entwicklung neuer Rezepte und dem Testen der Verarbeitbarkeit der hauseigenen Malze dient. Obendrein steht sie für Schulungen im Rahmen des internationalen Austausches mit nord- und südamerikanischen Brauern zur Verfügung. „In unserer *Braumanufaktur* brauen wir pro Jahr ca. 60 unterschiedliche Biere und lassen unserer Kreativität (sofern diese nicht vom Ordnungsamt gestoppt wird), freien Lauf. Der der Mälzerei angegliederte Craft Beer Fan Shop ‚*Malz & More*' dient zusammen mit den unzähligen Bierseminaren (die unsere 18 Sommeliers durchführen) dazu, für das Craft-Bier neue Fans zu gewinnen. Die Biere in unserem Shop sind ausschließlich mit *Weyermann*® Malz gebraut."

Ob sich mit dem Aufkommen der Craft-Bier-Bewegung für Tobias Seidel beim Brauen etwas verändert hat, möchte ich wissen. „Gut, wir sind mit dem *Kronprinz* vor zweieinhalb Jahren genauso in diesen Hype eingesprungen und klar, für mich persönlich hat sich viel geändert. Ich arbeite nebenher bei der *Kaiserdom-Brauerei*, da machen wir 250.000 Hektoliter im Jahr — das ist halt Masse und weltweites Verschiffen. Und hier bin ich jetzt mit einem 5-Hektoliter-Sudhaus ausgerüstet und nur mit den Vorgaben, Bier zu brauen, was schmeckt. In allerlei Richtungen kann ich mir einkaufen, was ich will, sei es Malz, Hopfen oder sonst was für Zutaten und kann einfach etwas brauen. Das ist natürlich genial für einen Brauer. Und gerade vom ganzen Lernen her — die meisten Kollegen kennen die Sorten gar nicht, mit denen ich jetzt braue, Hopfen aus Neuseeland oder Australien. Und das ist super. Das hat sich geändert."

Wie hat er diese speziellen und exotischen Hopfensorten denn kennen gelernt? „Ich habe die Biersommelier-Ausbildung 2012 absolviert und da wurde man schon gut gebrieft über die neuen Sorten. Und dann bin ich auch sehr viel auf Reisen, habe zum Beispiel eine kleine Weltreise gemacht zur Elternzeit, war fünf Wochen mit Familie unterwegs in Hong Kong, Australien, Neuseeland, Chile, Argentinien, Brasilien. Und da nimmt man natürlich extrem viel mit. Wir besuchen dann immer bewusst Brauereien, gerade kleine Brauereien, und oftmals ist es auch so, dass man Rezepte abstaubt von denen. Das war in Sydney zum Beispiel der Fall gewesen. Und man sieht halt unheimlich viel, was weltweit so gebraut wird. Zum Beispiel waren wir letztes Jahr in Kanada. Da kam dann die Idee auf, Bier mit Vanille und Blaubeeren zu brauen, weil die das dort im Banff-Nationalpark angeboten haben. Das ist sehr ungewöhnlich. Da muss man auch echt ein bisschen vorsichtig sein. Das werde ich in der Form so extrem nicht machen."

Reicht der *Kronprinz* seine Biere auch bei Bier-Festivals und Wettbewerben ein? „Ja, wir machen beim Meininger Craft Beer Award[27] mit, aber nur bei diesem, weil man keinen World Beer Award braucht. Beim European Beer Star[28] machen über zweitausend Biere mit. Da habe ich einfach das Problem mit dem Abfüllen. Ich hab einen Einhandfüller und die Biere müssen einen Monat vorher dort eingeschickt sein und da ist das Risiko viel zu groß, dass ich oxydiertes Bier abgebe, das dann sowieso durchfällt. Dann kauf ich mir für die 200 Euro Startgebühr lieber neuen, coolen Hopfen [lacht]."

Und Thomas Vogel ist der Ansicht: „Ich bemerke vor allem, dass durch diese Craft-Bier-Szene sich die kleinen und mittelständischen Brauereien wieder wegbewegen von dem Einheitsbier, was letztlich auch schon 2010, als ich mit anderen Leuten die *Bierpro*[29] gegründet habe, unser Ziel war. Nämlich, dass sich die Kleinen wieder auf ihr handwerkliches Geschick und ihre Bieridentität besinnen und nicht versuchen, es den Großen nachzutun und ein einziges Einheitspils oder Helles zu erzeugen, wie das bislang so häufig der Fall war. Da hat jeder versucht, ein Pilsner, ein Alt und wenn's hoch kommt ein Weizen zu haben und möglichst so wie die Großen zu schmecken, also alles gleich. Das ändert sich jetzt. Sogar die Großen bemühen sich, wieder eine Identität in ihr Bier zu bringen, die sich unterscheidet. Das Einheitsbier wird also verdrängt. Auch die Großen versuchen, im Craft-Bier-Teich mitzuschwimmen. Und dabei kommen natürlich ein paar schöne Sachen raus, die die Bierszene in Deutschland wiederbeleben und das Verständnis beim Verbraucher in die Richtung schubsen, wo man einfach sagt, wenn man ein gutes Bier will, muss man halt den Preis dafür bezahlen. Das ist ja auch beim Wein so eine Geschichte gewesen und das erleben wir jetzt beim Bier durch diese Craft-Bier-Szene. Aber da wird es aus meiner Sicht in den nächsten Jahren noch einiges an Bereinigung geben. Da werden einige wohl wieder gehen."

---

[27] Siehe https://www.meininger.de/de/craft-beer-award
[28] Siehe http://private-brauereien.de/ebs-de/
[29] Siehe http://www.bierpro.org/index.php

Gastronomie

In seiner eigenen, unabhängigen Gasthausbrauerei[30] hat Carsten Nolte das Problem natürlich nicht. Andere Wirte hingegen plagen sich damit herum. Und es ist „sehr kontraproduktiv für die Biervielfalt. Viele Gastronomen haben nämlich Brauereiverträge. Und das ist auch wieder ein Unterschied zwischen der deutschen und der amerikanischen Bierlandschaft. In Amerika darfst du als Brauerei gar keine Brauereiverträge mit Gastronomen, Restaurants und so weiter machen. Das ist dort nicht gesetzeskonform. Hier in Deutschland sieht die Sache jedoch anders aus. Das beste Beispiel: Ich war neulich mal wieder ein Steak essen, so richtig schön im Steakhaus. Und ich hab mich schon gefreut und dachte, weil das auch nicht das billigste Steakhaus ist, wenn die gut sind haben sie vielleicht ein IPA bei sich auf der Karte, was man dann zum schön gegrillten Steak mitfahren kann. Aber die hatten nur ein Bier aus der Fernsehwerbung. Der Kellner hat mich unglücklich angeguckt und entschuldigend mit den Schultern gezuckt. Das ist schade. Und das ist aktuell ein gewisser Hemmschuh dafür, dass die Biervielfalt mehr in die Breite geht."

Und weiter: „Natürlich springen die großen Brauereien jetzt so nach und nach ein bisschen auf den Zug auf. Wer da ganz weit vorne ist und auch qualitativ ganz vorne mitspielt: *Bitburger*. Also, ich bin nie ein Fan vom ‚Bitburger Pils‘ gewesen. Aber die haben jetzt mit ihrem *Craftwerk* eine Unterlinie aufgezogen. Da haben sie mittlerweile so fünf bis zehn Sorten am Start und sie haben auch versucht, belgische Trappistenbiere nachzubrauen [etwa ein Tripel namens ‚Holy Cowl‘]. Sie können natürlich nicht die Story mitliefern, aber von der Qualität her, die sie produzieren, ist das ganz großes Tennis. Und ich hoffe auch darauf, dass die es vielleicht schaffen, wenn sie ihre Macht ein bisschen spielen lassen, dass sie in den Kneipen, wo es ‚Bitburger‘ gibt, dafür sorgen, dass mal so zwei, drei ausgefallenere Sachen mit auf die Karte kommen, damit die Leute einfach kapieren, was das Produkt Bier letzten Endes alles noch so kann."

Bierlieferungsverträge sind nach wie vor üblich. Gastronomen erhalten ein Darlehen von der Brauerei und verpflichten sich zur Abnahme des Bieres. Soweit gut — in Deutschland gibt es die Vertragsfreiheit. Hier wäre allerdings eine größere Sortenvielfalt attraktiv und wünschenswert. In manch einem eher gewöhnlichen Restaurant in den USA kann ich mich über ein Angebot von zwanzig, dreißig und mehr Craft-Bieren aus unterschiedlichen Brauereien und Regionen freuen. Die stehen auf der Karte — und die haben sie tatsächlich auch da. Auf einem seit Jahren rückläufigen Markt wie in Deutschland könnte man durchaus etwas mehr in die Zukunft schauen und dem Bier zu einem frischen Image verhelfen. Wie aber sollen die Kunden Biervielfalt und den Wert des Getränks neu für sich entdecken,

---

[30] Siehe https://www.brauhausnolte.de

wenn sie nicht im Restaurant das passende Bier zur Speise angeboten bekommen, idealerweise stilvoll serviert im passenden Glas? Vorbilder der „Neuen Biergastro" sind beispielsweise das *Dolden Mädel* in Berlin[31], das *Alte Mädchen* in Hamburg[32], das *Tap-House* in München[33] und das *Liebesbier in Bayreuth*[34]. Es geht darum, für Brauerei, Gastronom und Kunden eine Win-win-win-Situation zu schaffen:

→ Brauereien könnten dafür sorgen, dass ihr Produkt attraktiver für die junge Generation wird, denn gerade sie hat sich in den letzten Jahren vom Bier mit seinem konservativen Image abgewendet. Wahrscheinlich wird mehr Vielfalt nicht sofort zu explodierenden Umsätzen führen, sondern einen längeren Lernprozess anstoßen und allmählich seine Wirksamkeit entfalten. Über 7.000 Craft-Brauereien in den USA machen vor, was möglich ist. Dort hat es freilich Jahrzehnte gebraucht, bis es so viele wurden. Eine vergleichbare Brauereidichte hat Deutschland bereits. Nur bei der Sortenvielfalt hapert es noch.

→ Es muss ja nicht gleich die „Neue Biergastro" sein. Restaurants könnten dennoch mit neuen Angeboten, Kreationen und Kombinationen von Speisen und Getränken bei ihren Gästen punkten. Sie sollten dies allerdings auch offensiv vermarkten, beispielsweise in ihrer Getränkekarte kommunizieren. Während sie nämlich auf ihre Bestellung warten, sind viele Gäste nicht in spannende Gespräche vertieft, sondern haben eine Menge Zeit, sich der Karte zu widmen. Die könnte ihnen interessante Geschichten erzählen und Neugierde für das angebotene Bier wecken. Gerade die Karten bieten beträchtliche Möglichkeiten für Marketing. Man muss sie nur nutzen.

→ Besucher könnten sich auf ein ungewöhnliches Craft-Bier zum besonderen Essen freuen und die Vielfalt genießen. Wenn es nicht auf der Karte steht, sollten sie ruhig signalisieren, dass Nachfrage vorhanden ist — indem sie nachfragen. Vielleicht reagiert der Wirt auf die Wünsche seiner Kunden, wenn sie häufiger mal nach einem IPA, Trappistenbier, Barley Wine oder allgemein nach Craft-Bier fragen.

[31] *Siehe https://doldenmaedel-berlin.de*
[32] *Siehe https://altes-maedchen.com*
[33] *Siehe http://www.tap-house.de*
[34] *Siehe https://www.liebesbier.de*

Läden

„Ursprünglich mussten wir weite Strecken fahren, um die ungewöhnlichen Biere kennenzulernen", erzählt Knut Roenelt, ein deutscher Craft-Bier-Fan der ersten Stunde. Inzwischen betreibt er mit *Knuts Mixbecher* ein Craft-Bier-Lokal in Uelzen[35] und arbeitet seit ihrer Gründung bei der *Kreativbrauerei Kehrwieder* in Hamburg. „40.000 Kilometer im Jahr kamen schnell zusammen. Es gab noch keine Infrastruktur." Das hat sich geändert. Inzwischen bieten immer mehr Kneipen, Geschäfte, Getränkemärkte und sogar Versandhändler ein breites Craft-Bier-Sortiment an. Hinzu kommen diverse Bier-Festivals. Man muss nicht mehr die überall in der Republik versteckten Mikrobrauereien suchen, obwohl echte Fans sich nach wie vor mit Begeisterung auf die Reise machen. Für alle anderen kommt das Bier heute von fast überall her in die eigene Region.

Das *Avenir* ist ein Café mit Laden in der Lüneburger Innenstadt[36]. Es bietet eine größere Auswahl an Craft-Bieren zu kaufen und frisch vom Fass (nur freitags) an. Jeder Freitagabend steht im Zeichen des Craft-Biers. „Wir sind gar nicht als Craft-Bier-Laden gestartet, sondern als Café und Laden für fair gehandelte Produkte, insbesondere für selbst gerösteten Kaffee", erzählt Mit-Geschäftsführer Frieder Dähnhardt. „Wir haben dann bestimmte Produktsegmente ausprobiert. Irgendwann auch Craft-Bier, was gut ankam und in unserem Sortiment immer umfänglicher wurde. Es ist jetzt unser Hauptbestandteil."

In diesem Fall sind es also keine Hobbybrauer oder Bier-Enthusiasten, die sich mit dem Geschäft einen Herzenswunsch erfüllen. Vielmehr lief es anders herum: Craft-Bier passte genau in das bestehende Konzept. „Wir haben nicht erst Bier selber gebraut und dann gesagt, wir eröffnen nun einen Laden. Verbindende Klammer für Produkte in unserem Sortiment sind vier Kriterien: 1. soziale Gerechtigkeit und fairer Handel, 2. biologischer Anbau, 3. handwerkliche Fertigung sowie 4. Regionalität. Uns ist wichtig, dass davon so viele wie möglich erfüllt sind. Kaffee wächst hier natürlich nicht, aber wir rösten ihn selber. Die handwerkliche Fertigung und das Qualitätsbewusstsein sind Punkte, die uns auf Craft-Bier kommen ließen, weshalb wir uns immer stärker für diese Thematik interessiert haben, zumal das Handwerkliche ja bereits im Namen steckt. Auch die Vielfalt spielt eine entscheidende Rolle."

Wie wird Craft-Bier von außen wahrgenommen, also von Menschen, die nicht in der Szene stecken? Was für Leute kommen in den Laden und schauen nach Craft-Bier? Welche Gesprächsthemen ergeben sich mit ihnen? „Die Szene an sich — Leute, die vielleicht selber

---

[35] Siehe *https://de-de.facebook.com/KnutsMixbecher/*
[36] Siehe *https://a-venir.de*

Craft-Bier-Vielfalt

brauen, tief in der Materie stecken und auch gezielt fragen und sich mit den Brauereien auskennen — ist in einer Stadt wie Lüneburg [ca. 75.000 Einwohner] eher überschaubar. Von denen gibt es in Städten wie Hamburg oder Berlin sicherlich sehr viel mehr. Nach meinem Eindruck beginnen die meisten Kunden, die zu uns kommen, gerade erst, sich für das Thema zu interessieren. Oder sie sind auf der Suche nach einem schönen Geschenk. Sie wissen, derjenige mag gerne Bier und dafür wollen sie etwas Besonderes haben. Sie wollen auch verschiedene Bierstile ausprobieren und so. Oft wird ihr Interesse erst geweckt, wenn sie im Laden stehen. Da gibt es auch symbiotische Effekte — Leute, die zum Kaffeetrinken zu uns kommen, sehen plötzlich eine große Auswahl an Bier im Regal, fangen an zu gucken und so bringen wir sie erst auf die Thematik. Ansonsten ist Craft-Bier in Lüneburg relativ wenig präsent. Ich hatte schon den Eindruck, dass es mehr wird. Wenn Supermärkte Craft-Bier in ihr Sortiment aufnehmen, ist das ein Indiz dafür, dass das Thema zu wachsen beginnt. Aber wenn ich mir das genauer anschaue und entdecke, dass viele Flaschen schon kurz vor dem Ablaufen sind, dann ist da offensichtlich doch nicht so ein großer Durchlauf. Ich habe das Gefühl, dass in Lüneburg noch viel Potenzial brachliegt. Oder war das in den letzten Jahren ein Trend, der seinen Peak schon erreicht hat?"

Der Begriff Craft-Bier ergibt ja wenig Sinn, wenn er sich nicht mit neuen Inhalten verbindet, werfe ich ein. Was Craft-Bier in meinen Augen ausmacht ist, dass da experimentiert wird. Einmal im Rahmen des Reinheitsgebots, unter anderem mit neuen Hopfensorten, die in der jüngeren Vergangenheit in unglaublicher Zahl neu auf den Markt kamen und die vieles möglich machen, was vorher nicht ging. Und jenseits des Reinheitsgebots probieren die Craft-Brauer auch Früchte, Gewürze und andere Bestandteile aus. „Im Begriff ‚Craft' steckt ja schon eine Kritik am industriell gefertigten Bier und an der fehlenden Vielfalt. Ich hab das Gefühl, dass in Deutschland zuerst sehr viel mit Aromahopfen gearbeitet wurde — für Pale Ale und India Pale Ale — und dass inzwischen immer mehr ausprobiert wird und zusätzliche Trends aufkommen wie mit dem Sauerbier. Das gibt es in den USA schon längere Zeit und hier geht es gerade los. Wenn wir die Kataloge von unseren Händlern durchgucken, sehen wir, dass davon immer mehr gelistet ist wie Witbier, Gose, Berliner Weiße. Es gibt offenbar Trends innerhalb der Craft-Bier-Szene. Neuerdings scheint es besonders viele Biere zu geben, die in Whiskyfässern und so gereift sind, wo also Spirituosen vor allem mit dunklen Bieren kombiniert werden. Diese Trends verlaufen teilweise auch parallel. Da wird immer weiter experimentiert in verschiedenen Ecken der Bierbrau-Thematik und das differenziert sich immer weiter aus."

Kaufen vor allem jüngere Leute bei euch ein, oder auch ältere? „Das ist tatsächlich total unterschiedlich. Da haben wir keine spezifische Altersgruppe. Viele Leute sind — wie gesagt — auf der Suche nach einem Geschenk."

Zum Thema Größe: „Das ist interessant, weil es da auch eine zunehmende Begriffsunschärfe gibt. Beispielsweise das als Mikrobrauerei gestartete Unternehmen *Brew Dog* aus Schottland — die haben gerade eine Filiale in Berlin eröffnet und um die 200 Mitarbeiterinnen und Mitarbeiter. Da kommt die Frage auf, ob sich nicht ein Stück weit wiederholt, was vorher schon da gewesen ist."

Natürlich kann die Größe nicht das einzige Kriterium für Craft-Bier sein. Einige hatten wir bereits genannt: Regionalität, Kreativität, das Handwerkliche — aber Bierbrauen ist sowieso mehr oder weniger handwerklich. Andererseits nutzen selbst die Kleinen mit Anlagen für unter 200 Liter schon eine Computersteuerung. Die Kriterien einzuhalten ist nicht immer leicht. Es ist auch nicht leicht Kriterien zu finden, die überhaupt relevant sind. Und es ist keineswegs sicher, dass Brauereien, die alle Kriterien für Craft erfüllen, wirklich gute Qualität bieten. Habt ihr damit schon Erfahrungen gemacht — mit Qualitätsmängeln? „Ja, beispielsweise, dass Biere vor Ablauf des MHDs schon gekippt sind. Unser Anspruch ist eigentlich — weil der Markt so unüberblickbar geworden ist — eine persönliche Auswahl mit unterschiedlichen Bierstilen. Wir wollen nur Biere anbieten, die wir selber schon probiert haben und von denen wir wissen, dass sie uns persönlich gut schmecken und von denen wir denken, dass es qualitativ hochwertige und gut gemachte Biere sind. Wir probieren viel aus, bestellen auch immer wieder etwas Neues und wenn es uns nicht schmeckt, bestellen wir es halt nicht wieder. Sachen, die wir super finden, bleiben dauerhaft im Sortiment. Es ist uns wichtig, eine persönliche Auswahl im Regal stehen zu haben. Klar gibt es objektiv messbare Kriterien, aber letztlich ist die entscheidende Frage, ob es schmeckt oder nicht."

Das „Black Magic Woman" von Hornbier erinnert äußerlich (farblich) rein zufällig ein wenig an das Album „Abraxas" von Santana (1970) mit dem Hit „Black Magic Woman" — und innerlich ist es genauso schwarz wie die Vinylscheibe

Ihr habt *Dachs* im Sortiment — das drängt sich auf, weil es regional ist. Ihr habt *Störtebeker* aus Stralsund. Ihr habt das dänische Hornbier, beispielsweise das „Black Magic Woman", ein extrem dunkles, was nicht ganz mein Ding ist, weil es zu röstmalzlastig ist — das ist eine Geschmacksrichtung, die ich persönlich nicht so mag. „Das ist ein klassischer Fall von Bier, das wir bestellt haben und das keine Abnehmer findet. Aber auch das Pale Ale hat mich nicht überzeugt. Das hatte am Anfang eine extreme Hopfennote und war danach total flach."

Hat der mangelnde Absatz vielleicht mit der Flaschengröße zu tun? „Es spielt tatsächlich auch eine Rolle, in welchen Gebindegrößen Biere abgefüllt sind und ob es eine Flasche oder eine Dose ist. Dosen laufen bei uns überhaupt gar nicht. Was ich zum Beispiel richtig toll finde sind die Sachen von *Beavertown*. Die haben dieses IPA ‚Gamma Ray', das finde ich wirklich fantastisch. Aber die hatten es nur in der Dosenabfüllung und das ist bei uns abgelaufen, weil es niemand gekauft hat. Und diese Dänen — *Hornbier* — die hatten ja nur 0,5-Liter-Abfüllungen und das läuft bei uns sehr schlecht. Aus irgendeinem Grund werden fast nur 0,33-Liter-Flaschen gekauft. Es sei denn, es sind bayerische Biere. Die sind traditionell in Halbliterflaschen abgefüllt. Aber das sind die Ausnahmen."

Das Avenir in Lüneburg

Und dann habe ich bei euch ein Bier gesehen, das in Fässern gelagert war, in denen zuvor Islay Malt Whisky reifte. Die Flasche steckt zusätzlich in einem Karton und kostet etwa 15 Euro. Verkauft ihr auch Biere in dieser Preisregion? „Das ist ein typisches Bier für Kenner und Kennerinnen, die tief in der Thematik stecken. So etwas kauft man sich nicht mal eben so. Das sind Leute, die so etwas gezielt ausprobieren möchten. Und uns ist wichtig, auch Biere für Craft-Bier-Nerds im Sortiment zu haben, zu denen ich dieses also zählen würde. Dergleichen verkaufen wir wirklich sehr selten. Aber solche dunklen, schweren Biere sind meist länger haltbar. Da geht es dann halt auch, dass man davon einen Karton hinlegt und es ist nicht tragisch, wenn es ein Jahr dauert, um den abzuverkaufen. Wir müssen bei unserem Sortiment natürlich ein Auge darauf haben und bestellen manchmal Sachen nicht, die sehr gut klingen, bei denen wir aber wissen, dass sich in Lüneburg nur eine Handvoll Leute dafür interessiert."

Craft-Bier wird ganz anders angeboten, als man das in Deutschland von herkömmlichen Bieren aus Getränke- und Supermärkten gewohnt ist, nämlich flaschenweise und zu recht hohen Preisen. So wird Bier als Produkt doch eigentlich aufgewertet. „Richtig … gut, dass du das sagst. Genau in diesem Zusammenhang sehen wir bei uns ja auch das Craft-Bier-Sortiment. Wir versuchen, als Ladencafé mit dem Anspruch anzutreten, ein Qualitätsbewusstsein zu wecken und hochwertige Produkte für Genießer und Genießerinnen anzubieten. Aber dieses sommeliermäßige, wo die Leute in Sensorik geschult sind und sich eine Flasche gezielt aus dem Regal greifen, passiert bei uns nur am Rande. Viele Kunden sehen, dass wir eine große Bierauswahl haben und finden es toll, einfach mal etwas auszuprobieren, was sie vorher noch nicht kannten. Vielleicht kommen sie sogar zum ersten Mal mit Craft-Bier in Berührung."

Spirit

In der Craft-Szene herrscht ein ganz besonderer Geist — ein Spirit, den ich sehr sympathisch finde. Es ist nicht nur die wohltuende Abwesenheit von Konkurrenzdenken, sondern vor allem die Pflege von Gemeinsamkeiten. Man spricht miteinander, hilft einander, tauscht sich aus, macht Sachen gemeinsam und redet freundlich übereinander — so jedenfalls meine Beobachtung. Marc Brammer von *Dachs* stellt seine Abfüllanlage den Kollegen vom *Wildwuchs Brauwerk* in Hamburg zur Verfügung. Und so kommen die mit einem großen Edelstahlfass auf dem Anhänger in das 80 Kilometer entfernte Dorf. In seiner Gasthausbrauerei veranstaltet Carsten Nolte bereits zum zweiten Mal ein Bierfest, bei dem er nicht nur das eigene Bier ausschenken lässt, sondern zu dem auch andere kleine Brauereien eingeladen sind, die sich vorstellen und ihr Bier anbieten. Und später spielen mehrere Bands live bis in die Nacht. „Mit ein paar mehr Schultern nebeneinander steht man eben etwas breiter da als wenn man alleine ist. Das ist eine coole Nummer. Und alle sprechen die gleiche Sprache und das macht Spaß."

Carsten Nolte schiebt gleich ein Beispiel nach: „Ich hab dann vor zwei Jahren einen Kumpel von mir angerufen. Der ist Grafiker und hat eine Menge fürs deutsche Rolling Stone gemacht. Er hat beispielsweise auch für zwei Saisons die Trikots für St. Pauli gestaltet. Und er meinte, er hat noch nie ein Bieretikett designt und hat so'n Bock drauf — und zwei Tage später stand das Ding. Er hat zwei Tage hierfür gebraucht. Und das ist auch wieder so eine nette Sache, dass man über ein sympathisches Produkt ein paar unterschiedliche Gewerke zusammenbringt. Der Kerl freut sich, wenn ich ihm zwei Flaschen Bier schicke. Und das ist der Deal — wenn er was macht, kriegt er zwei Flaschen Bier und ist glücklich, dass er in seinem Portfolio jetzt noch ein Bieretikett hat."

Pitt Denecke und Benjamin Boba von *PIBE's*[37] brauen in ihrer 160-Liter-Anlage für Dorf-feste. Ihr Bier ist in mehreren Restaurants und Gaststätten der Region im Ausschank. Die beiden sind mit Begeisterung dabei. „Es soll genau dieser Maßstab sein. Wir müssen we-der davon leben noch sonst irgendwas. Es geht einfach um die Sache. Es geht nur um die Sache Bier und um nichts anderes. Ich glaube, da muss ich keinem vorrechnen, dass wir hiermit kein Geld verdienen. Und das wollen wir auch nicht. Es geht ums Bier, um den Spaß dabei. Andere fahren zum Tennis, wir fahren in die Brauerei. Das ist unser Ausgleich, den wir haben. Das ganze Drumherum — es macht riesigen Spaß und deshalb ist unser Appell auch immer: Leute, fangt an zu brauen! Am besten so wie in den USA: ein Dorf, fünf Braue-reien, in jeder Garage eine Brauerei. Das wäre die absolute Traumvorstellung. Kein Kon-kurrenzdenken, sondern (klatscht) so, was hast du wieder Neues gemischt? Da geht es nicht darum, so viel zu verkaufen oder oh, jetzt hat er meine Kunden und dann passt wie-der irgendwas nicht — nee, es geht ums Bier. Es geht nicht um Business, jedenfalls nicht in unserem Maßstab, sondern um die Leidenschaft fürs Bier. Die steht im Vordergrund. Es macht Spaß, es schmeckt. Und was gibt's Schöneres als aus trocknen Berufen zu kommen und dann nebenbei etwas zu haben wo du sagst: Okay, am Ende des Tages siehst du, was du gemacht hast. Auch wenn es noch nicht fertig ist, aber es ist gebraut. Und nach sechs Wochen kannst du es auch noch probieren. Das ist einfach ein total erhabenes Gefühl, wenn man weiß, man hat es selbst gebraut. Wenn man dann noch mit Leuten dasteht, die das Bier trinken und man merkt, sie werden langsam ein bisschen lockerer und sind gut drauf und man wird sich bewusst, okay, das hast du gemacht, die sind wegen dir gut drauf — das ist ein total schönes Gefühl. Aber auch die Gemeinschaft zwischen den klei-nen Brauereien ist wirklich erstaunlich. Dass wir hier wahr- und ernstgenommen werden von den anderen Brauereien, das ist schon bemerkenswert. Dass die uns überhaupt auf dem Zettel haben. Man hilft sich irgendwie aus. Mit *Dachs* bestellen wir gemeinsam Fla-schen. Dann rief morgens einer von *Wildwuchs* an und brauchte auf die Schnelle noch 75 Kilo Biomalz. Der wusste, wir haben Biomalze, ob er mal ein paar Säcke bei uns abholen könne. Und Marc rief neulich an und brauchte einen Ersatz-Zapfkopf für eine Veranstal-tung, weil irgendwas mit seinem Zapfkopf war. Das ist ein tolles Gefühl, auch wenn man es nicht richtig professionell betreibt, dass man doch in der Szene drin ist."

Alle sind begeistert und bringen ihre Stärken ein, obwohl sie wissen, dass bei solchen Ak-tivitäten nichts zu verdienen ist. Und das Beste: Darauf kommt es überhaupt nicht an. Weil Lust am Gestalten und Freude am Tun, also intrinsische Motivation sie antreiben. Dafür braucht man kein Geld und keine finanziellen Anreize, sondern ein Projekt oder eine Aufgabe, von der man überzeugt ist, die man wichtig findet — und Menschen, die auf demselben Pfad unterwegs sind und mit denen gemeinsam man Inspiration und Erfüllung

---

[37] Siehe https://de-de.facebook.com/pibesbrewporn/

findet. Nicht permanent, aber immer wieder, wenn man zusammen oder füreinander etwas schafft. Das ist der wertvollste Lohn. Und das ist der Spirit, den ich bei meinen Gesprächen in der Craft-Bier-Szene wahrnehme.

Auch *Maisel & Friends* zelebriert dieses Gefühl. Auf dem Rückenetikett seines Double IPA „Hopfenreiter" heißt es: „‚Hopfenreiter 2019' ist unser vierter Freundschafts-Sud mit Hopfengeschenken fünf befreundeter Brauereien. Miteinander statt gegeneinander. Danke an *Sudden Death Brewing Co.* für Ekuanot, *Überquell* für El Dorado, *Tilmanns Biere* für Comet, *Tiny Rebel Brewing Co.* für Moutere und *Brouwerij de Molen* für Citra. Von *Maisel & Friends* kommt Azacca."

Marc Rauschmann von *Braufactum*, ein Craft-Bier-Pionier in Deutschland, und der Hopfenvermarkter *Barth-Haas Group* haben mit Brauern, Lieferanten, Journalisten, Bloggern sowie anderen Akteuren und Multiplikatoren ein Netzwerk aufgebaut, um gemeinsam das Craft-Bier bekannter zu machen und voneinander zu lernen. Diese Art der Kooperation bringt Menschen vieler Berufsfelder auch außerhalb der Braubranche mit ihren Fähigkeiten und Möglichkeiten zusammen und fördert einen interessanten Austausch.

Nicht nur auf dem Land, auch in einer Großstadt wie Berlin wird kooperiert, wie Ulrike Genz von der *Schneeeule Brauerei* ausführt. „Man hat nicht richtig Platz und auch nicht richtig Geld, um eine ganze LKW-Ladung an Flaschen oder Malz zu kaufen. Da macht es natürlich viel mehr Sinn, dass sich mehrere Kleine zusammentun und sagen: Ey kommt, lasst uns zusammen eine Fuhre bestellen. Dann brauchen wir nicht diese Einzelpaletten-Preise zu zahlen. Die sind manchmal zwei- bis dreimal so hoch. Aber ich wünsche mir, dass die Leute noch viel mehr zusammenarbeiten. Denn ich habe auch schon festgestellt, dass innerhalb der Craft-Bier-Szene ein Konkurrenzdenken herrscht, wo viel mit Preisen gearbeitet wird, um sich gegenseitig auszustechen. Das ist schade. Es kann halt nicht jeder gleich günstig produzieren und es ist schwierig, den Kunden den Aufwand zu vermitteln."

Vielleicht ist das aber auch ein Problem einer Großstadt wie Berlin und der hohen Brauereidichte, werfe ich ein, während auf dem Dorf alles ein wenig entzerrter und entspannter läuft und der lokale Bezug eine große Rolle spielt. Sie stimmt zu. „Unsere Brauerei macht unser Bier! Wenn ich als kleiner Craft-Brauer dieses Gefühl in der Region verbreiten kann, ist das genau der Punkt, der einen zum Erfolg führt."

Ein Märzen

Marketing

Klappern gehört zum Handwerk — das wussten schon die Altvorderen. Heute spricht man von Werbung oder — neudeutsch — von Marketing. Rundfunk- und Fernsehwerbung bleibt den Großbrauereien vorbehalten. Ein kleiner Craft-Brauer wird wohl kaum seinen Jahresgewinn in einen Zwanzig-Sekunden-Spot versenken. Zeitungen und Magazine sind schon eher erreichbar. Da die Medien immer auf der Suche nach Themen sind und für Bier nach meiner Erfahrung stets ein offenes Ohr haben, können selbst die kleinsten Brauereien mit interessanten Geschichten und gelegentlich einer kleinen Aktivität für eine meist wohlwollende Berichterstattung sorgen. Daneben steht heute das Internet für die eigene Website, einen Blog oder die Nutzung sozialer Netzwerke zur Verfügung. Ganz wichtig auf der regionalen Ebene ist Mundpropaganda. Vielleicht lässt sich die örtliche Feuerwehr oder der Sportverein überzeugen, das Bier bei internen oder gar öffentlichen Veranstaltungen auszuschenken — insbesondere dann, wenn der Brauer ohnehin Mitglied ist und seine Kumpel das Bier bereits schätzen. So wirft man einen Stein ins Wasser und schaut, wie die Kreise sich ausbreiten.

„Das ist auch noch ein Aspekt von dieser Craft-Bier-Bewegung: Man kann Geschichten erzählen", meint Carsten Nolte, über dessen Brauhaus — gegründet 1906 — es allerdings besonders viel zu berichten gibt. „Also, man braucht keine Marketingabteilung oder so, die sich Geschichten ausdenkt und auf Teufel komm raus eine Firmengeschichte zusammendichtet, sondern die Geschichten sind halt da. Und es gibt Gesichter hinter den Geschichten. Und das ist ganz wichtig. Das ist auch bei den Amerikanern so, beispielsweise bei der *Sierra Nevada Brewing Company* und ihrem Gründer Ken Grossman. Der ist ein Star. Die Leute verbinden das Bier mit dem Menschen. Und das ist toll. Ich wüsste nicht, wer für die *Holsten Brauerei* steht. Durch Menschen wird das Produkt irgendwie greifbarer, authentischer, ehrlicher." So funktioniert Storytelling, wie es von Marketingexperten empfohlen wird.

Gutes Marketing wird zunehmend wichtig, „wenn das Interesse der Medien am Thema Craft-Beer langsam nachlässt", gibt Holger Eichele zu bedenken. „Große Unternehmen können sich PR- und Marketingabteilungen leisten, die sich Strategien ausdenken, wie man Themen setzt und Geschichten erzählt. Existenzgründerinnen und -gründer im Craft-Bereich müssen feststellen, dass man eine Gründungsgeschichte nur begrenzt lange erzählen kann und der Zauber, der allem Anfang innewohnt, schnell verfliegt. Dann muss man sich weiter überlegen, welche Schwerpunkte man setzt, welche Aspekte man herausstellen möchte. Da ist Kreativität gefragt. Nur Bier machen allein reicht nicht. Am Ball bleiben ist die Devise. Weder junges Craft, noch 300 Jahre alte Traditionshäuser sind Selbstläufer. In diesen Genuss kommen nur ganz wenige Marken."[38]

Alte Werbung, heute stilvolle Dekoration

Zum „am Ball bleiben" gehört auch, Vorsorge zu treffen für den Tag, an dem Craft-Bier womöglich nicht mehr zieht, weil es den Reiz des Neuen verloren hat und gewissermaßen „normal" geworden ist. Wer allein auf den Craft-Bier-Trend setzt, mag von der Welle zwar emporgehoben werden, läuft aber auch Gefahr, mit ihr zu verebben. Craft-Brauer sollten aufgrund solcher Überlegungen also nicht nur die für viele Verbraucher exotischen Bierstile wie IPA, Stout und Wit im Programm haben, sondern zugleich klassische Biersorten wie Pils, Helles oder Weizen. Auf diese Weise fahren sie zweigleisig und sprechen trendbewusste Verbraucher ebenso an wie solche, die wenig Lust auf Experimente haben. Es bleibt ihnen unbenommen, auch die klassischen Biere mit pfiffigen Ideen aufzupeppen, um vielleicht gar das Interesse der konservativen Kundschaft an neuen Geschmackserlebnissen zu wecken. Aber sie müssen eben auch dieses Kundensegment pflegen, damit es ihnen bleibt, wenn die Welle durch ist.

Kleine Brauereien können zudem ihren Bekanntheitsgrad erhöhen, indem sie Craft-Bier oder individuelle Biere für Firmenkunden brauen — für Jubiläen, Weihnachtsfeiern, Weihnachtsgeschenke und dergleichen mehr. Gemeinsam mit dem Auftraggeber können sie spezielle Etiketten und vielleicht sogar Flaschen entwerfen. Auf den Etiketten taucht neben dem Logo der Auftragsfirma und sonstigen von ihr gewünschten Elementen sowie den vom Ge-

[38] Siehe https://www.hopfenhelden.de/biermarkt-deutschland-craft-beer/

setz geforderten Informationen natürlich der Name der Brauerei auf und wird überall dorthin transportiert, wo die Geschenke landen. Dies ist allerdings nur sinnvoll, wenn die Brauerei gute und gleichbleibende Qualität produziert und wenn sie eine professionelle Abfüllanlage benutzt, damit das Bier lange genug haltbar bleibt und nicht nach kurzer Zeit oxydiert oder anderweitig nachlässt. Andernfalls kann die Werbung schnell nach hinten losgehen.

Kosten, Preise & Projekte

Carsten Nolte und ich kommen auf die Kosten zu sprechen. „Ich seh das ja, wenn ich mit meiner kleinen 30-Liter-Anlage braue. Ich habe gerade ein White Chocolate Stout gemacht — das hab ich mal in den USA getrunken. Es ist ein helles Bier. Hin und wieder, wenn ich Bock habe, mach ich ein kleines Rezept. Aber jeder Arbeitsschritt ist richtige Handarbeit. Auch nachher das in Flaschen füllen und das Verkorken. Ich hab irgendwann mal durchgerechnet, was ich theoretisch nehmen müsste, wenn ich den Mindestlohn zugrunde legen würde für den ganzen Aufwand, der da drin steckt und ich bin auf zwölf Euro für eine 0,33-Liter-Flasche gekommen. Das ist Wahnsinn." Da weiß man, warum Craft-Biere aus kleinen Brauereien gehobene Preise haben.

Ich selbst wurde schon häufiger gefragt, ob ich Selbstgebrautes verkaufen würde. Es scheiterte stets daran, dass ich nicht wusste, welchen Preis ich dafür hätte nehmen sollen. Genauer gesagt ging ich davon aus, dass niemand den angemessenen Preis würde zahlen wollen. Wie viel müsste es kosten? Man bedenke, da kommen zwanzig Liter raus bei zehn Stunden Arbeit, also eine halbe Stunde pro Liter. Welchen Lohn kann man zugrunde legen? Dann kommen noch die Rohstoffe hinzu und die Energie und im Prinzip muss auch die Anlage abgeschrieben werden — da liegst du locker bei zehn Euro pro Liter. „Richtig, richtig. Eher sogar noch mehr. Aber das ist so. Man muss theoretisch auch eine kalkulatorische Miete mit reinrechnen und was weiß ich alles, das ergibt eine ganz schöne Kostenkette." Hinzu kommen Beiträge für die Handwerkskammer, denn gewerbliche Craft-Brauer müssen sich als Brauer und Mälzer in die Handwerksrolle eintragen lassen, wie mir einige von ihnen erzählten. Und vielleicht will und muss die eine oder andere Brauerei obendrein sogar einen Gewinn erwirtschaften ...

Dadurch, dass das Publikum jetzt bereit ist, einen höheren Preis für Craft-Bier zu bezahlen, sind ja auch Zutaten möglich, die vorher unbezahlbar waren, die — stimmt Thomas Vogel mir zu — „vorher gar nicht in Betracht kamen, weil sie nun einmal ihren Preis haben. Wenn Sie ein Bier brauen, was unter einem Euro die Buddel kostet, dann ist das nicht so einfach. Man kann natürlich nicht erwarten, dass in so einem Bier großartige Aromen sind.

Das geht einfach nicht. Die Zutaten für sowas kosten Geld und das muss man eben bezahlen. Und auch der Aufwand, den man treibt, um so ein Bier herzustellen, ist ein ganz anderer, weil man, wenn man Mehrfach-Maischverfahren nimmt und so weiter, einen ganz anderen Energieaufwand und einen ganz anderen Zeitaufwand hat. Und wenn der Verbraucher das nicht bezahlen will, dann kann man das nicht machen."

„Eine Nebenerscheinung ist, dass man dann in irgendwelchen Discountern Biere sieht, wo sie ‚Craft' draufschreiben und damit das Etikett meinen. Das finde ich dann wieder schade. Ich will das jetzt nicht verteufeln, aber es gibt einige große Ketten, die versuchen, Craft-Bier anzubieten, das zum Teil den Namen nicht verdient hat. Da wird dann eben ein bisschen dunkleres Malz reingeknallt und dann ist das plötzlich Craft. Na klar kann jeder ein IPA. Es ist halt die Frage, ob das was Besonderes ist. Man kann ein Industrie-IPA brauen — geht auch. Da sind wir uns einig, dass das machbar ist. Aber am Ende des Tages ist das einfach ein obergäriges Bier, was die herstellen. Und das können sie natürlich auch im großen Stil machen. Da muss man sich nicht unbedingt handwerklich Mühe geben. Ob das nachher ein geschmacklicher Gewinn ist und den Namen verdient hat, ist eine andere Frage. Wohingegen ich das bei *Maisel's* schon so sehe oder auch bei *Bitburger* mit ihrem *Craftwerk* oder hier bei der *Potts* — die haben ja durchaus auch kleine Brauereien extra dafür gebaut oder eingerichtet, um letztlich im kleinen Stil Sorten auszuprobieren. Was früher bei denen Pilotbrauereien waren, sind nun deren Craft-Bier-Schmieden geworden. Wenn Sie jetzt das *Liebesbier*[39] von *Maisel&Friends* in Bayreuth nehmen, da findet durchaus einiges statt. Ich bin ja Mitinitiator von brau@home gewesen bei der BrauBeviale 2018 in Nürnberg. Und da ist *Maisel&Friends* direkt aufgesprungen[40], um im Heimbraubereich was zu machen. *Maisel's* gibt sich schon Mühe, mit der Home Brew[41] etwas auf die Beine zu stellen, um in der Hobbybrauszene ein bisschen was an Wissen zu produzieren und sich gegenseitig zu befruchten. Gerechterweise sollte man auch *Störtebeker* erwähnen, denn *Störtebeker* hat sich im Heimbraubereich ebenfalls sehr engagiert und verdient gemacht — sogar schon länger als *Maisel's*. So veranstaltet *Störtebeker* beispielsweise die Deutsche Meisterschaft der Hobbybrauer[42] und auch die ‚Home & Craft' bei drinktec[43], die künftig als eigenständige Ausstellung in Stralsund stattfinden wird. Klar wollen diese Brauereien auch Marketing machen, aber das wollen wir eigentlich alle. Irgendwo ist es ja legitim, Geld verdienen zu wollen. Wenn man eine Brauerei hat und wenn man der Heimbrauszene etwas an Know-how und an Wissen zurückgibt, finde ich das eine tolle Geschichte. Das passt dann auch gut zusammen."

---

[39] *Siehe https://www.liebesbier.de*
[40] *Siehe https://braumagazin.de/braubeviale-brauhome-wettbewerb/*
[41] *Siehe https://maiselandfriends.com/home-brew-bayreuth/*
[42] *Siehe https://www.stoertebeker-brauquartier.com/de_de/deutsche-hobbybrauer-meisterschaft/*
[43] *Siehe https://www.stoertebeker-brauquartier.com/de_de/de/home—-craft—equipment-fuer-hobbybrauer*

BIERGENUSS

Carsten Nolte fliegt häufiger in die USA. „Wenn du irgendwo in der Mojave Wüste an der Tankstelle stehst, findest du Sechserträger von Brauereien aus dem Umkreis von 200 Kilometern im Sortiment. Und das ist eine tolle Entwicklung. Die sind uns meiner Meinung nach in puncto Bierkultur und Biervielfalt mittlerweile um zehn bis zwanzig Jahre voraus. Biervielfalt gar nicht unbedingt in der Hinsicht, dass sie sich neue Sachen ausgedacht haben. Aber sie beschäftigen sich mit dem Thema Bierstile. Es gibt weltweit über 200 Bierstile und die kannst du dort drüben auch trinken. Die Leute haben das tatsächlich auf dem Schirm. Und hier, wenn man in Deutschland losgeht und fragt, welche Bierstile kennt ihr denn eigentlich, dann sagen die Leute, ja, Pils, dann kommt vielleicht noch Hell, Dunkel, Kölsch, Alt, Hefeweizen ... und dann wird's dünn. Also, wir haben hier in Deutschland wirklich Nachholbedarf, finde ich, was so die Biervielfalt angeht. Da kann noch eine Menge passieren. Und ich finde es klasse, dass das Thema Bier eine neue Wertigkeit kriegt. Dass die Leute so nach und nach erkennen, es geht auch anders."

Für mich weisen mehrere Indizien in diese Richtung. Zum einen, dass das Craft-Bier flaschenweise — wie Wein — verkauft wird und nicht mehr kistenweise (was natürlich auch durch die Preise bedingt ist). Zum anderen wurden viele neue Glasformen eigens für Craft-Biere kreiert. Es gibt also all diese Gläser und — erneut wie beim Wein — es gehört (eigentlich) dazu, für jeden Bierstil das richtige Glas zu verwenden. Das ist ein Ergebnis des neuen Selbstbewusstseins und der gestiegenen Wertigkeit, die man dem Bier beimisst. Bier ist nicht mehr nur das Bauarbeitergetränk, sondern es ist ein Getränk, was — zumindest teilweise — allmählich eine eigene, anspruchsvolle Kultur entwickelt, die sich in all diesen Punkten manifestiert.

Auch eine Biersommelier-Bewegung ist entstanden. Sie wurde 2004 in Österreich ins Leben gerufen. Zu dem Zeitpunkt hatte die Craft-Bewegung, zumindest in Europa, noch gar nicht Fuß gefasst. Ende 2017 gab es weltweit bereits 3.500 Diplom-Biersommeliers, ein Zehntel davon allein in der Alpenrepublik[44]. Parallel dazu entwickelten sich Bierfestivals, Biermagazine und vieles mehr.

---

[44] Siehe Fohr/Kiesbye/Stempfl (2018), S. 14.

Refresh Beer Stein mit Glaskante

Craft-Bier hebt die Bierkultur auf eine höhere Ebene. Zwar weiß man bei Kultur nie so genau, was davon wirklich Bestand haben wird und was nur ein Strohfeuer ist, doch unbestreitbar hat die Vielfalt enorm zugenommen. Da bewegt sich etwas. Brauer sind experimentierfreudiger und kreativer geworden. Sie haben mehr Möglichkeiten — etwa durch unglaublich viele neue Hopfensorten — und kreieren ungewöhnliche Biere, die es zuvor nicht gab. Klar, diese spielen preislich in einer anderen Liga und wollen zelebriert werden.

Im Zuge der Craft-Bier-Bewegung sind interessante Biersorten entstanden oder wiederentdeckt worden, bestätigt Christian Herkommer. „Nicht alles ist gut, meiner Meinung nach.
Aber es trägt dazu bei, dass die Biervielfalt sich gesteigert hat, dass das Interesse am Bier
und an seiner Herstellung zunahm. Man trinkt nicht einfach nur ein Bier sondern überlegt,
welches Bier man wählt. Was ist da drin, welche Hopfen sind drin – in dem Bereich hat es
dem Bier schon gutgetan. Die Craft-Bier-Bewegung hat das Bier salonfähig gemacht. Zum
Essen, wo man früher gesagt hat, ich nehme diesen Wein oder jenen Wein – da ist jetzt Bier
im Gespräch. Heute bestellt man gerne ein IPA oder ein Pale Ale dazu. Das hat schon etwas
bewirkt."

Hier kommen die Gläser ins Spiel. Erstaunlich, dass den Herstellern immer wieder neue For-
men einfallen. Sie schaffen hochwertige, teils dünnwandige Gläser für Genießer mit aus-
geprägter Feinmotorik. Rustikale Steingutkrüge für beherztes Anstoßen hingegen oder
Zinnbecher aus Großvaters Nachlass sind mega-out – bei ihnen sieht man überdies auch
gar nicht, was und wie viel drin ist (oder wie wenig, weshalb geleerte Humpen in manchen
Biergärten auf die Seite gelegt werden sollen als Signal, dass Nachschub erwünscht ist).

Hier kann das Auge nicht mittrinken – Bierkrüge aus Porzellan und Zinn sowie Pilstulpen aus Alabaster

Biergläser

Brauchen unterschiedliche Biersorten jeweils eigene Glasformen, um ihr Aroma optimal zu entfalten? Der Glashersteller *Spiegelau* bietet jedenfalls eine Reihe spezieller Gläser an und schreibt: „Die Craft-Bier-Gläser von *Spiegelau* wurden zusammen mit einem Expertenteam aus Braumeistern und Spezialisten der Bierbranche entwickelt. Mit dem Ziel, die Glasformen zu finden, die den komplexen Geschmacksprofilen der jeweiligen, handwerklich gebrauten Sorte am besten gerecht werden, wurden in Workshops eine hohe Anzahl Glasformen getestet. Den Experten zufolge gelingt es, dank der von ihnen erprobten und speziell auf die Biersorte abgestimmten Glasformen, die Aromen an Nase und Zunge balanciert weiterzugeben, sowie Geschmack und Textur der Biere optimal darzustellen. Getreu unseren Wurzeln in der traditionellen bayerischen Handwerkskunst, haben wir diese einzigartigen, funktionellen Gläser für Craft-Biere entwickelt, um bei jedem Schluck einen besonderen Genussmoment zu erreichen. Besondere Biere sollten in besonderen Gläsern serviert werden!"[45]

Der Hersteller bietet spezielle Gläser an für IPA, Stout/Porter, American Wheat Beer, Barrel Aged Beer und Craft-Pils. Hinzu kommt der „REFRESH Beer Stein", in dem sich zwei senkrecht verlaufende Glaskanten und am Boden eine weitere in Gestalt einer Turbine befinden, „welche die Schaumkrone des Bieres auffrischen und erneuern. Beim Schwenken des Kruges wird umso mehr Aroma freigegeben."[46]

Glashersteller *Sahm* erläutert: „Auch die feinsten Biere, Weine, Erfrischungsgetränke oder Destillate können ihr Aroma nur unter optimalen Rahmenbedingungen voll entfalten. Neben der Trinktemperatur beeinflusst vor allem ein Faktor den Duft, Geschmack, Frische und Aussehen: Die Glasform. Gemeinsam mit dem renommierten Genussexperten und Sommelier-Weltmeister Markus Del Monego analysieren wir für jedes Getränk individuell Aromenstruktur, Aussehen, Farbe, Geruch, Schaumbildung und -entwicklung und legen das Ergebnis in einer Bewertungsmatrix mit prägenden Parametern wie Süße, Bitterstoffe oder Fülle fest. Im Zusammenspiel mit dem Wissen über die sensorischen Eigenschaften bestimmter Glasformen, mit moderner Gestaltung und bester Verarbeitungs- und Glasqualität entstehen dann Spezialgläser und Glasserien, die perfekt und 100 Prozent individuell auf Ihr Produkt abgestimmt sind. Wir von *Sahm* nennen das ganz einfach TasteDesign®."[47]

[45] Siehe https://www.shop-spiegelau.de/craftbierglaeser/spiegelau-craft-bierglas-bier-tasting-set-4er-set-ipa-stout-wheat-beer-barrel-aged.html
[46] Siehe https://www.shop-spiegelau.de/craftbierglaeser/bierseidel/spiegelau-bierkrug-beer-stein-refresh.html
[47] Siehe https://www.sahm.de/de/design

Auch *Rastal*[48], *Stölzle*[49], *Leonardo*[50] und andere haben Craft-Bier-Gläser entworfen. Damit dokumentieren sie, dass ein Markt dafür existiert, dass ein größeres Interesse an Bierkultur besteht und so wird das Bier in gewisser Weise geadelt.

Das Experiment

Mit einigen Glasformen sind wir bereits aufgewachsen. Weißbier wird natürlich im hohen, schlanken Glas serviert und Alt in der Altbier-Stange. Bei „sortenfremden" Gläsern rümpfen wir die Nase. Aber hat das auch einen wissenschaftlich nachweisbaren Grund oder ist es einfach nur Tradition oder Lokalkolorit? Hinsichtlich der vielen neuen Gläser für Craft-Biere können Hersteller und Handel uns viel erzählen. Und die menschliche Einbildungskraft ist sowieso riesengroß.

Da mag ein kritischer Bürger sich die Frage stellen, ob unterschiedliche Glasformen tatsächlich den Geruch und Geschmack des Bieres beeinflussen. Vielleicht spielt auch die Stärke des Materials eine Rolle, denn einige Gläser muten sehr fein und zerbrechlich an, während andere robust sind und auch mal einen kräftigen Stoß verkraften. Anders gefragt: Erhöhen „sortentypische" Gläser den Genuss eines speziellen Bieres, oder lediglich den Umsatz der Glashersteller? Um dies herauszufinden, habe ich ein Experiment durchgeführt, welches jeder mit einfachen Mitteln nachmachen und weiter ausgestalten kann. Benötigt werden verschieden geformte Gläser, mehrere Flaschen des gleichen Bieres (oder ein Fässchen davon) und am besten ein paar Helfer, die den Versuch unterhaltsamer machen und dafür sorgen, dass von dem Bier nichts umkommt.

Mein Grundgedanke: Wenn ein IPA aus dem IPA-Glas anders schmeckt als ein Pilsner aus dem Pils-Krug, ist das kein Wunder. Beide Biersorten sollten auch aus gleichen Gläsern unterschiedlich schmecken. Wenn aber die Glasform wirklich einen Einfluss auf den Geruch und Geschmack des Bieres hat, dann sollte dasselbe Bier in verschiedenen Gläsern sein Aroma anders entfalten und unterschiedlich schmecken. Richtig?

Sicher hält unser Experiment keinen wissenschaftlichen Ansprüchen stand und wir wollen uns gewiss nicht als Ableger der Stiftung Warentest aufspielen. Mangels einer ortsansässigen Truppe von Biersommeliers versammelte ich vier Freiwillige mit gewöhnlichen

[48] Siehe https://rastal.com/144.0.de.html?PHPSESSID=ab405bf5cf4c02050eb027b4e1aa5c14
[49] Siehe http://www.stoelzle-lausitz.com/de/121-00-19-craft-beer-03l
[50] Siehe https://www.leonardo-glass.com/de/taverna/

Ein Bier, viele Gläser — das Experiment

Bierkenntnissen um mich, die immerhin im Abschmecken von Speisen feines Gespür beweisen. Es ging hier wohlgemerkt nicht um repräsentative Erkenntnisse und schon gar nicht um die absolute Wahrheit, sondern lediglich um die Frage, ob etwas dran ist am Gläser-Kult — und ob normale Menschen dies auch ansatzweise wahrnehmen können. Wir sammelten also Indizien. Zum Einsatz kamen A. ein klassischer Glaskrug für Pilsner und Lagerbiere, sowie als Craft-Bier-Gläser B. ein India-Pale-Ale-Glas, C. ein Stout-Glas, D. ein American-Wheat-Beer-Glas und E. ein Barrel-Aged-Beer-Glas (Gläser B bis E von *Spiegelau*). Gefüllt wurden sie mit Pilsner von irgendwo aus dem Ruhrpott, alle Flaschen aus derselben Kiste, mit gleichem Mindesthaltbarkeitsdatum und gleich temperiert, alle Gläser mit demselben Wasser und demselben Spülmittel gereinigt und mit klarem Wasser nachgespült. Unser Ergebnis:

→ Im Geruchstest waren wir uns weitgehend einig, dass das Pils in den Gläsern D und E das intensivste Aroma entfaltete, ausgerechnet in Glas A aber das schwächste. Ob es an der weiten Öffnung lag? Ob eine Pils-Tulpe oder ein Craft-Pils-Glas besser gewesen wäre? Vielleicht prüfen wir dies bei einer späteren Gelegenheit.

→ Zu unserer Überraschung entwickelte sich der Schaum unterschiedlich und war in Glas B am feinporigsten. Diesen Punkt sollte man aber nicht überbewerten — da kann schon ein abweichender Winkel beim Einschenken ausschlaggebend gewesen sein.

➔ Die geschmacklichen Unterschiede fielen relativ gering aus und waren von uns teils schwer zu benennen. Unterm Strich schmeckte das Pilsner in Glas A am vollmundigsten, in Glas B besonders fein und hochwertig und in Glas E kam die Hopfennote besonders gut rüber.

Für mich lautet das Fazit, dass Gläser in der Tat Auswirkungen auf Bieraroma und Biergeschmack haben, die selbst von Laien bemerkt werden können. Weitergehende Erkenntnisse und Empfehlungen bedürfen zusätzlicher Verkostungen. Die Frage aber, ob ein gewisses Sortiment an Gläsern sinnvoll ist, kann ich nach diesem Experiment bejahen.

Ein Bier, zwei Gläser — Probierset von Sahm

Monate nach diesem Experiment stieß ich auf ein Probierset von *Sahm* mit zwei ziemlich gegensätzlich geformten Gläsern. Der „Cleveland Becher" (A) verjüngt sich nach oben. Der „Tokyo Becher" (B) hat auf Drittelhöhe eine Taille und weitet sich dann bis zu einer relativ großen Öffnung. Der Grundgedanke ist derselbe wie bei meinem Experiment: eine Flasche Bier auf diese beiden Gläser zu verteilen und dann zu riechen und zu schmecken. Dieser Test bestätigt sehr deutlich, was unterschiedliche Glasformen doch ausmachen.

Lassen wir zur Erklärung einen Fachmann zu Worte kommen.

Bierfarbe

Der Fachmann heißt Thomas Vogel. Er ist Diplom-Biersommelier und Geschäftsführer von *„Das Bier!"-Brausysteme in Schüttorf*[51]. Er stellt mir neben seiner Bierfarbkarte zwei unterschiedliche Verkostungsgläser vor. Das Biersommelier-Glas von Axel Kiesbye ist „eigentlich das offizielle Verkosterglas des Verbandes der Biersommeliers. Es gibt ja einen internationalen Verband und mittlerweile über 2.000 deutschsprachige Sommeliers und auch eine Ausbildung in anderen Ländern — in Italien, in den Niederlanden sowie in Brasilien."

Verkostungsglas und Biersommelierglas mit Bierfarbkarten (rechts mit Papier hinterlegt)

Der Unterschied zwischen den beiden Gläsern ist leicht erklärt. „Das eine Glas ist ein Bier-verkostungsglas von *Sahm*. Das wurde eigens zur Bierverkostung entwickelt, hat aber eine etwas andere Form als das Biersommelierglas. Ein Verkostungsglas ist im Grunde genommen eine eierlegende Wollmilchsau. Das Glas soll die Eigenschaften möglichst aller Bierstile ideal wiedergeben, was natürlich nicht immer ganz gelingt. Es ist halt ein Kompromiss. Das ist auch beim Biersommelierglas kaum anders. Die Form unterscheidet sich nicht so massiv. Der einzige Unterschied, den Sie ganz klar feststellen, ist, dass Sie im Stiel eine kleine Stange haben, wo die Glasdicke genormt ist" — das ist der Bereich, in dem der Glasinhalt bis in den zylindrischen Stiel hinabreicht. „Und mit Hilfe dieses Gla-ses ist damals die ursprüngliche Bierfarbkarte farbmetrisch eingemessen worden. Hu-bert Hanghofer und ich haben sie zusammen entwickelt. Hubert Hanghofer hat Chemiker gelernt und sich auch mit farbmetrischen Messungen auseinandergesetzt. Ich komme ursprünglich aus der Werbung und der Druckvorstufe, hab' 25 Jahre Druckvorstufe und Bildbearbeitungstechnik gemacht und bin eigentlich Vorstufen-Profi. Wir sind beide Bier-sommeliers und haben uns zusammengetan. Er hat seine farbmetrischen Berechnungen und Messungen, die er mit Standardbieren vorgenommen hat, die ja bestimmte Bierfar-ben wiedergeben sollen, hergenommen und daraus sind eine Berechnungsformel und eine Umrechnungstabelle entwickelt worden, um die Farbwerte wiederzugeben."

Für die Bierfarbkarte wurden die Farbwerte aufwendig in den zum Vierfarbdruck benutz-ten CMYK-Farbraum umgerechnet. „Die Bierfarbkarte soll einen optisch möglichst zuver-lässigen Eindruck der Bierfarbe geben. Das menschliche Auge ist aber auch tolerant, was das betrifft. Man hat nun diesen engen Farbraum. Und im Druck habe ich auch noch eine Schichtdicke. Die Farbkarte ist im Offsetdruck auf transparentes Material gedruckt wor-den und da bringe ich die Druckfarbe in einer bestimmten Schichtdicke auf. Je dicker die Schicht, desto intensiver ist auch die Farbwiedergabe. Sehr wichtig sind also die richtige Schichtdicke und die richtige Farbeinstellung der Druckmaschinen."

„Wenn man Bier im Glas mit dem genormten Stiel und der gleichmäßigen Glasdicke hat und dieses bei Tageslicht gegen eine weiße Wand hält, dann kriegt man den besten Farbeindruck. Mit dem Kiesbye-Glas ist eigentlich die Farbkarte entwickelt worden. Das Biersommelierglas wird inzwischen exklusiv von *Kiesbyes Bierkulturhaus* vertrieben. Produziert wird es bei *Mä-ser* — es ist mundgeblasen und daher auch teuer. Bei den großen Wettbewerben wird oft auch ganz einfach ein Willibecher genommen oder ein Verkostungsglas wie dieses von *Sahm* oder das Teku-Glas von *Rastal*. Meiner Ansicht nach bietet die Farbkarte, die wir hier zur Verfügung stellen, die beste technisch machbare Lösung, um optisch die Bierfarbe abzulesen. Besser geht nicht. Wenn man es genauer wissen will, dann muss man halt fotometrisch[52] messen.

[51] *Siehe https://www.das-bier.com*
[52] *Siehe z.B. http://www.chemtronic-gmbh.de/images/chemtronic/Apps_d_pdf/EBC%20Bierfarbe%20l.pdf*

Das geht bevorzugt mit dem Biersommelierglas, weil da der Farbeindruck am genauesten ist. Das geht aber auch mit anderen Verkostungsgläsern. Bei denen hat man allerdings auch noch eine Glaskrümmung und dadurch natürlich auch noch einen etwas anderen Farbeindruck. Auch die Glasdicke variiert. Da wird das Glas dann nach unten schmaler, nach oben

Bestimmung der Bierfarbe mit Farbkarte und Biersommelierglas (Kiesbye-Glas)

BIERFARBE
BEERCOLOR

Bei Tageslicht oder Halogenbeleuchtung vor weißem Hintergrund im Stiel des Glases betrachtet.
Viewed in front of the glass stem against a white background in daylight or halogen lighting.

SRM = EBC/1,97

...ression	EBC	Bierfarbe/Color	SRM
	4		2
	5		3
	6		3
	8		4
	10		5
	12		6
...nber	16		8
...ber	20		10
	25		13
	30		15
...n	40		20
...)	50		25
	60		30
...ack	80		41

R!« Brausysteme GmbH · http://www.das-bier.com
...ubert Hanghofer · http://netbeer.org
...r: Thomas Vogel · **http://www.bierfarbkarte.de**

breiter. Und dadurch ergibt sich durch das einfallende Licht ein etwas anderer Farbeindruck, als man den zum Beispiel im Kiesbye-Glas hat. Daher habe ich Ihnen beides vorgestellt, damit Sie das selber beurteilen können."

Es steckt also eine Menge mehr an Know-how und Entwicklungsarbeit drin, als man der Bierfarbkarte so ansieht. Wozu der ganze Aufwand nötig ist, verrät ein Blick in die Beer Style Guidelines der *Brewers Association*[53], die zu über 150 Bierstilen die sortentypische Farbe unter anderem in EBC-Einheiten (festgelegt von der European Brewery Convention = EBC) auflistet, welche es zu erreichen gilt.

„Wenn man auf einem Verkostungswettbewerb feststellen will, ob ein Bier meinetwegen in der Range von 20 bis 30 EBC ist, wie ein bestimmter Bierstil dies erlaubt, dann geht das am besten mit unserer Farbkarte, weil sie auch im Durchlicht funktioniert. Sie ist immerhin die einzige am Markt, die das tut. Es gibt noch andere Farbwertbestimmungen, die dann auf Papier gedruckt sind. Da haben Sie aber nicht den Durchlichteffekt und dann haben Sie auch noch die Papierweiße oder vielmehr die Papiergelbheit, die jedes Papier irgendwo mitbringt und Sie wissen selbst, dass jeder Bedruckstoff auch die Farbe verändert. Insofern kann man das nicht richtig genau nennen." Selbst Glätte und Struktur der Oberfläche wirken sich farbverfälschend aus.

Braune Bierverkostungsgläser, einsatzbereit

An dieser Stelle bin ich etwas irritiert, denn beispielsweise bei der VHD[54] wird die Verkostung in braunen Gläsern durchgeführt. Da soll der Effekt der Farbe völlig ausgeblendet werden. „Bei der Mondial de la Bière — in Kanada, Frankreich oder Brasilien — gibt es sogar eine Bierverkostung in total schwarzen Gläsern. Da kriegen Sie nicht einmal den Bierstil gesagt — die sogenannte stilfreie Verkostung. Das ist aber eine Frage der Philosophie."
Bei einem Verkostungswettbewerb gibt es in der Regel Kategorienbeschreibungen der einzureichenden Bierstile, „bei der die Farbe für den Bierstil eine Rolle spielt. Ansonsten ist der Bierstil nicht getroffen. Und wenn Sie den Bierstil nicht treffen — bei manchen Wettbewerben ist das so — dann ist das Bier ‚out of category', das heißt, es wird nicht mehr bewertet, denn es passt nicht zum Stil. Ein gutes Beispiel ist dieser crazy style, wo die Amerikaner teilweise schon drüber lachen, wenn Sie so ein Black IPA nehmen. Der Name ist ja schon etwas widersinnig, denn ein IPA müsste eigentlich, da es ein Pale Ale ist, hell sein. Ein Black IPA ist ein Widerspruch in sich. Aber es ist ja trotzdem ein Bierstil. Und da hat man auch eine vorgegebene Bierfarbe. Ein Kölsch sollte nicht aussehen wie ein dunkles Weizenbier. Dann ist es kein Kölsch mehr, weil einfach die Farbe nicht passt. Es geht also um die Spezifizierung der Bierstile. Daher braucht man die EBC-Farbskala. Ansonsten wäre die Bierfarbe obsolet. Und nur weil die VHD sagt, wir machen das jetzt ohne, ist es nicht so, dass die Bierfarbe keine Rolle spielt. Innerhalb stilistischer Grenzen spielt sie eine Rolle. Wenn man jetzt professionell einen Bierstil kategorisiert und auf der Flasche deklariert, dann sollte er auch der Norm entsprechen."

Glasform

Nun haben *Spiegelau* und andere Glashersteller ja diverse Craft-Bier-Gläser für unterschiedliche Bierstile auf den Markt gebracht. Die Firmen sagen, dass sie diese Glasformen entwickelt haben, um die Aromen bestimmter Bierstile sich möglichst optimal entfalten zu lassen. Was meint ein Sommelier dazu? „Das stimmt auf jeden Fall. Diese Geschichte bei *Spiegelau* hat ja auch im Weinbereich ganz stark eingesetzt. Es ist also kein Geheimnis, sondern eine Tatsache, dass Aromen durch die Glasform befeuert oder verbessert werden. Und *Spiegelau* hat halt gesagt, wir machen kein einheitliches Craft-Bier-Glas, also die eierlegende Wollmilchsau — das wollen wir nicht. Sondern wir wollen für verschiedene Bierstile Gläser entwickeln, die diese besonders gut zur Geltung bringen. Das ist an und für sich kein neuer Gedanke. Man hat ja für das Pils immer schon die Pilstulpe gehabt und für das Kölsch die Kölschstange. Man kennt das Weizenbierglas. Da hat man immer

[53] Siehe https://www.brewersassociation.org/resources/brewers-association-beer-style-guidelines/
[54] VHD = Vereinigung der Haus- und Hobbybrauer in Deutschland e.V. — siehe https://www.hausgebraut.de

schon versucht, durch die Form einen bestimmten Bierstil zu unterstützen. Und *Spiegelau* ist aus meiner professionellen Sommeliersicht hingegangen — und das recht gut — und hat Gläser geschaffen, die die sensorischen Eigenschaften eines Biers besonders gut widerspiegeln."

Verschiedene Biergläser — vorne: Craft-Pils-Glas, Weizenbierglas, Glaskrug, Refresh Beer Stein, Willibecher — hinten: Spiegelau-Gläserset für Barrel Aged Beer, IPA, American Wheat Beer/Witbier, Stout

Wie funktioniert das? „Wenn man sich in der Sensorik ein bisschen umtut, dann weiß man eigentlich, dass es auf zwei markante Punkte ganz besonders ankommt. Erstens: 80 Prozent vom Aroma sind einfach mal Geruch. Und zwar nicht nur der Geruch, den man mit der Nase aufnimmt, sondern auch der retronasale Eindruck, der sich nach dem Schlucken der Flüssigkeit ergibt, wenn man durch die Nase ausatmet. Damit sind wir auch beim Thema Glasform, denn die Glasform macht es der Nase möglich, bestimmte Aromen, die flüchtig oder weniger flüchtig sind, besser oder schlechter einzufangen. Dafür ist es erforderlich — und zwar je nach Bierstil —, das Glas oben mehr zu schließen oder mehr zu öffnen und die Glasform so zu gestalten, dass bestimmte Aromen sich an der Rundung sammeln und aufsummieren können. Dadurch bekommt man feine Aromen besser mit. Bei gröberen Bieren wiederum sollen die etwas härteren, knackigeren Aromen besser aufgenommen werden. Ein anderer Aspekt ist der Bereich, wo die Flüssigkeit auf der Zunge auftrifft, wenn man das Glas zum Mund führt und einen Schluck trinkt. Dann sorgt die Glasform dafür, dass das Bier bevorzugt an einer bestimmten Stelle die Zunge berührt. Dabei geht es zum einen um die Geschmackszone, wo das Bier oder welche Flüssigkeit auch immer auftrifft, was den Geschmacks- und Aromaeindruck verstärkt. Zum anderen aber um die Haptik. Haptische Reize auf der Zunge sind ein dritter Eindruck beim Geschmack. Schärfe ist ja meinetwegen eine Form von Schmerz. Bittere auch. Und das verstärkt sich. Wenn Sie beispielsweise Salz auf die Zunge legen und Sie reiben auf dieser Stelle, dann bemerken Sie, dass der Geschmackseindruck intensiver wird. Und das passiert eben durch die Haptik und durch den Druck auf die Geschmackspapillen auf der Zunge, den Sie erzeugen. Die Form hängt also mit diesen Parametern der Sensorik zusammen. Das ist tatsächlich schon sehr durchdacht."

Ein Fachartikel ergänzt: „Der Einfluss der Gefäßform ergibt sich auf Grund der unterschiedlichen chemischen Zusammensetzung von Bier und Bierschaum. Während im Schaum die Hopfen-Bitterstoffe dominieren, befinden sich im Bier viele Substanzen, die aus dem Malz stammen und für den eher süßlich-fruchtigen Geschmack verantwortlich sind. Für den ersten Geschmackseindruck, so Del Monego, ist deshalb die Relation von Schaum und Flüssigkeit maßgebend: Ein Bier aus zylindrischen Gläsern mit hoher Schaumkrone schmeckt im ersten Moment anders als aus einem breiten, kelchartigen Becher mit niedriger Schaumkrone. Die Glasform steuert auch den Fluss des Bieres und bestimmt so den Punkt, wo der Gerstensaft auf die Zunge auftrifft. Das ist insofern von Bedeutung, als sich bei einigen Gläsern die Zungenspitze unterhalb des Glasrandes befindet und deshalb ein Teil der Geschmackskomponenten beim Trinken gar nicht erst wahrgenommen werden kann. Das Bier wird in diesem Fall nur mit dem Zungenhintergrund geschmeckt, an einer Stelle, an der lediglich die Bitterstoffe empfunden werden. Umfließt das Bier hingegen die ganze Zunge, kommen alle Geschmackskomponenten voll zur Geltung. Die Glasform ist auch für die Fließgeschwindigkeit des Bieres verantwortlich. Generell gilt, je langsamer ein Bier fließt, desto eher haben Zunge und Nase die Möglichkeit, jeweils alle Geschmackskomponenten zu erfassen."[55]

Deshalb sollten wir beim Verkosten einen Schluck länger im Mund behalten und darin bewegen. Die Süße nehmen wir mit der Zungenspitze wahr. Salzigen Geschmack empfinden wir an den vorderen Zungenrändern. Für die Empfindung von Säure sind die hinteren Zungenränder zuständig. Die Bittere schmecken wir mit dem hinteren Zentrum. Daneben gibt es Rezeptoren für Umami (Glutamat, auch ein Beigeschmack von Maggi-Würze) und Fett[56].

---

[55] Quelle: Brauwelt 6–7, 2004, S. 156.
[56] Siehe Fohr/Kiesbye/Stempfl (2018), S. 105. Dieses Buch geht bezüglich der Sensorik weit in die Details und sei daher allen Verkostern und Interessierten empfohlen.

Manche Gläser wie etwa einige von *Spiegelau* sind sehr dünnwandig. Welche Bedeutung hat das? Thomas Vogel: „Ich denke, das ist dafür gedacht, dass die Flüssigkeiten gut gleiten und die Aromen auch wunderbar aufgenommen werden. Das hängt mit der Art der Verarbeitung zusammen. Die sind nämlich in der Regel mundgeblasen. So sind auch die Weingläser von *Riedel* sehr, sehr dünn und mundgeblasen. Je dünner ein Glas, desto glatter die Oberfläche. Darauf lassen sich Aromen anders transportieren. Dabei spielt aber auch die Glasqualität eine Rolle." Aufgrund ihrer geringeren Masse erwärmen dünnwandige Gläser das kühle Bier zudem weniger als dickwandige.

Bierverkostung

Das Auge prüft Bierfarbe und Schaum – Michael Mihm, Vorsitzender der VHD, bei einer Verkostung (2018)

Wie bereitet Thomas Vogel sich auf eine Verkostung vor? „Man sollte vorher keinen Knoblauch essen oder besonders scharfe Sachen. Ich rauche außerdem nicht, weil mir da meine Sensorik viel zu wichtig ist. Kaffee darf man auf jeden Fall trinken. Bei manchen Verkostungen werden sogar Kaffeebohnen oder Kaffeepulver auf den Tisch gestellt, weil das die Geruchsnerven sehr schön neutralisiert. Das ist ein Trick, den habe ich mir mal bei einem Parfümeur in einer Geruchsschulung abgeschaut. Da wird zwischen den einzelnen Intensivproben Kaffeepulver hergenommen um zu neutralisieren. Den Effekt gibt es auch in der Hausmittelküche, wenn Ihr Kühlschrank stinkt, vielleicht durch einen Stinkekäse. Wenn Sie eine Schale mit Kaffeepulver in den Kühlschrank stellen, werden Sie merken, dass das Wunder wirkt. Kaffee ist geruchsneutralisierend."

Generell ist die richtige Vorgehensweise bei einer Verkostung: Auge – Nase – Mund. Zunächst gilt es also, das Aussehen des Bieres zu prüfen. Parameter sind etwa Farbe, Klarheit, Schaumbildung und Schaumstabilität. Dann kommt der Geruch an die Reihe. Riecht das Bier angenehm und sortentypisch? Welche Hopfenaromen sind wahrnehmbar? Fallen Fehlaromen auf? Schließlich nimmt man einen Schluck. Wie fühlt sich das Bier an? Wie sind Antrunk, Haupttrunk und Nachtrunk zu bewerten? Stimmen Spritzigkeit (Rezens), Temperatur, Viskosität, Bittere und Vollmundigkeit? Schmeckt das Bier angenehm und sortentypisch? In meinem Buch „Heimbrauen für Fortgeschrittene"[57] gehe ich detaillierter darauf ein. Bei der Einordnung der Geruchs- und Geschmackseindrücke hilft beispielsweise der runde Bier-Aroma-Guide des Verlags Hans Carl, auf dem zig Kategorien kreisförmig angeordnet sind. Was sortentypisch ist, steht etwa in den bereits erwähnten Beer Style Guidelines der *Brewers Association*. Und ob das Bier angenehm riecht und schmeckt – dass muss jeder selbst beurteilen.

Biere und Speisen

Ein Thema, das zunehmend an Bedeutung gewinnt, ist die richtige Kombination von Bier und Speisen, die beim Wein bereits seit jeher zelebriert wird. Bier wird damit – ganz im Sinne der Craft-Bewegung – zum Gourmet- und Lifestyle-Getränk aufgewertet. Die Rede ist vom „Foodpairing"[58] – vom passenden Bier zum jeweiligen Essen. Wobei „passend" unterschiedliche Bedeutungen haben kann. Das Bier kann abschwächend, ausgleichend oder verstärkend wirken[59]:

[57] *Hagen Rudolph (2017), S. 94 ff.*
[58] *Siehe den „Craft Beer & Food Pairing Guide" https://cdn.craftbeer.com/wp-content/uploads/beerandfood-1.pdf*
[59] *Quelle: Jan Brücklmeier (2018), S. 88.*

Wirkung	Bieraroma	Speisearoma
	Malzigkeit	Schärfe
abschwächend	Vollmundigkeit	intensive Gewürze
	Süße	Säure
	Hopfenbittere	Süße
	Röstaromen	Fett
ausgleichend	hoher Kohlendioxidgehalt	schwere Speisen
	Alkohol	Salzigkeit
	Säure	Umami
verstärkend	Hopfenbittere	Schärfe

Tabelle 4: Das Verhältnis von Aromen in Bier und Speisen

Wer es genauer wissen möchte, dem empfehlen Craft-Bier-Shops und Versandhändler wie beispielsweise die *Bierothek*[60] oder die *Bierlinie*[61] zu vielen der angebotenen Craft-Biere passende Vor-, Haupt- und Nachspeisen. Wie beim Wein finden sich Hinweise zunehmend auch auf den Flaschenetiketten.

Generell gilt, dass eine intensiv schmeckende Speise ein intensiv aromatisches Bier braucht, damit nicht eins von beiden geschmacklich untergeht. Zu einer leicht schmeckenden Speise gehört im Umkehrschluss ein leichtes Bier, welches sie nicht erschlägt. Wie die Kombination aber im Einzelnen gestaltet und ausbalanciert wird, bleibt der Raffinesse des Gastgebers oder Bierfreunds überlassen. Ein dunkler Bock zur Bitterschokolade? Ein nussiges Bier zum nussigen Käse? Ein Rauchbier zum Zwetschgenbammes (einer fränkischen Schinkenspezialität)?

[60] Siehe https://bierothek.de
[61] Siehe https://www.bierlinie-shop.de

Dunkles Lager zum Bauernfrühstück

So erzählt Michael Hanreich: „Ich war mal vor einigen Jahren bei einer Veranstaltung des Verlags Hans Carl. Die nannte sich Bier-Querdenker. Da war ein Italiener, der hat ein Bier mitgebracht — ich weiß jetzt nicht mehr genau, der Alkohol lag bei sechs oder sieben Prozent — und wenn man das so getrunken hat, hat es nicht geschmeckt. Und dann hat er einen Kuchen dazu serviert. Und den Kuchen erst gegessen und das Bier dazu getrunken, das war ein Gedicht. Ich bin vom Glauben abgefallen. Der Kuchen mit dem Bier oder das Bier mit dem Kuchen, das war der Wahnsinn. Da kann nur ein Italiener drauf kommen [schmunzelt]. Das war einwandfrei. Und das meine ich. Es hat gepasst. Wenn sich da jemand Gedanken macht: Dieser Geschmack könnte zu dem passen. Anderes Beispiel: eine kleine Brauerei aus Nürnberg. Die hat letztes Jahr ein Winterbier gebraut. Es hat geschmeckt wie eine Kombination aus Früchtebrot und Lebkuchen. Aber das war der Hit. Es war für mich das perfekte Winterbier. Meine Kumpel aus dem Starnberger Raum würden wahrscheinlich die Hände über dem Kopf zusammenschlagen. Aber dieses Zusammenspiel Nürnberg, Christkindlesmarkt, Winter und dann das Bier — das war super!"

Der Schluck

Ein Thema, welches sich zwar nicht ausschließlich um Craft-Bier dreht, hier aber trotzdem angesprochen werden kann, ist gefährlich vermint. Und es ist ein Problem, welches vor allem Männer haben: ihre mittrinkenden Frauen oder Freundinnen. „Liebling, möchtest du auch ein Bier?" – „Nein, ich nehm ein Wasser und trink dann einen Schluck bei dir mit." Au weia … Unheil droht und alles gerät durcheinander. Frauen scheinen bei solch sensiblen Themen absolut uneinsichtig und unbelehrbar zu sein. Ihr Verhalten widerspricht nicht nur dem Grundsatz der Gütertrennung (Dies ist mein Bier, das ist dein Bier!), sondern auch dem Prinzip der Messbarkeit (Hmmm … habe ich nun zweisiebenachtel oder doch nur zweieinviertel Biere abbekommen?). Hier tickt eine Bombe.

Doch nach der Lektüre diverser Schriften von Psychologen über die unterschiedlichen Kommunikationsweisen von Frauen und Männern empfehle ich: Männer, entspannt euch. Es ist kein Mundraub, der euch da widerfährt, sondern ein getarnter Kuss. Damit signalisieren Frauen ihre Zuneigung und Zugehörigkeit. Genießt die Geste und seid lieber alarmiert, wenn sie plötzlich ausbleibt.

GETREIDE, MALZ UND MAISCHEN

2018 war ein bemerkenswertes Jahr. Für Winzer und viele Obstbauern war es herausragend. Andererseits hat der extrem trockene Sommer den meisten Landwirten in Deutschland und Mitteleuropa laut Medienberichten erhebliche Ernteausfälle gerade beim Getreide beschert. So sind auch die Bierbrauer ziemlich direkt vom Wetter betroffen.

„Beim Gerstenmalz erwarten wir in diesem Jahr Preissteigerungen von 30 Prozent aufgrund der schlechten Ernte", so Marc Brammer. Die dürrebedingten Ernteausfälle sorgen aber nicht nur für weniger Gerste, sondern auch für schlechtere Qualität. „Ich bin ja viel in Südamerika unterwegs und unterhalte mich mit den Leuten. Und da haben sie wohl eine gute Ernte gehabt. Da kann ich mir vorstellen, dass einige Schiffsladungen dann hier rüberkommen. Auch aus Kanada und den USA."

Auf die Frage, was ihr Haus unternimmt, um dennoch die gewünschte Menge und die gewohnte Qualität an Malz liefern zu können, antwortet Sabine Weyermann: „Die Rohstoffgewinnung in ausreichend qualitativer und quantitativer Menge ist in jedem Jahr eine große Herausforderung für den Mälzer. Eine Garantie für ausreichende, hochwertige Braugerste nach unseren Einkaufsspezifikationen kann uns der Herrgott nicht geben. Wir sind und bleiben in hohem Maße vom Wettergott abhängig. *Weyermann®* hat ein eigenes Braugerstenanbauprogramm mit mehr als 600 Landwirten im 200-km-Umkreis von Bamberg (Oberfranken, Unterfranken, Thüringen, Sachsen, Sachsen-Anhalt). Durch die Diversifizierung auf die unterschiedlichen Landstriche versuchen wir, das Wetterrisiko zu minimieren, was uns 2018 auch gut gelungen ist."

Malze

Die Mälzerei *Weyermann*® in Bamberg[62] ist die Mälzerei „mit dem größten, selbstproduzierten Sortenspektrum der Welt", wie es im 2018er Katalog heißt. Darin finden sich über 40 verschiedene Malze aufgelistet, die zusätzlich alle auch in mehreren Bio-Qualitäten erhältlich sind, sowie entbittertes Röstmalzbier und diverse Malzextrakte. Die Produktpalette ist aber noch breiter. Wenn also jemand beim Thema Malz das Gras wachsen hört, dann sollte es dieses mittelständische Unternehmen sein. Grund genug, einige Fragen an die Geschäftsführerin Sabine Weyermann zu richten.

Sie sieht ihre Mälzerei „als einen der Pioniere, der die Craft-Bier-Bewegung erst möglich gemacht hat. In den 90er-Jahren waren wir die ersten, die unsere Malze in 25-kg- und damals auch noch in 50-kg-Säcken angeboten haben — eine grundlegende Voraussetzung für die Kreativität des Brauers. Mit dem Gang auf den amerikanischen Markt im Jahr 1996 haben wir die Craft-Bewegung in den USA kennengelernt und diese durch unsere hohe

Vielfältige Malze

Qualität und durch die hohe Sortenvielfalt entscheidend mitgeprägt. Daraus ist 2003 auch die Installation unserer *Braumanufaktur* entstanden, um die in Amerika gängigen Biere den deutschen Brauern näherzubringen. Seitdem erfreuen wir uns an einem stetigen Aufwärtstrend für den Einsatz von Spezialmalzen auf allen Kontinenten."

Hier hat *Weyermann®* interessante Produkte für Craft-Brauer zu bieten, etwa Tennenmalze, Terroir-Malze (französisch „terroir" = Gegend, Region, Herkunftsgebiet; gemeint ist der Einfluss des Bodens auf den Geschmack) und Heirloom-Malze (englisch „heirloom" = althergebracht, Erbstück). Einige Beispiele:

→ Pale Ale Malz liegt farblich zwischen Pilsner und Wiener Malz und ist für alle Biere geeignet.

→ Eraclea Pilsner Malz, hergestellt aus Eraclea Premium Braugerste in der italienischen Region Venetien (Eraclea ist der Name einer Kleinstadt in Venetien an der Adriaküste). Sein Aroma ist malzig süß mit leichten Honignoten und es ist gedacht für schlanke, mediterrane, helle Biere mit exzellenten Schaumwerten.

→ Böhmisches Tennenmalz (Pilsner Art) aus böhmischer Sommerbraugerste für charaktervolle, geschmacksintensive Biere.

→ Dunkles Böhmisches Tennenmalz mit intensivem Malzaroma, vollem Körper und milder Malzsüße für Böhmisches dunkles Lager, dunkle Ales und Bockbiere.

→ Carabohemian® (englisch „Bohemian" = böhmisch) mit Brot-, Caramel- und Toffeenoten für dunkle Biere. Es ist unter anderem gedacht für Böhmisches Lager, Porter, Stout, Ale und Bockbiere.

→ Carabelge® (französisch „belge" = belgisch) mit mildem Caramelgeschmack und Noten von getrockneten Früchten und Nüssen für honigfarbene Biere, speziell für belgische Biere wie Blonde, Bruin, Amber, Tripel und Dubbel.

→ Abbey Malt® mit ausgeprägten Malz- und Honignoten für Klosterbiere, Trappistenbiere, Blonde, Bruin, Festbiere, Faro und Fruchtbiere.

→ Special W® für eine dunkel- bis kupferrote Farbe und Aromen von Brotkruste, Nüssen und Rosinen. Es kommt zum Einsatz für diverse belgische Biere, Barley Wine, Porter, Stout, Schwarzbier, Doppelbock und Eisbock.

[62] *Siehe https://www.weyermann.de*

Störtebeker
BRAUSPEZIALITÄTEN

Sorte:
ATLANTIK-ALE

Geschmack:
STÜRMISCH FRISCH-HERB

Alk.
5,1
% Vol.

Menge:
0,5L

Atlantik-Ale ist ein naturbelassenes, obergäriges, helles Ale mit Stammwürze 11,4%, Genusstemperatur 10°. **Alkoholgehalt: 5,1%.** **Münchner-, Distilling-, Pilsener-** und **Weizenmalz** sorgen für die strohgelbe Farbe und den schlanken Körper. **Warme Vergärung obergäriger Ale-Hefe** lässt den opulenten Schaum entstehen. **Kalte Hopfung** mit den Sorten **Tradition, Perle, Cascade, Amarillo** und **Citra** bringt ein Duftspiel aus Zitrone, Grapefruit sowie Melone und die kräftige Herbe hervor.

<u>Zutaten:</u> Brauwasser, **Gerstenmalz, Weizenmalz**, Hopfen, Hefe.

3XGOLD

Mindestens haltbar bis: siehe unten

04.10.2019
1 LN0351933

4 014807 204840

℮ 0,5l

Die Renaissance mancher in Vergessenheit geratener Biersorten hat offenbar angeregt, auch alte Malzsorten wiederzubeleben oder an überlieferten Traditionen anzuknüpfen. Dazu Sabine Weyermann: „Neben der Neuentwicklung unterschiedlichster Caramelmalze, die auf die jeweiligen Bierstile abgestimmt sind (z. B. Carabelge®, Carabohemian®), arbeiten wir auch an vielfältigen Projekten. Wir haben z. B. mit dem renommierten Braugerstenzüchter Breun im fränkischen Herzogenaurach (der auf eine mehr als 100-jährige Erfahrung zurückblicken kann) die im bayerischen Raum beliebte Sorte ‚Barke‘ revitalisiert. Hier bieten wir die neuen Sorten ‚Weyermann® Barke® Pilsner Malz‘, ‚Weyermann® Barke® Wiener Malz‘ und ‚Weyermann® Barke® Münchner Malz‘ an. Mit anderen bayerischen Gerstenzüchtern arbeiten wir an der Entwicklung von weiteren historischen Sorten. Seit vielen Jahren arbeiten wir auch mit unserer Partnermälzerei, einem Tennen-Betrieb in Tschechien, zusammen. Hier werden die tschechischen Sommerbraugersten Bojos und Tolar verarbeitet, die *Weyermann®* für die Herstellung der Tennenmalze bevorzugt. Bojos und Tolar sind zwei typische Vertreter des böhmischen Braugerstenanbaus. Auch in unserem Betrieb in Haßfurt verarbeiten wir diese charakterstarken Sorten zur Herstellung unserer Böhmischen Pilsner Malze.“

Gibt es auch Neuentwicklungen speziell für die Wünsche oder Bedürfnisse der größeren und kleineren Craft-Brauer? „Mein Mann und ich haben erkannt, dass ein kreativer Craft-Brauer sich zu 100 Prozent auf seinen Malzlieferanten verlassen muss. Er hat wenige Möglichkeiten, sein Bier zu verschneiden. Daher braucht er die beste am Markt verfügbare Qualität. Durch unzählige Reisen in den letzten 30 Jahren durch die USA haben wir bei Brauereibesuchen, Messeaufenthalten und natürlich im persönlichen Gespräch bei Kundenbesuchen die Wünsche der Brauer zur Kenntnis genommen und stets ein offenes Ohr für deren Bedürfnisse gezeigt. Craft-Brauer weltweit suchen stets neue Geschmackserlebnisse, um kreative Biere brauen zu können. Aus diesem Grund haben wir bereits 2008 begonnen, eine Terroir- und Heirloom-Serie auf den Markt zu bringen. Unter Terroir verstehen wir den Einfluss der besonderen Gerstensorte auf den Malzgeschmack (z. B. *Weyermann®* Eraclea Pilsner Malz). Für das Brauen von Pilsner Bieren stehen dem Kunden aktuell fünf unterschiedliche *Weyermann®* Malzsorten zur Verfügung.“

Was genau ist neu daran? „Neu ist daran nichts, sondern es ist die Rückbesinnung auf ausdrucksstarke Gerstensorten, die den Bieren mehr Charakter verleihen.“

Spüren Sie generell (unabhängig von Craft) so etwas wie neue Trends beim Malz? „In den letzten 20 Jahren hat *Weyermann®* von 60 auf über 85 Sorten erweitert. Von daher spüre ich unabhängig vom Absatzland die Freude der Brauer an neuen Geschmackskompositionen.“

Störtebeker verwendet für sein „Atlantik-Ale“ und auch für dessen alkoholfreie Variante Distilling-Malz. Dies „ist ein sehr helles und enzymstarkes Malz, das eigentlich für

Schnapsbrenner produziert wird, um eine möglichst schnelle und vollständige Verzucke-rung zu garantieren. Im Atlantik-Ale sorgt es für den hohen Endvergärungsgrad und das trockene Finish."[63]

Die *Brauerei Heller* produziert das Malz für ihr „Schlenkerla"-Rauchbier selbst und darrt es in Buchen- und Eichenholzrauch. Lange Scheite dieser Hölzer stapeln sich in der Nähe des Darrofens. „Das Rauchmalz gibt uns natürlich die Möglichkeit zu experimentieren, etwa mit dem Anteil des Rauchmalzes. Beim Märzen liegt der Anteil bei hundert Prozent, beim Bockbier auch und beim Doppelbock auch. Aber beim Weizen ist man nach dem Rein-heitsgebot zu mindestens 50 Prozent Weizenmalzanteil verpflichtet, um es Weizenbier nennen zu dürfen. Da wir unser Weizenmalz nicht selber machen (und es daher nicht ge-räuchert ist), haben wir schon wieder ein ganz anderes Geschmacksprofil."

Auf meine Bemerkung hin, dass ich als Hobbybrauer festgestellt habe, dass ein Rauchmalz-anteil von 20 Prozent schon die Grenze der Genießbarkeit erreicht, während *Heller* 100 Pro-zent davon verwendet, führt Michael Hanreich aus: „Das ist genau der Punkt, warum wir dieses Geheimnis so hüten. Mir haben Kollegen schon gesagt, dass sie nur fünf Prozent nehmen. Es ist ein schmaler Grat mit den Phenolen und Nitrosaminen. Mindestens viermal im Jahr kommt die Lebensmittelüberwachung, zieht Proben, und wir bekommen ungefähr genauso oft von irgendwelchen Supermärkten — etwa aus Berlin, Würzburg, Hamburg — B-Proben zugeschickt, weil die Lebensmittelüberwachung bei ihnen war und Proben vom Bier mitgenommen hat, um die Nitrosamine zu überprüfen. Bei einem unserer Mitbewerber hat es schon den Fall gegeben, dass sie ihm den Laden erstmal gesperrt haben, bis wieder Bier da war, wo der Grenzwert, der technische Richtwert, in der Norm lag."

Der *Kronprinz* bietet ein Rauchbier namens „Habemus Papam" an. Was bedeutet der Name? „Die Idee dahinter war: Ich wollte ein Rauchbier brauen, was eine 7er-Farbe hat, sprich wie ein Pilsener ist, weil ich es mag, die Kundschaft ein bisschen zu verwirren. In Bamberg denkt jeder, ein Rauchbier muss dunkel sein oder zumindest bernsteinfarben. Und niemand erwartet, dass er ein helles Bier hingestellt bekommt. Dann heißt es ‚Ich hatte aber ein Rauchbier bestellt!' — ‚Ja, das ist auch eins.' [lacht]. Und der Gedanke hinter dem Namen war weißes, also helles Rauchbier. Und der weiße Rauch nach der Papstwahl heißt Habemus Papam — übersetzt: Wir haben einen neuen Papst!"

Ich frage Michael Hanreich, wie er zum etwas heiklen Thema Rohfrucht steht. Dürfen sei-ner Meinung nach auch unvermälzte Getreide im Craft-Bier enthalten sein? „Auf jeden Fall! Darf alles drin sein, da bin ich ganz offen. Auch Zucker, das trifft man ja hierzulande auch,

---

[63] Siehe https://braumagazin.de/article/neu-stoertebeker-atlantik-ale-alkoholfrei/

wenn eine Brauerei mal ein Triple braut. Die Hefen sind dann auch ein bisschen anders. Auf einen Alkoholgehalt von über zehn Prozent komme ich nur, wenn ich etwas Zucker zugebe oder spezielle Hefen verwende."

Rohfrucht

Jedes Getreide ist vermälzbar, auch wenn Malze etwa von Reis oder Hirse hierzulande schwer zu kriegen sind. Beim Keimen werden die für den Stärke- und Eiweißabbau benötigten Enzyme aktiviert und ein Teil der Stärkemoleküle bereits in verschiedene Zuckerarten zerlegt. Daher ist Malz der ideale Rohstoff für den Bierbrauer. Die Malzherstellung ist jedoch mit einem erheblichen Aufwand an Arbeit, Energie und Investitionen in die entsprechenden Anlagen verbunden.

Rohstoff für Malz ist das Getreide selbst, welches unvermälzt natürlich deutlich weniger kostet. Auch Rohgetreide — Rohfrucht genannt — eignet sich zum Bierbrauen. Allerdings muss entweder sein Anteil an der Schüttung gering genug sein (maximal 15 bis 20 Prozent), damit die Enzyme aus dem Malz für den Stärkeabbau der Rohfrucht ausreichen und diesen mit übernehmen können. Oder Enzympräparate müssen zugegeben werden. Die

Malze, Hopfen, Hefe und Rohfrucht (Gersten- und Haferflocken)

Kombination von Rohrfrucht und Enzymen ist übrigens eine Lösung für Menschen mit Gluten-Unverträglichkeit — dazu gleich mehr. Das Reinheitsgebot allerdings erlaubt weder die Verwendung von Rohrfrucht, noch die von Enzympräparaten für deutsches Bier. Viele andere Länder kennen keine derartigen Beschränkungen.

Rohrfrucht[64] dient aber nicht nur der schnöden Kostensenkung. Für Craft-Brauer ist vor allem das Erzielen bestimmter geschmacklicher Feinheiten wichtig. Darüber hinaus kann Rohrfrucht Eigenschaften wie die Bierfarbe oder das Schaumverhalten beeinflussen. Daher ist sie für kreative Brauer sehr interessant — und für deren Kunden ebenso, denn die suchen ja das besondere Bier. Freilich sollten Brauer erstens bedenken, dass rohe Getreidekörner zumeist deutlich härter sind als das relativ mürbe Malz, weshalb eine robustere Getreidemühle zum Schroten empfehlenswert ist. Zweitens enthalten manche Rohgetreide Schleim- oder Kleberstoffe, welche die Viskosität der Würze erhöhen und das Läutern erschweren. Drittens hat Rohgetreide (das entsprechende Malz dann natürlich ebenso) womöglich keine Spelzen, wodurch das Läutern ebenfalls gehemmt wird. Dieses Problem lässt sich durch das Untermischen von separat (beispielsweise zum Füllen von Kissen) erhältlichen Spelzen oder Stroh zum Auflockern der Treberschicht entschärfen.

Für das Brauen mit Rohrfrucht bietet sich unter Umständen eine separate Rohrfruchtmaische[65] an, die dann der Hauptmaische zugebrüht wird. Eine andere Möglichkeit ist der Einsatz gedämpfter und gewalzter (vorverkleisterter) Flocken, die direkt mit eingemaischt werden. Rohrfruchtgetreide wird in Naturkostläden, Mühlen und im Hobbybrau-Fachhandel angeboten. Rohrfrucht gibt es auch in bereits zerkleinerter Form, etwa als geschälte und polierte Graupen (Gerste oder Weizen) oder Maisgrieß. Da diese keine Spelzen enthalten, ist auch hier mit dem erwähnten Läuterproblem zu rechnen.

Die unvermälzten Getreidesorten und ihre Auswirkungen für das Bier im Einzelnen:

→ Gerste sorgt für einen feineren Schaum, insbesondere für den cremigen Schaum beim Irish Stout. Röstgerste erzeugt ein leicht nussiges Aroma und verleiht helleren Bieren wie Ales einen rötlichen Farbton. Sie lässt sich im Backofen leicht herstellen, indem spelzenlose Gerste (Nacktgerste) bei 150 °C für anderthalb bis zweieinhalb Stunden bis zum gewünschten Verfärbungsgrad geröstet wird.

---

[64] *Siehe http://www.besser-bier-brauen.de/selber-bier-brauen/zutaten/rohgetreide/index.html*
[65] *Eine Rohrfruchtteilmaische eignet sich bis zu einem Rohrfruchtanteil von 30 Prozent der Gesamtschüttung: Maischen Sie die Rohrfrucht mit einem Drittel Pilsner Malz kalt ein (weil dies am enzymstärksten ist — also 3 Teile Rohrfrucht, 1 Teil Pilsner Malz, für jedes Kilo Rohrfrucht/Malz 1 Liter Wasser). Erwärmen Sie auf 65 °C und halten Sie 30 Minuten Rast. Erwärmen Sie weiter auf 75 °C und halten Sie 15 Minuten Rast. Bringen Sie die Teilmaische zum Kochen und lassen Sie sie 15 Minuten unter ständigem Rühren kochen. Schließlich brühen Sie die Teilmaische der bei etwa 50 °C frisch eingemaischten Hauptmaische zu und erreichen dadurch idealerweise die nächsthöhere Rasttemperatur (beispielsweise 64 °C).*

→ Roggen bewirkt einen kernigen Geschmack, sollte aber nur vorsichtig verwendet werden, da er wegen seiner Schleimstoffe die Würze sämig macht und das Läutern ganz besonders erschwert.

→ Weizen sorgt für eine schlanke Spritzigkeit. In Belgien verwendet man ihn gerne für Witbier (belgisches Weizenbier) und Lambic. Weizen enthält keine Spelzen.

→ Dinkel (Spelz, Schwabenkorn) ist ein Vorfahr des Weizens, schmeckt würziger und kräftiger. Grünkern — vorzeitig geernteter Dinkel — erhält durch Heißtrocknen besonders komplexe Aromen.

→ Einkorn (Blicken, Kleiner Spelz) stammt vom wilden Weizen ab, hat im Gegensatz zu jenem aber Spelzen und färbt die Würze intensiver als Weizen.

→ Emmer (Zweikorn) ist eine weitere, seit Urzeiten angebaute Weizenart. Er verbessert die Schaumbildung, macht das Bier trüber und bereichert die Würze mit seinem kräftigen Eigengeschmack.

→ Triticale ist eine Kreuzung aus Weizen und Roggen. Sein Name setzt sich daher zusammen aus Triticum (lateinisch für Weizen) und Secale (lateinisch für Roggen). Triticale ist besonders reich an Amylasen. Der spezielle Nutzen für Brauer ist noch nicht ausreichend erforscht.

→ Hafer sorgt für einen cremigen, schweren Schaum, erhöhte Vollmundigkeit und ein nussiges Aroma. Zur Verwendung bieten sich Haferflocken an. Sie enthalten jedoch einen recht hohen Gehalt an ungesättigten Fettsäuren. Der Fettanteil kann bei stärkerer Dosierung wiederum die Schaumbildung beeinträchtigen.

→ Mais bringt eine kräftig gelbe Farbe und süßlich-vollmundige Geschmacksnoten ins Bier, welches jedoch aufgrund der Eiweißzusammensetzung kaum schäumt.

→ Reis bewirkt spritzige und trockene sowie sehr lichte Biere. Daher verwende ich gerne Bruchreis mit einem Schüttungsanteil von fünf Prozent für Pilsner Bier.

→ Hirse ist glutenfrei. Sie ist ein geeigneter Grundstoff, um Bier für Zöliakier zu brauen. Ihre Stärke ist für Enzyme besser zugänglich, wenn die Rohfrucht vorher zu Brei verkocht wurde.

→ Buchweizen, ein Pseudogetreide (das sind Pflanzenarten, die keine echten Getreidearten sind, deren Körner aber ähnlich wie Getreide verwendet werden), bringt eine kräftig nussige Note ins Bier. Durch leichtes Rösten lässt sich diese noch verstärken.

→ Amarant (Fuchsschwanz) ist ein weiteres Pseudogetreide mit nussigem Aroma. Von weit über 60 Arten werden vor allem die Samen des Garten-Fuchsschwanzes genutzt.

→ Quinoa (Reismelde) gehört ebenfalls zu den Pseudogetreiden und eignet sich für glutenfreies Bier.

Für Zöliakie-Patienten lassen sich Biere aus glutenfreiem Getreide (Mais, Reis, Hirse), Pseudogetreide (Buchweizen, Amarant, Quinoa), Edelkastanien und anderen Rohstoffen brauen. Der Aufwand ist kaum größer als bei einem herkömmlichen Bier, wenn man erst die Zutaten beisammenhat. Dafür benötigt man allerdings Enzympräparate. Die künstlichen Enzyme werden zu den jeweiligen Rasttemperaturen zugegeben — oder irgendwie anders (je nach Produkt — beachten Sie die Angaben des Herstellers). Bei der Verwendung hitzebeständiger Enzyme kann die Maische vor dem Abläutern gekocht und somit die Ausbeute deutlich erhöht werden. Allerdings schmecken derartige Erzeugnisse, wie es heißt, nur bedingt nach Bier. Bei der Verwendung von Enzympräparaten stellt sich ohnehin die Frage, ob die Bezeichnung Bier für das Getränk dann noch passt.

Daneben gibt es aber auch glutenfreies Bier, welches anderem Bier geschmacklich näher kommen soll. Es wird zunächst ganz normal mit Gerstenmalz und anderen glutenhaltigen Malzen gebraut. Anschließend wird das Gluten in einem aufwendigen Verfahren entzogen.

Lammsbräu „Glutenfrei" — offiziell kein Bier

Lammsbräu erklärt beispielsweise: „Das von der *Neumarkter Lammsbräu* verwendete Verfahren zur Herstellung von glutenfreien Spezialitäten beruht auf einer innovativen, patentierten Technologie. Bei dem besagten Verfahren werden sowohl die ‚großen' Glutenmoleküle wie auch die niedermolekularen, kleinen Glutenfragmente während der Herstellung entfernt."[66] Das Produkt „Glutenfrei" wird allerdings nicht als Bier bezeichnet, sondern als „Alkoholhaltiges Bio-Getränk auf Malzbasis". Sein Aroma und Geschmack sind deutlich schlanker als bei gewöhnlichem Bier. Mir fehlt es an Malzkörper und Vollmundigkeit. Aber für Zöliakier ist es gewiss besser als gar kein Bier.

Das Maltaseverfahren

Eigentlich wollte ich in diesem Buch keine Maischverfahren vorstellen, weil dies bereits in meinen älteren Büchern geschehen ist — und weil in diesem sowieso auch keine Rezepte vorgesehen sind, sondern nur einzelne Tipps. Mit dem Maltaseverfahren mache ich eine Ausnahme, weil es für das Brauen alkoholreduzierter Biere, auf das ich später noch eingehe, von großer Bedeutung sein kann. Das Verfahren wurde 2003 auf dem 36. Technologischen Seminar in Weihenstephan und 2005 in der Dissertation von Markus Herrmann vorgestellt und ist deshalb auch als Herrmann-Verfahren bekannt. Ich habe das sehr ähnliche Rudolph'sche Infusionsverfahren (oder kurz: Rudolph-Verfahren) aber bereits 2002 in meinem Buch „Heimbrauen für Fortgeschrittene"[67] vorgeschlagen. Da ich hier jedoch keine Diskussion um den korrekten Namen führen will, verwende ich die neutrale und ebenfalls gängige Bezeichnung Maltaseverfahren[68].

Hintergrund ist das Enzym Maltase (Alpha-Glucosidase), welches ein Maltosemolekül in zwei Glucosemoleküle aufspaltet. In bestimmten Fällen möchte der Brauer den Glucoseanteil in der Maische erhöhen, wozu die Maltase im Prinzip ein gutes Instrument ist. Allerdings hat die Maltase ein Temperaturoptimum von 35 bis 45 Grad[69]. Die von der Maltase benötigte Maltose wird jedoch erst in der Maltoserast bei etwa 63 Grad durch die Beta-Amylase gebildet, wenn die Maltase längst denaturiert ist. Wie kann man diese ungünstigen Rahmenbedingungen überlisten?

---

[66] Siehe https://blog.lammsbraeu.de/bier-ohne-gluten-geht-das-ueberhaupt
[67] Das Rudolph'sche Infusionsverfahren findet sich in meinem Buch „Heimbrauen für Fortgeschrittene" in der ersten Auflage auf S. 116, in späteren Auflagen auf S. 109.
[68] Siehe http://www.hobbybrauer-kompendium.de/m/maltaseverfahren/maltaseverfahren.html
[69] Laut Heyse, auf dessen Lehrbuch ich mich seinerzeit bezog, hat die Maltase ein Temperaturoptimum von lediglich 35 bis 40 Grad und wird bei 40 Grad deaktiviert — siehe Karl-Ullrich Heyse (1994), S. 110.

Um also die Maltose mit der Maltase in Kontakt zu bringen, schlug ich vor, mit einem Teil der Maische (Hauptguss und Schüttung) das Maischen bis zum Ende der Maltoserast wie gewohnt zu durchlaufen. Diese ganz normale, nun maltosehaltige Maische wird anschließend mit dem noch kalten Rest des Hauptgusses und dem verbleibenden Malz vermischt und soll dabei auf unter 45 Grad abkühlen. So gelangt Maltose in das Temperaturoptimum der Maltase. In der folgenden Rast kann die im frisch zugegebenen Malz noch aktive Maltase die zuvor erzeugte Maltose in Glucose umwandeln. Dadurch wird der Glucoseanteil von üblicherweise etwa 10 Prozent auf 35 bis 40 Prozent angehoben.

Interessant ist dies bei Hefen, die keine Maltose, wohl aber Glucose vergären (wie die Saccharomycodes ludwigii, von der später noch zu reden ist), um ihnen deutlich mehr vergärbaren Zucker zur Verfügung zu stellen. Aber auch bei der Verwendung gewöhnlicher Bierhefen, die Glucose und Maltose gleichermaßen vergären, eröffnen sich neue Gestaltungsmöglichkeiten. Denn Hefe verstoffwechselt verschiedene Zuckerarten zu unterschiedlichen Substanzen. Eine veränderte Zuckerzusammensetzung lässt andere Aromen als sonst entstehen und das Bier schmeckt demzufolge anders.

Das Maltaseverfahren lässt sich beispielsweise nutzen, um das Bananenaroma im Weißbier zu verstärken. Die deutliche Verschiebung des Glucose-Maltose-Verhältnisses bewirkt eine erhöhte Bildung des „Bananenesters" Isoamylacetat, welcher eben nach Banane riecht, allerdings leichtflüchtig ist und eine geringe Geschmacksstabilität aufweist[70]. Mehr dazu im Kapitel über die Gärung.

Vor dem Schroten

Zum Schluss des Kapitels sei noch ein kleiner Kniff erwähnt, der nirgendwo sonst unterzubringen war: Craft-Brauer und Hobbybrauer können die Läuterarbeit durch eine Konditionierung des Malzes[71] verbessern, indem sie ihr Malz vor dem Schroten anfeuchten. Acht Milliliter Wasser pro Kilogramm Malz genügen. Die werden sorgfältig untergemischt. Anschließend bleibt das Malz abgedeckt noch eine Stunde lang stehen. Dadurch werden die Spelzen weicher und überstehen das Schroten unversehrt. Sie lockern später den Treber auf, erleichtern das Läutern und sollen die Sudhausausbeute erhöhen.

---

[70] Siehe https://braumagazin.de/article/stilportrait-weissbier-von-nelken-und-bananen/
[71] Siehe https://friediesbrauhaus.blog/2018/03/11/homebrew-tweaks-teil-1-malz-konditionieren-wie-und-warum/

HOPFEN UND NEUE AROMEN

Hopfen wurde schon von den Babyloniern und Ägyptern für das Bierbrauen verwendet. In Europa begann die Hopfenkultur ungefähr zwischen dem 5. und 7. Jahrhundert. In Deutschland stammt der älteste Nachweis für den Hopfenanbau aus dem Jahr 736. Klöster kultivierten Hopfen um 1000 nach Christus als Heilpflanze. Es waren wohl auch Mönche, die seine Bedeutung für das Bier erkannten. Das Reinheitsgebot von 1516 schrieb Hopfen verbindlich als Bierzutat vor.

Wir verwenden ihn freiwillig. Es gibt nichts Besseres.

Damals konnte man natürlich nicht ahnen, welche Möglichkeiten der Hopfen einmal bieten würde. Von wohl mehr als 300 Hopfensorten werden heute weltweit über 250 Sorten in mindestens 21 Ländern angebaut[72], so auch in China, Japan, Slowenien, der Slowakei, der Türkei und der Ukraine. In China etwa kultivierte man zuletzt offenbar jedoch nur die eigenen Sorten Marco Polo, Tsingtao Flower, Qingdao dahua und SA-1, auch wenn der „Große Hopfenatlas" weitere Sorten erwähnt[73]. So gerne China sonst exportiert — auf dem Weltmarkt spielt chinesischer Hopfen keine Rolle. Er dient allein der Versorgung eigener Brauereien.

Was in den letzten Jahrzehnten jedoch im Westen geschehen ist, lässt sich wohl als Revolution bezeichnen. Denn im Zuge der Craft-Bewegung wurden extreme Hopfensorten gezüchtet. Seit dem Jahr 2000 sind über 50 neue Hopfensorten (siehe die unvollständige Liste mit 48 Sorten im Anhang) zugelassen worden. Und viele davon sind nicht nur neu — sie sind völlig anders. Einige gibt es aber durchaus schon länger, wie Hopfenhändler Rudolf Eisemann[74] weiß: „Zum größten Teil handelt es sich bei den Flavour-Hopfen aus den USA um bereits existierende Sorten, die auf Grund ihres ‚Fehlaromas' bisher bei konventionellen Bieren nicht zum Einsatz kamen. Die Craft-Bier-Bewegung in den USA hat diese Sorten dann erst salonfähig gemacht. Die deutschen Flavour-Hopfen sind allerdings alles Neuzüchtungen."

Hopfendolde oder -zapfen

Mit diesen frischen Hopfensorten zu arbeiten, ermöglicht ungeahnte Kreativität — sogar im Rahmen des Reinheitsgebots. Sie bringen ungewöhnliche Geschmacksnuancen ins Bier, etwa Papaya, Mango, Grapefruit, Minze, ja sogar Tabak und Kiefernnadel. Das ist eine aromatische Vielfalt, die man im Bier überhaupt nicht kannte. Fruchtaromen hat man sonst in gewissen Grenzen mit Hilfe der Hefe erzeugt. Sie über den Hopfen zu gewinnen, ist ein ganz neuer Weg. Und dann kann man sie auch noch mischen. Craft-Brauer haben diese Vielfalt freudig umarmt und ihr eine unglaubliche Dynamik gegeben.

„Richtig. Es findet ja sowieso eine ganz neue Entwicklung beim Hopfen statt", freut sich Carsten Nolte. „Früher gab es nur Aroma- und Bitterhopfen. Jetzt gibt es zusätzlich die Flavour-Hopfen. Das sind Hopfensorten, die auf der einen Seite totales Aroma liefern und gleichzeitig absolut bitter sind. Ein Beispiel ist Galaxy. Das ist so eine neue Sorte, nur noch ein Powerzeug. Im Rahmen dieser Craft-Bier-Renaissance hat sich halt ergeben, dass auch in die Richtung etwas gezüchtet und das Zweierspektrum aufgebrochen wurde mit einer dritten Richtung."

---

[72] *Für eine Übersicht siehe https://www.deutscher-hopfen.de/de/Hopfen-Info/IHB-Sortenliste-2018 (ersetzen Sie die 2018 in der URL ggf. durch eine neuere Jahreszahl).*
[73] *Siehe Barth/Klinke/Schmidt (1994), S. 188.*
[74] *Siehe https://eisemann.de*

Für das Double IPA „Hopfenreiter" nimmt Maisel & Friends sechs Hopfensorten

Der Craft-Bier-Trend in Deutschland war für Händler durchaus spürbar. Christian Herkommer, Geschäftsführer von *Hopfen und mehr*[75] (gegründet 2003) erinnert sich: „Ja, man hat schon gemerkt, als das aufkam. Zum einen daran, dass es gefühlt mehr Kunden gab. Zum anderen aber auch, weil das Interesse an der Hopfenvielfalt gestiegen ist. Früher hatten wir nur unsere Standardhopfen. Und dann kamen Anfragen nach amerikanischen Hopfensorten und nach Exoten, etwa aus Neuseeland. Favoriten sind die amerikanischen Cascade, Amarillo und Citra — die Klassiker eben." Klassiker aber nicht im Sinne von alt, sondern im Sinne von typisch für Craft-Brauer. Die „starke Nachfrage nach Flavour-Hopfen, speziell aus den USA" hat auch Rudolf Eisemann deutlich wahrgenommen.

Alexander Welzel bestätigt dies. Besonders beliebt sind bei seinen Kunden „ganz klar die amerikanischen wie Cascade, Citra und Amarillo, der Galaxy von den Australiern und der Nelson Sauvin aus Neuseeland — da stürzen sich die Leute immer drauf. Dann natürlich die klassischen deutschen Sorten, aber auch die neuen deutschen Sorten werden gerne genommen. Die alten deutschen Landsorten wie Mittelfrüh oder Tettnanger verkaufen sich ebenfalls immer gut. Bei den Engländern fällt auf, da gehen immer nur der East Kent Golding und der Fuggles und die anderen sind mehr so Randerscheinungen."

[75] Siehe https://www.hobbybrauerversand.de

Die *Störtebeker Braumanufaktur* verwendet für ihr „Atlantik-Ale" fünf Hopfensorten: Tradition, Perle, Cascade, Amarillo und Citra. Und das Double IPA „Hopfenreiter" von *Maisel & Friends* zählt mit Ekuanot, El Dorado, Comet, Moutere, Citra und Azacca sogar sechs. Was halten Experten davon, Hopfensorten zu mischen? „Das ist durchaus machbar, weil es durch die unterschiedlichen Aromen interessante Ergebnisse gibt. Wir bieten Mischungen mit bis zu fünf Hopfensorten an. Manche Brauereien haben auch schon mehr gemacht. Ich persönlich kann einzelne Sorten dann nicht mehr rausschmecken. Es gibt mit Sicherheit Leute, die können das dann noch", meint Christian Herkommer. Da geht es dann wohl nicht mehr um die einzelnen Sorten, sondern um den Gesamteindruck, denke ich — Hopfenaromen im Teamwork. Für Rudolf Eisemann ist irgendwo eine Grenze erreicht. „Es gibt Hopfensorten, die sich im Geschmack ergänzen und somit ist eine Mischung sinnvoll. Ich halte aber nichts davon, wenn man sieben oder acht verschiedene Hopfensorten gibt."

Neue Hopfensorten

Mein erstes Craft-Bier, das mich durch sein spezielles Hopfenaroma — für mich dominierte eine Litschi-Note — in Erstaunen versetzte, war ein „Dead Pony Club" von *BrewDog* aus Schottland mit den Hopfensorten Simcoe, Citra und HBC. Ein Aaahaaa-Erlebnis. Dies also meinen Craft-Bier-Freunde, wenn sie von neuen Hopfensorten schwärmen! Diverse IPAs und andere Craft-Biere steigerten schnell meine Begeisterung. Selbst ein Pilsner kann in völlig neue Aroma-Regionen vorstoßen. Manchen Biersorten kann ich zwar nur wenig abgewinnen, aber das macht nichts — die finden schon ihre Freunde. Eine wunderbare Vielfalt ist da und wir haben die Wahl.

Mit ihrer SHIPA-Serie hatte die Hamburger *Kehrwieder Kreativbrauerei* eine vortreffliche Idee, um Craft-Bier-Freunden die Charakteristika neuer Hopfensorten näher zu bringen. „SHIPA" steht für Single Hop India Pale Ale. Alle Biere werden identisch eingebraut, allerdings mit wechselnden Hopfensorten, und zwar — dafür das „Single" — jeweils mit nur einer Sorte, um einen direkten Vergleich zu ermöglichen. Bei Fertigstellung dieses Buches waren gerade Biere mit den Hopfensorten Mosaic, Sabro und Hüll Melon verfügbar.

Ich frage Tobias Seidel, woher der *Kronprinz* seinen Hopfen bezieht. „Es gibt *Hopfen der Welt*, das ist in Ellingen bei Nürnberg. Der kriegt alles Mögliche ran, verkauft es auch für Hobbybrauer in kleinen Päckchen. Da kauf ich dann größere Mengen ein. Und das ist ideal. Der macht eine super Beschreibung dazu, welche Aromen die bringen, und danach kann man sich gut richten. Denn es gibt inzwischen soviel Hopfen, dass eine Beschreibung schon nützlich ist — ob der jetzt nach Pfirsich schmeckt oder nach Granatapfel oder wie auch immer."

Und das bewegt sich dann alles ganz brav innerhalb des Reinheitsgebots. „Genau, man muss ja gar nicht so oft gegen das Reinheitsgebot verstoßen, weil man mit dem Hopfen schon extrem viel machen kann. Ich hab jetzt auch wieder ein IPA am Hahn. Es ist mit einem australischen Hopfen gebraut — Vic Secret heißt der. Und es hat eine ordentliche Pfirsichnote. Die Kundschaft fragt oft, ob wir irgendwie Aromen zugeben oder wie das gehen kann, dass solche Aromen da reinkommen. Aber sie stammen tatsächlich alle vom Hopfen."

Alexander Welzel gründete seine Firma *Hopfen der Welt*[76] 2011, „nachdem ich mal ein Irish Wit Ale und ein Stout machen wollte und da musste ich den East Kent Golding und den Fuggles, den ich dafür wollte, bei zwei verschiedenen Anbietern bestellen. Das war dann der Hauptgrund, dass ich dachte, das könnte man vielleicht anders machen — dass man eine große Auswahl an Hopfen hat, wo Brauer dann so ziemlich alle Sorten kriegen, die sie mal brauchen." Etwa 80 Sorten hat er im Angebot. „Das wechselt zwar ein bisschen durch. Die gängigen amerikanischen und deutschen Sorten habe ich aber immer da."

Wie kommen diese ungewöhnlichen Aromen in den Hopfen? „Die kommen hauptsächlich durch die Hopfenöle und dann durch die verschiedenen Kreuzungen in den Zuchtanstalten und da kommen dann so abenteuerliche Geschmäcker heraus."

Die Täter haben Namen. Es sind Bestandteile ätherischer Öle, die nicht nur im Hopfen, sondern unter anderem in diversen Gewürzpflanzen vorkommen und auch zur Parfümherstellung genutzt werden. Zitrusaromen und blumige Noten werden beispielsweise vom Linalool verursacht. 7-Methyl-3-methylen-1,6-octadien oder kurz Myrcen sorgt für den Duft von Geranien. Geraniol bewirkt ein Rosenaroma. Und 4-Mercapto-4-methylpentan-2-on (4MMP), nach einer anderen Benennungs-Systematik auch 4-Mercapto-4-sulfanylpentan-2-on (4MSP), erinnert an Schwarze Johannisbeeren — hierauf komme ich gleich zurück. Diese und weitere Aromastoffe sind in verschiedenen Hopfensorten in unterschiedlichen Mengen oder auch gar nicht vorhanden. So enthalten Sorten wie Fuggle, Hallertau, Hersbrucker oder Perle kaum oder kein 4MMP, Neuzüchtungen wie Citra hingegen recht hohe und intensiv wahrnehmbare Mengen.

Gehen die Hopfenzüchter gezielt vor oder probieren sie einfach alles Mögliche aus und gucken, was dabei rauskommt? „Wenn man das so sieht in den Angaben von den Züchtern, gehen sie schon gezielt vor. Bei den Kreuzungen ist ganz oft Cascade dabei. Auch mit wildem Hopfen wird mal gekreuzt oder mit alten Landsorten. Ich vermute, die meisten Kreuzungen schaffen es nicht auf den Markt, weil sie vielleicht nicht die gewünschten

---

[76] Siehe https://www.hopfen-der-welt.de

Hopfenzapfen

Eigenschaften haben — aber von denen hört man dann natürlich nichts." Eureka ist beispielsweise eine relativ neue Kreuzung aus den ebenfalls noch recht jungen Sorten Apollo und Merkur.

Viele neue Sorten kommen aus Australien und Neuseeland. Stimmt das? „Genau, die haben mittlerweile auch viele Sorten. Die Australier hatten ja zum Beispiel früher nur den Pride of Ringwood, der ziemlich holzig war als Hauptaromaeigenschaft. Aber mittlerweile haben die extreme Fruchtbomben wie den Galaxy oder den Enigma — da hat sich einiges getan in den letzten Jahren. Was natürlich auch immer wichtig ist, das ist der Boden, auf dem der Hopfen angepflanzt wird. Den australischen und neuseeländischen Cascade zum Beispiel kann man mit dem deutschen oder amerikanischen überhaupt nicht vergleichen. Der hat viel extremere Fruchtaromen drin und schmeckt eigentlich komplett anders."

Kommt das durch den Boden, oder auch durchs Klima? „Durch den Boden und durchs Klima. Man merkt selbst bei den deutschen Sorten schon leichte Unterschiede durchs Bodenseeklima beim Tettnanger Hopfen, dass sich der von den Spalter oder Hallertauer Sorten ein bisschen unterscheidet, weil er einfach mehr Wärme abbekommt. Er ist nicht so gewaltig wie der australische, aber Kenner merken bereits leichte Unterschiede."

Stellen Sie erst am Bier fest, wie der Hopfen schmeckt, oder lässt sich das schon bei den Dolden beurteilen? „Bei manchen funktioniert es wirklich ganz gut, beim Sorachi Ace zum Beispiel — der kommt im Bier eins zu eins rüber wie im Geruch der Dolden, finde ich jedenfalls. Das ist ein japanischer Hopfen, der hauptsächlich in den USA angebaut wird und mittlerweile auch in der Hallertau. Ich finde schon, dass der Geruch bei den meisten Sorten ins Bier übergeht."

Smaragd soll Tabak- und Kräuteraromen haben, der Sovereign Wildblumen und Kräuter. Riecht man sowas? „Die Beschreibungen sind in den letzten Jahren ausschweifender und blumiger geworden, so dass da mittlerweile auch Sachen drinstehen, die vielleicht einer von hundert rausschmeckt, die man reingenommen hat, damit es schöner klingt und weil man dann mehr Geschmacksrichtungen hat, mit denen man den Hopfen charakterisieren kann. Bei der Perle zum Beispiel steht mittlerweile Kamille drin. Ich hab mich darüber mit einigen Hobbybrauern unterhalten, die sagten, wenn der wirklich nach Kamille schmecken würde, dann würden sie ihn nicht mehr verwenden. Das schmeckt so niemand raus. Die Beschreibungen geben schon eine bestimmte Richtung vor, aber manchmal stehen da vielleicht zu viele Aromen drin. Jeder hat dann so seine zwei, drei Hauptrichtungen, aber die ganzen Nuancen herauszuschmecken, ist schon wirklich schwierig."

Seit wann werden diese neuen Hopfensorten in Deutschland verwendet? „Einmal die vier Neuzüchtungen, die zusammen rausgekommen sind: Mandarina Bavaria, Hallertau Blanc,

Huell Melon und Polaris — die sind 2012 auf den Markt gekommen. Dann kamen vor zwei Jahren noch der Ariana und der Callista. Die sind alle sehr neu. Eine Zeitlang ging es ja mehr drum, dass man die alten Landsorten mit mehr Alphasäure und mehr Ertrag ausstattet, weniger um die Aromen — damit man die Industrie sozusagen mit billigerem Hopfen beliefern kann. Aber jetzt geht's halt auch wirklich mal um die Aromen."

Der Polaris hat ja nun enorme Alphasäuregehalte. „Genau, der hat so um die 20 Prozent." Als ich meine Bücher „Heimbrauen" und „Heimbrauen für Fortgeschrittene" geschrieben habe, da gab es sowas noch gar nicht. Da war bei etwa 14 bis 15 Prozent Schluss. „Ja, ich schätze, beim Magnum mit so etwa 13 bis 14 Prozent. Die Bittere soll beim Polaris sogar mehr ein Nebeneffekt sein. Eigentlich soll es um die Aromen gehen. Wobei ich glaube, dass der sich inzwischen eher als Bitterhopfen einpendelt, dass ihn die Wenigsten fürs Aroma verwenden. Wobei wir immer Pils damit machen und da kommt er wunderbar rüber. Wir haben ihn auch im Kaltbereich schon mal eingesetzt und da hat er ebenfalls schöne Aromen. Bittere ist auch dabei, aber wir haben ihn dann grammweise genommen, damit es nicht zu viel wird, und dann war das in Ordnung."

Als Beispiele für die Charakterisierung von Hopfen durch die Bayerische Landesanstalt für Landwirtschaft seien die beiden eben erwähnten und 2016 zugelassenen Sorten Callista und Ariana vorgestellt[77]:

→ Callista: „Aroma der Hopfendolden: hopfig, würzig, fruchtig, süße Früchte wie Aprikose und Maracuja, Waldbeeren, Grapefruit — Aroma im Bier: Diese Sorte überzeugt in vielen Biertypen. Besonders angenehm entwickelt Callista ihr Aroma in klassischen unter- und obergärigen Bieren wie Helles, Pils, Märzen, Weizen. Bei der Trockenhopfung verleiht Callista den Bieren eine breite Palette an fruchtigen Aromen wie Maracuja, Grapefruit, Pfirsich, Stachelbeere, Pinie."

→ Ariana: „Aroma der Hopfendolden: angenehm hopfig, leicht harzig, mild, rote Beeren wie Johannisbeere (Cassis), süße Früchte (Pfirsich, Birne, tropisch), Zitrusnoten — Aroma im Bier: In Abhängigkeit von Biertyp und Einsatzmenge entwickelt Ariana verschiedene Aromanoten im Bier. Diese Sorte bringt typische Hopfennoten beim Würzekochen. Bei späten Hopfengaben und bei der Trockenhopfung entfalten sich Grapefruit-, Cassis-, Geranie-, Stachelbeere-, Zitrone- und Vanille-Aromen im Bier."

Arbeitet das *Schlenkerla* mit neuen Hopfensorten? „Es steht im Raum", sagt Michael Hanreich. „Wir haben erst unsere Technologie weiter ausbauen müssen, denn wir sind von den

[77] Siehe https://www.lfl.bayern.de/ipz/hopfen/106929/index.php

Räumlichkeiten altstadtbedingt sehr beengt. Man braucht aber entsprechende Gefäße. Denn mit unserem Hauptgeschäft, dem Märzen mit einem Anteil von 80 Prozent, sind wir voll ausgelastet und haben jetzt erst Kapazitäten geschaffen, die wir zwar nicht geschaffen haben, um zu experimentieren, aber sie geben uns die Möglichkeit, dass wir sagen, jetzt ist ein ruhiger Monat, jetzt machen wir mal sowas. Ganz kleine Versuche haben wir auch schon durchgeführt. Die Traditionsbrauerei *Schlenkerla* wehrt sich nicht dagegen, sondern sagt, da probieren auch wir mal was aus."

Christian Herkommer bestätigt, dass man bei den neuen Hopfensorten von einer Revolution sprechen kann. „Ich sag mal ja, was die Geschmacksvielfalt angeht. Eindeutig ja. Es ist jedoch keine Revolution, die den Markt umbricht und beständig ist. Aus unserer Sicht ist der Hype, den wir mit dem Aufkommen der Craft-Bier-Welle hatten, mit der Nachfrage nach immer neuen Sorten in immer exotischeren Richtungen, eher ein bisschen rückläufig. Cascade, Citra und Amarillo haben sich gefestigt und werden noch immer nachgefragt. Das Interesse an den anderen Sorten ist eher verhalten. Neuzüchtungen werden mal probiert, dann aber nicht zum Standardhopfen. Inzwischen gehen wir wieder auf traditionelle Pfade zurück, jetzt aber mit den Einschlägen der neuen, aromatischen Sorten."

Keine neue, auch keine spezifische Sorte, aber dennoch ein Exot ist frisch geernteter Grünhopfen (englisch: wet hop). *Braufactum* braut damit sein IPA „Progusta Harvest Edition". *Craftwerk Brewing* nimmt ihn für sein „Grünhopfenbier", ein Wet Hop Session Lager. „Ein Grünhopfen-Bier kann nur einmal im Jahr zur Hopfenernte im August und September gebraut werden. Da der feldfrische Hopfen, wenn er nicht getrocknet wird, nicht lange frisch bleibt, muss er schnellstmöglich vom Hopfengarten in die Brauerei gebracht und verwendet werden. Für unser Grünhopfenbier verwenden wir die Hopfensorte Cascade aus unserem exklusiven Hopfenanbaugebiet in Holsthum bei Bitburg und schaffen es, den Hopfen in weniger als vier Stunden vom Hopfengarten in den Sudkessel zu bringen. So erhalten wir das besonders frische, grasig-grüne Aroma des Hopfens" mit feiner Zitrusnote[78].

Auch ich habe schon mit Grünhopfen gearbeitet, wusste allerdings nicht, um welche wilde Sorte es sich handelte, die da am Waldrand wucherte. Natürlich war auch unbekannt, wo ihr Bitterstoffgehalt lag. Daher habe ich die frischen Zapfen bei den Aromahopfengaben eingesetzt. Auch die Kalthopfung wäre eine Möglichkeit gewesen — mit Überraschungseffekt aufgrund der unbestimmten Hopfensorte.

---

[78] Siehe https://www.craftwerk.de/Biere/Craftwerk-Gruenhopfen-Bier.html

Hopfenstopfen (Kalthopfung)

Die eigentlich Jahrhunderte alte Methode des Hopfenstopfens wurde — wie auch viele fast in Vergessenheit geratene Bierstile — von Craft-Brauern wiederentdeckt und kultiviert. Hopfenstopfen bedeutet, dass eine mehr oder weniger große Portion Hopfen während oder nach der Hauptgärung für meist mehrere Tage ins Bier gegeben wird.

> **Tipp:** Beim Hopfenstopfen (Kalthopfung, Trockenhopfung, dry hopping) findet keine Isomerisierung der Bitterstoffe (Humulone) statt und damit kein nennenswerter Zuwachs an Bittere. Gelöst werden jedoch Öle und Aromastoffe des Hopfens. Viele von ihnen verflüchtigen sich auch nicht so leicht, wie dies hitzebedingt bei der Aromahopfengabe während des Kochens der Fall ist. Wer also die besonderen Aromen seines sorgsam ausgewählten Hopfens sich maximal entfalten lassen möchte, kann zu dieser Methode greifen. Wie lange die Kalthopfung erfolgen soll, ist Ansichtssache. Manche Brauer empfehlen drei bis fünf Tage. Andere bevorzugen zehn Tage bis zwei Wochen. Oder sie geben den Hopfen ins Fass und lassen ihn drin, bis das Bier ausgetrunken ist.

Viele Möglichkeiten

Alexander Welzel: „Die Bittere sollte bei der Kalthopfung gar nicht mehr mit reinkommen. Die wird ja nur beim Kochen gelöst. Ich werf den Hopfen dann einfach nach der gröbsten Gärung mit rein, also noch bei der Hauptgärung, und lass ihn dann für sechs, sieben Tage mit drin. Ich verwende auch keine Hopfensäckchen oder etwas in der Richtung, sondern werf einfach die Pellets mit rein. Man hat dann natürlich im fertigen Bier immer mal Grünzeug rumschwimmen, aber die Pellets setzen sich größtenteils mit der Hefe ab und so bin ich mit der Methode ganz zufrieden. Es ist schon eine ganz gute Methode ohne viel Aufwand. Und es schaut keineswegs aus wie ein Hopfensmoothie." Diese Verfahrensweise ist dann ungeeignet, wenn die dickbreiige Hefe — der Bodensatz — wiederverwendet werden soll. In diesem Fall sollte der Hopfen in einem Beutel ins Bier gehängt werden. Viele Craft-Brauer beginnen mit der Kalthopfung sowieso erst nach der Hauptgärung, damit die intensivste Kohlendioxidbildung bereits abgeschlossen ist. Sonst treibt das reichlich blubbernde Gas nämlich einen Teil der leicht flüchtigen Aromastoffe gleich wieder aus dem Bier und schwächt die Wirkung des Hopfenstopfens unnötig ab.

Auch Tobias Seidel gibt den für das Aroma ausgewählten Hopfen während der Gärung dazu. Er hat weitere Tricks auf Lager. „Genau, ich lass' dann das Bier vergären, lass' es

Kaltgehopfte Sommerweisse „Mandarina Bavaria" von Kaiser Bräu

reifen für eine bis zweieinhalb Wochen und lege dann in einem zweiten Tank Hopfen vor und dann drücke ich das Bier um und lass' ihn lose drin. Das ist die eine Variante. Oder bei einem Black IPA, da hab' ich jetzt im Ausschanktank oben am Spritzkopf eine mit ganz viel Hopfen gefüllte Nylonstrumpfhose rangehängt und jetzt kann das drinnen bleiben bis der Tank leer ist. Je älter das Bier wird, desto hopfenintensiver und desto besser wird's. Wir hatten das vor etwa zwei Jahren schon mal gehabt. Das Bier war dann sechs Monate alt und da war es richtig genial. Bei den dunklen Bieren mach ich das gerne, da schmeckt man nicht, wenn der Hopfen alt wird oder oxydiert oder so. Bei den hellen Bieren hol' ich ihn wieder raus. Dann ist er entweder lose drin, damit er sich unten absetzt und man schießt ihn ab. Oder ich nehme eine HopGun[79] oder Hopfenstopfmaschine oder wie man die sonst nennt, die eigentlich nur eine Pumpe ist mit einem Behälter für den Hopfen dran und das Ding umkreist den Tank bis man mit der Hopfenintensität zufrieden ist. Man hat viel mehr Kontaktfläche und es geht schneller. Es genügt, sie drei bis vier Stunden laufen zu lassen. So ein Ding haben wir selbst gebaut aus einem alten Wasserfilter, Hopfen rein, Pumpe dran und dann im Kreis gepumpt. Geht gut."

Was hält Alexander Welzel von der Methode, den Hopfen sogar während der Reifung noch im Fass zu lassen? „Die hab' ich selber noch nicht probiert. Da stellt sich dann die Frage, wie lang das dauert. Zum Beispiel hat ein Bekannter, ein Kleinbrauer hier in der Gegend, mir mal erzählt, dass er den Mandarina für sechs Wochen mit im Tank gehabt hat und dass die Aromen dann nur noch grasig waren. Da war gar nichts mehr mit Frucht, sondern nur noch Gras. Wenn man ihn zu lange drin lässt, kann es auch sein, dass sich das zum Nachteil verändert und dass man nicht mehr das hat, was man ursprünglich erreichen wollte. Vielleicht hat mein Bekannter es auch einfach nur mit der falschen Sorte probiert, weil andere Sorten auch andere Wirkungen haben."

Dachs braut ebenfalls gestopftes Bier. „Wir geben den Motueka während der Lagerung zu. Ich kipp' den so rein, Tür zu, mit Kohlendioxid vorspannen und Bier drauf. Wir lassen ihn einfach im Lagertank. Beim Abfüllen haben wir ein Sieb dazwischen, welches die Partikel zurückhält. Ein paar gehen auch mit in die Flasche."

Marc Brammer erklärt das noch genauer. „Ich spann' [mit dem schwereren Kohlendioxid] von unten vor, so dass nach Möglichkeit der Sauerstoff nach oben gedrückt wird. Natürlich hast du immer eine Vermischung mit drin — so rein können wir nicht arbeiten. Ich warte dann noch eine halbe Stunde. Das CO_2 fällt also runter. Dann gebe ich Bier drauf, die Luft geht oben raus und am Ende habe ich oben das CO_2-Polster auf dem Bier. Das geht gut. Damit haben wir keine Probleme."

---

[79] *Siehe https://braukon.de/hopgun/ für die Kalthopfung (Hopfenstopfen).*

Probleme hat er „eher beim Abfüllen in Flaschen, denn der Füller, mit dem wir arbeiten, spannt vor, aber er evakuiert nicht. Das heißt, wir haben immer noch eine Menge Sauerstoff drin und der verändert das Bier schon merklich. Das nervt mich auch ein bisschen. Für die neue Brauerei wollen wir es natürlich anders machen. Da haben wir dann eine doppelte Vor-Evakuierung und so was." Das Problem: Der Sauerstoff sorgt für eine Oxidation bestimmter Hopfenbestandteile. Er verändert das Bier umso stärker, je mehr Hopfen enthalten ist. Beim Pilsner fällt das also besonders auf. Daher spannen moderne Abfüller mit CO_2 vor (geben Kohlendioxid in die Flasche), evakuieren (ziehen die alte Luft aus der Flasche), spannen ein zweites Mal vor und evakuieren ein zweites Mal, bevor schließlich das Bier in die Flasche gefüllt wird. Dadurch entsteht eine CO_2-Reinheit von über 99 Prozent und der Sauerstoff-Einfluss wird praktisch ausgeschaltet.

Die Lernkurve

Der Name *PIBE's* steht für die Vornamen der beiden Sülbecker Brauer Pitt Denecke und Benjamin Boba. Sie erzählen, wie sie sich an die richtige Dosierung des Hopfens herangearbeitet haben.

Pitt: „Anfangs haben wir uns an das Rezept gehalten. Da stand dann einfach nur, den und den Hopfen zugeben, aber da standen keine Alphasäure-Werte dabei. Wir hatten am Ende weit über 80 IBU[80] — das haben wir später mal nachgerechnet. Und dann noch blauäugig grüngeschlaucht — ist aber alles gut gegangen und das Bier wurde ausgetrunken. Alle haben überlebt, sogar die Flaschen. Trotzdem wussten wir, dass etwas nicht richtig gelaufen war. Es war sehr trüb und sehr herb. Irgendwas mussten wir anders machen. Also gingen wir auf Fehlersuche. Der dritte Sud war dann schon das Grundrezept für das ‚Mono', unser Pale Ale. Wir nennen es ‚Mono' (andere sagen ‚Single-Hops'), weil wir nur eine Hopfensorte verwenden."

Benjamin: „Die Lernkurve war steil und ist es nach wie vor. Inzwischen allerdings auf einer anderen Ebene. Wir gehen jetzt deutlich tiefer, um die Hintergründe zu verstehen, damit wir uns weiter verbessern können. Das Entwickeln hört nie auf. Wir haben Jahre gebraucht. Erst jetzt können wir sagen, dass es für uns perfekt ist. Vorher war es gut, es hat uns geschmeckt und es hat den Leuten geschmeckt. Aber für uns perfekt ist es erst seit letztem Jahr. So doktern wir quasi drei Jahre an einem Bier herum. Wir drehen immer nur wenig an den Stellschrauben, damit wir sehen, welche Auswirkungen das hat — ob das die

---

[80] IBU = International Bitterness Unit oder Bittereinheiten, ein Maß für die Bittere des Bieres. Als Faustformel kann gelten: 1 IBU = 1 Milligramm gelöste Alphasäure pro Liter Bier (PPM).

Stopfmenge ist, die Anstelltemperatur, das Maischeverfahren, die Rasten, die Gärführung oder was auch immer — und man darf ja auch nicht vergessen, dass es immer eine Weile dauert, bis man die Ergebnisse sieht. Wenn man alles gleichzeitig ändert, weiß man nicht, welche Maßnahme wirkungsvoll war. Und so haben wir uns langsam rangetastet."

Pitt: „Der Hopfen kommt direkt in den Gärtank rein. Wir warten ab, bis die Hauptgärung läuft, dann kommt der Hopfen lose da rein. Dann wird runtergekühlt und der Hopfen sedimentiert und dann können wir das Bier vernünftig abziehen. Der Hopfen bleibt also drin, bis geschlaucht wird. Bei uns sind das alles wirklich genau festgelegte Zeitpunkte. So dass wir sagen: Heute müssen wir stopfen, weil am Freitag umgeschlaucht wird in Fässer, wo die Nachgärung dann stattfindet. Wir haben uns an die Grammmenge herangetastet, an die Alphasäure, wir haben die Stopfdauer immer wieder variiert und ausprobiert, bis wir jetzt im Endeffekt unser Konzept gefunden haben. Wir lassen den Hopfen jetzt drei Tage drin. Am Dienstagabend muss also gestopft sein, damit am Freitagabend geschlaucht werden kann. Jeweils um 20 Uhr muss dann jemand hier sein. Wir verwenden nur Citra und variieren die Menge nach der Alphasäure. Beim ersten Sud eines neuen Erntejahres gehen wir etwas vorsichtiger ran, machen es aber eigentlich so wie immer. Und dann merken wir, ob wir für den Hopfen dieses Erntejahres vielleicht noch ein Gramm hoch oder runter gehen sollten. Wir haben uns im Laufe der Zeit immer weiter heruntergearbeitet mit der Stopfdauer. Anfangs war es wohl eine Woche, denn wir wollten viel Aroma reinbringen."

Benjamin: „Entscheidend ist einfach das subjektive Empfinden beim Trinken. Nase und Gaumen. Ich bilde mir ein, wenn da irgendwas ist, was ich nicht möchte, dann schmecke ich das raus. Pitt kann durchaus finden, dass alles okay ist. Aber dann sage ich: Nee, das ist zu doll. Da ist ein Nachgeschmack, der nicht sein soll. Wir wollen ja nicht nur Würze mit super viel Hopfen verbinden. Es ist keine große Kunst, Bier aromatisch schmecken zu lassen. Bei uns soll schon noch etwas mehr durchkommen. So kam es dann, dass wir mit der Menge und mit der Dauer immer weiter runter gegangen sind, bis wir uns auf unsere Parameter eingependelt haben und ich jetzt sage, dass ich auch nichts mehr schmecke, was ich nicht in meinem Bier haben möchte. Wenn du das eine Weile gemacht hast, kannst du auch schmecken, ob die Menge oder die Dauer justiert werden muss. Das gilt jedenfalls für den Citra-Hopfen. Bei anderen wäre es vielleicht ganz anders. Ich kann nicht beschreiben, wie das geht — ich schmecke es einfach heraus. Vielleicht wäre ein Sommelier ganz anderer Ansicht und würde sagen, ich rede Blödsinn. Aber für unser Bier klappt es."

Pitt: „Wir machen die Biere aber genau so, dass sie uns schmecken. Wenn andere vielleicht sagen, das war vorher besser, dann richten wir uns trotzdem nach unserem Geschmack. Wir könnten auch nie ein Stout machen. Mir schmeckt Stout nicht und dann machen wir es eben nicht. Über den Citra habe ich übrigens gehört, dass er unterschiedliche Aromen entwickelt, je nachdem, wann man ihn dazugibt. Wenn man ihn schon während der Hauptgärung zugibt, dann erzeugt er wohl besonders viel Mangoaroma. Daneben spielen auch Temperatur, Würzezusammensetzung, Alkoholgehalt und andere Parameter eine Rolle. Jedenfalls ist das alles deutlich komplexer, als man es sich vorstellt und so lernt man nie aus. Das macht die Sache so spannend."

Dosierung

Kalthopfung bzw. Hopfenstopfen sind nicht neu. Sie sind jedoch erst mit dem Craft-Bier-Brauen so richtig populär geworden. Wie es mit der Dosierung aussieht, frage ich Christian Herkommer. Doch eine generelle Empfehlung für die Dosierung des Hopfens kann er nicht aussprechen, auch keine Obergrenze. „Das kommt ganz darauf an, was Sie rausha-ben möchten. Unter unseren Kunden gibt es extreme, die das bis zum Ultimo treiben." Daraus lasse sich jedoch kein Maximum ableiten.

Etwas präziser äußert sich Rudolf Eisemann zur idealen Dosierung des Hopfens für die Kalthopfung: „Das ist abhängig davon, wie stark das Hopfenaroma bzw. die Geschmacks-noten im Bier sein sollen. 100 Gramm Pellets pro Hektoliter sollten es aber schon sein — nach oben gibt es fast keine Grenzen." Eine Empfehlung für die Durchführung der Kalt-hopfung mag er jedoch nicht geben. „Das kann man so pauschal nicht sagen. Das ist stark abhängig von den jeweiligen Gegebenheiten in der Brauerei. Mittlerweile gibt es viele Brauereimaschinenhersteller, die spezielle Dosiergefäße für die Kalthopfung konstruiert haben. Viele Brauereien nehmen das Hopfenstopfen erst sieben Tage vor Ende der Rei-fung vor." Dafür gibt es gute Gründe.

Aromaverluste

Alexander Welzel hat „mal einen Vergleich gemacht mit Kalthopfen und Whirlpoolhopfen — wo da die Unterschiede sind. Das fand ich auch recht interessant. Der Hopfen in der Kalt-hopfung ist zwar anfangs intensiver, aber er baut dann auch schneller ab als der Hopfen, den man bei der Whirlpoolhopfung verwendet. Das Aroma ließ bei der Kalthopfung mit der Zeit schneller nach. Der Whirlpoolhopfen hat es länger behalten."

Warum diese Beobachtung richtig sein kann, erklärt eine 2018 von Martin Steinhaus und Klaas Reglitz am *Leibniz-Institut für Lebensmittel-Systembiologie* an der *Technischen Uni-versität München* veröffentlichte Studie[81].

---

[81] *Siehe Klaas Reglitz/Nadine Lemke/Stefan Hanke/Martin Steinhaus: On the Behavior of the Important Hop Odorant 4-Mercapto-4-methylpentan-2-one (4MMP) during Dry Hopping and during Storage of Dry Hopped Beer — in: Brewing-Science November/December 2018, S. 96—99.*

Vor der Verkostung – wer hat den Überblick?

Hopfenpellets

Sie beschäftigte sich mit dem bereits erwähnten Hopfeninhaltsstoff 4-Mercapto-4-methylpentan-2-on (4MMP). Sein Aroma erinnert an Schwarze Johannisbeeren und die Wahrnehmungsschwelle ist ungewöhnlich niedrig. Bereits mehrere Milliardstel Gramm (ng) pro Liter beeinflussen das Bieraroma deutlich. 4MMP ist vor allem in neuen amerikanischen Hopfensorten wie Citra, Eureka, Simcoe und Apollo in größeren Mengen enthalten, wobei Citra unter den analysierten Sorten mit weitem Abstand herausragt (sein 4MMP-Gehalt ist fast doppelt so hoch wie bei der zweitstärksten Sorte Eureka). Die Hopfensorten werden gerne für die Kalthopfung von Craft-Bier verwendet. Hierbei setzen sie ihr Aroma innerhalb von zwei Tagen weitgehend frei. Bis zum vierten Tag ist noch eine leichte Steigerung zu verzeichnen, danach passiert praktisch nichts mehr. Während der Lagerung baut sich das Aroma jedoch recht schnell wieder ab. In der Studie hatte sich nach einer Lagerzeit von drei Monaten der Gehalt von 4MMP im Bier bei einer Lagertemperatur von fünf Grad Celsius auf 59 bis 67 Prozent des Maximums reduziert, bei einer Lagertemperatur von zwanzig Grad sogar auf 30 bis 40 Prozent. Nach weiteren drei Monaten sank der Gehalt teilweise auf unter 10 Prozent des Ausgangswertes. Bei filtriertem Bier stieg der Gehalt an 4MMP während der Kalthopfung schneller und höher an, um bei der Lagerung wiederum schneller und tiefer zu sinken als bei unfiltriertem Bier. Trubstoffe scheinen also einen gewissen Puffer zu bilden und sowohl die Bildung, als auch den Abbau von 4MMP zu dämpfen. Die Empfehlung der beiden Forscher: Kaltgehopftes Craft-Bier mit kräftigem Hopfenaroma sollte kühl gelagert und möglichst bald getrunken werden[82].

---

[82] Siehe https://www.leibniz-lsb.de/presse-oeffentlichkeit/pressemitteilungen/pm-20190114-pressemitteilung-craft-bier/

Mikrobiologische Aspekte

Bleibt noch zu klären, wie es bei der Kalthopfung mit der Hygiene aussieht. Kann das Hopfenstopfen mikrobiologische Probleme verursachen, weil der Hopfen in der Regel nicht steril zugegeben wird? Immerhin befindet sich auf den Hopfenzapfen und ebenso in den Hopfenpellets eine üppige Keimflora. Dazu gehören Sporen von Schimmelpilzen, diverse Hefearten und Bakterien. Zwei Artikel aus der *Brauwelt*[83] beschäftigen sich mit diesem Thema. Sie führen aus, dass es auch ohne Hopfen schon einige Schutzfaktoren im Bier gibt:

→ den niedrigen pH-Wert von ungefähr 4,5,
→ die anaerobe Atmosphäre mit Sauerstoffmangel,
→ den Alkoholgehalt,
→ den Nähr- und Wuchsstoffmangel infolge der fortgeschrittenen Hefegärung.

Hinzu kommt die antibiotische und antimykotische, also die Mikroorganismen und Pilze hemmende oder abtötende Wirkung des Hopfens selbst. Vor allem die Alpha- und Betasäuren und das Xanthohumol, aber auch Polyphenole, Humulinone und Hopfenöle sind mikrobiologisch relevant. Xanthohumol hat isoliert betrachtet die stärkste Hemmwirkung, tritt aber nur in geringer Konzentration auf. Bei der im Bier vorliegenden Konzentration sind in der Reihenfolge ihrer Wirksamkeit Iso-Alphasäuren (mit weitem Abstand), Polyphenole und Alphasäuren zu nennen. Die Studie ergab, dass schwach gehopfte Biere mit unter 30 Bittereinheiten eine relativ niedrige Hemmkraft für das Wachstum von Bierschädlingen erreichen. Whirlpoolgehopfte Biere entwickeln eine höhere Hemmkraft. Und in den meisten kaltgehopften Bieren findet tatsächlich überhaupt kein Wachstum der Keime mehr statt. Durch Kalthopfung lässt sich in der Regel also eine ausreichend hohe, teils sogar erstaunliche Hemmwirkung gegen unerwünschte Keime erzielen. Wenn ein Bier darüber hinaus mit Röstmalz gebraut ist, bringen die enthaltenen Melanoidine zusätzliches Xanthohumol ins Bier, welches für die höchste Hemmkraft sorgt.

---

[83] Siehe Werner Back/Martin Biendl: Mikrobiologisch bedeutsame Inhaltsstoffe in hopfenintensiven Bieren (Teil 1) – in: Brauwelt 11, 2017, S. 310–313 und (Teil 2) – in: Brauwelt 12–13, 2017, S. 362–365.

Diese Ausführungen gelten übrigens nur für getrockneten Hopfen. Bei frischem Hopfen ist die Belastung mit Mikroorganismen deutlich höher. Ob es für eine Infektion des Bieres reicht, bleibt allerdings fraglich.

> **Tipp:** Beim Hopfenstopfen mit getrocknetem Hopfen muss der Brauer sich um auf dem Hopfen befindliche Keime normalerweise keine Gedanken machen. Die Hemmkräfte durch Iso-Alphasäuren, Polyphenole usw. sind so hoch, dass Keime keine Chance haben. Mit anderen Worten: Die Kalthopfung schützt sich selbst.

Dies & Das

Ulrike Genz von der *Schneeeule Brauerei* kocht ihre Würze nicht. Bei Berliner Weiße muss das nicht sein. Ihr Bier wird nach der Hauptgärung lediglich kaltgehopft mit (zurzeit) Callista oder Hallertau Blanc. Früher — so verraten historische Rezepte — wurde der Hopfen bei der Berliner Weiße oft sogar schon in die Maische gegeben. Das hatte freilich praktische Gründe. „Es sollte wahrscheinlich das Läutern erleichtern, weil der Weizenmalzanteil an der Schüttung hoch war. Das hat dann ziemlich geklebt und erhebliche Probleme beim Abfließen bereitet. Also haben die Brauer Doldenhopfen zugegeben, um den Treber durchlässiger zu machen." Dies Problem mit der Viskosität beim Weizenmalz ist altbekannt.

Eine weitere Methode der Hopfengabe: Zwischen Hopfenkochen und Anstellen bietet sich die Verwendung eines Hop Backs (oder HopBacks) an[84]. Dabei handelt es sich um eine Art Filter oder Sieb, gefüllt mit Hopfendolden, den die Würze beispielsweise zwischen Whirlpool und Kühlung durchströmt. Noch recht heiß, aber eben ein Stück vom Kochen entfernt, lösen sich Öle und Aromastoffe aus dem Hopfen. Ein Hop Back kann auch zwischen Lagerfass und Zapfhahn eingebaut werden[85]. Dann erhält das Bier direkt vor dem Einschenken einen frischen Schuss Hopfenaroma. Frischer geht nicht.

Ist die Craft-Bier-Entwicklung eine gute Sache für *Hopfen der Welt*? „Ja, auf jeden Fall. Ich hab' auch ziemlich viel Glück gehabt, dass ich gerade angefangen habe, als die ganze Geschichte mit dem Craft-Bier so richtig ins Rollen kam. Muss man eben schauen, wie sich das über die nächsten Jahre entwickelt ... ob's weiter so bleibt. Ich denke, einige werden

[84] Siehe https://braukon.de/hopback/ oder als Lösung zum Selberbauen http://beersmith.com/blog/2009/11/25/using-a-hop-back-for-homebrewed-beer/
[85] Siehe https://www.midwestsupplies.com/media/pdf-printouts/what_is_dry_hopping.pdf

auch wieder aufhören, so dass die Szene vielleicht ein wenig schrumpft. Denn es ist auch nicht alles super, was momentan gemacht wird. Es sind nicht nur gute Brauereien dabei und ein paar werden auf der Strecke bleiben", vermutet Alexander Welzel.

Vor allem kleine Brauereien sollen Probleme mit der Qualität haben und können eine gleichbleibende Güte nicht gewährleisten. Konstante Qualität „ist schwierig. Das merkt man besonders am Hopfen, dass der in jedem Jahr leicht unterschiedliche Aromen hat. Wenn jetzt jemand gewohnt ist, dass sein Bier immer gleich schmeckt, dann wird es für eine Craft-Brauerei schwieriger als für eine große Brauerei, die vielleicht mit Hopfenextrakt arbeitet oder nur mit Bittergaben."

Schwankungen beim Ernteergebnis sind auch Marc Brammer aufgefallen. „Beim Kaltstopfen während der Hauptgärung habe ich immer 500 Gramm auf einen Hektoliter gegeben. Und im letzten Jahr habe ich gemerkt: Der ist nicht so intensiv. Ich hab' mich geärgert und gedacht, das gibt's doch nicht. Der kam nicht richtig durch. Darauf habe ich mit meinem Lieferanten gesprochen, ob der mir Analysen besorgen kann, ob da vielleicht weniger Öle drin sind. Die konnte er zwar nicht beschaffen, aber von seinem Lieferanten, also vom Hopfenbauer, erhielt er die Info, dass wohl 2016 ein mega-gutes Jahr war, was Öl im Motueka angeht. Deswegen hatte ich 2017 so gute Aromen und 2018 nicht. Das heißt, ich muss jetzt mehr stopfen."

Als Alternative zu diversen Methoden der Kalthopfung kann man sogar einfach mal darauf verzichten. „Für unser Pils kriegen wir gerade in letzter Zeit bei Verkostungen immer super Bewertungen. Ich glaube, die Kunden sind ab und zu glücklich, dass sie mal wieder ein ganz normales Bier trinken können, wenn sie ansonsten die ganzen gestopften Biere und solche mit Holunder und dies und das kriegen. Was ich nicht schlecht finde, aber irgendwann ist der Geschmackssinn auch überfordert."

Zur Betonung bestimmter Hopfenaromen bietet die *Barth-Haas Group* — der weltgrößte Hopfenhändler (Marktanteil etwa 30 Prozent) — „Natural Additions"[86] an, die sich vollständig auflösen und nach der Gärung zugegeben werden. Die hopfeneigenen Aromen werden aus Hopfendolden extrahiert. Erhältlich sind Bergamotte, Mandarine, Grapefruit, Kokos, Honig, Rauch, Koriander und Tropical.

Ebenfalls von der *Barth-Haas Group* soll 2019 ein neues Produkt namens „Provoak" auf den Markt kommen. Dabei handelt es sich um mit Eichenholzspänen angereicherte Hopfenpellets speziell für das Hopfenstopfen — „100 Prozent natürlich und in Lebensmittelqualität".

---

[86] *Siehe https://www.barthhaasgroup.com/images/downloads/pdfs/products/671/natural-additionsspec-en-december-2016.pdf*

In einem Arbeitsgang und ohne den Aufwand der Fassreifung bringen sie Hopfen- und zugleich Eichenholzaroma ins Bier. Zur Auswahl stehen die beiden Sorten US-Style (intensive, süße Hopfenaromen mit schweren Noten getoasteter Eichenholzfässer) und EU-Style (fruchtig-leichte Hopfenaromen mit holzigen Noten ungetoasteter Eichenholzfässer). Als Kontaktzeit wird eine Woche während der Nachgärung empfohlen. Einen Link gibt es noch nicht, lediglich ein Flyer liegt mir vor.

Exkurs: Hopfen als Heilpflanze

Auch Craft-Brauer wollen gesund bleiben. Daher sei mir — wo wir schon beim Hopfen sind — ein Ausflug in die Pflanzenheilkunde gestattet. Denn in dieser Richtung hat das Kraut einiges zu bieten[87].

Wer Hopfengewächse im eigenen Garten zieht, sollte von April bis Mai, wenn der Hopfen frisch austreibt, die Zahl der Triebe von 20 bis 100 pro Hopfenstock auf drei bis fünf reduzieren, damit die Pflanze ihre Energie auf wenige von ihnen konzentrieren kann (und damit das Gestrüpp nicht zu dicht wuchert). Später werden die Triebe hart und zäh. Die köstlichen jungen Hopfensprossen, auch Hopfenspargel genannt, müssen nicht entsorgt, sondern können genossen werden. Sie sollen die Magendrüsen anregen. Hopfenspargel kann wie gewöhnlicher Spargel in Salzwasser gegart und ebenfalls wie Spargel zubereitet werden. Plinius der Ältere (er starb 79 nach Christus im Alter von 55 Jahren nach langer Gesundheit beim verheerenden Ausbruch des Vesuvs) empfahl ihn als „Leckerbissen rein der Lust wegen".

Die Dolden oder Zapfen wirken dann wohl eher gegenteilig, nämlich beruhigend, entspannend, krampflösend, verdauungsfördernd und schlaffördernd. Sie bilden sich nur an den weiblichen Pflanzen. Ihre Wirkstoffe stecken im Lupulin, auf das es auch der Bierbrauer abgesehen hat. Über die Geschmacks- und Aromastoffe im Lupulin wurde bereits ausgiebig berichtet.

Für den Brauer sind zudem die Gerbstoffe wichtig. Sie unterstützen das Ausfällen des Eiweißes beim Kochen der Würze. Hopfenharze hemmen zudem die Entwicklung von Milchsäurebakterien (bei hopfenintoleranten Stämmen verhindern sie deren Vermehrung sogar vollständig) und machen das Bier haltbarer.

---

[87] Siehe Ursel Bühring (2015), S. 128 ff.

Innenleben einer Hopfendolde — die kleinen gelben „Krümel" enthalten das Lupulin mit den Bitter- und Aromastoffen, Hopfenharzen, Hopfenölen usw.

Geerntet wird der Hopfen ab August, überwiegend aber im September. Für den Einsatz als Heilmittel müssen die Dolden vorsichtig, aber zügig getrocknet und dann gut verschlossen aufbewahrt werden. Sie sind ein Jahr haltbar, also praktischerweise bis zur nächsten Ernte. Zur inneren Anwendung wird aus den Zapfen — je nach Beschwerden auch gemischt mit anderen Heilpflanzen — ein Tee gebrüht. Äußerlich genutzt werden die Dolden in der Aromatherapie in Schlafkissen, die man alle vier Wochen frisch füllen sollte, oder als Badezusatz. Für den Aufguss nimmt man zehn Handvoll Dolden, übergießt sie mit zwei Litern kochendem Wasser und lässt sie eine Viertelstunde lang zugedeckt (wegen der leicht flüchtigen Bestandteile) ziehen.

Aber zehn Handvoll? Wie viel Bier könnte man damit brauen?

HEFE UND GÄRUNG

Hefe ist der komplexeste aller Bier-Rohstoffe, denn Hefen sind kein totes Material, sondern einzellige Lebewesen. Es sind überdies die einzigen Organismen, die sowohl aerob (mit Sauerstoff) als auch anaerob (ohne Sauerstoff) ihre Energie aus Kohlenhydraten gewinnen können. In einem aeroben Milieu ist ihr Stoffwechsel zwar wesentlich effektiver (für einen guten Start sollte die Würze bei der Hefezugabe daher kräftig durchlüftet, also mit Sauerstoff angereichert werden). Unter Sauerstoffeinfluss bilden die Hefezellen jedoch keinen Alkohol. Erst im anaeroben Milieu wandeln Hefen Zucker in Alkohol und Kohlendioxid um. Tatsächlich geschieht aber noch sehr viel mehr.

Hefen nehmen Kohlenhydrate (Saccharide oder Zuckerarten), Eiweiße (Aminosäuren und Proteine) sowie Lipide (Fette usw.) auf. Ihr Stoffwechsel wird aufgegliedert in Kohlenhydratstoffwechsel (Atmung und alkoholische Gärung), Eiweiß-, Fett- und Mineralstoffwechsel. Dabei erzeugen sie etwa tausend verschiedene Substanzen — schier unglaublich, was so alles in jeder dieser Zellen passiert. Uns interessiert vor allem die alkoholische Gärung, kurz Gärung genannt, die von den anderen Prozessen aber nicht wirklich zu trennen ist, weil in den Hefezellen vieles gleichzeitig geschieht und voneinander abhängt.

Die Gärung

Bevor wir zu Details kommen, schauen wir uns an, welche Phasen die Gärung durchläuft:

1. Latenz- oder Induktionsphase (Lag-Phase): Die Hefe stellt sich auf die neue Umgebung ein, aktiviert langsam ihren Stoffwechsel und beginnt mit der Zellteilung. Eine dünne Schaumschicht bildet sich — das Ankommen.

2. Vermehrungsphase (Log-Phase): Die Zellen teilen sich mit konstanter Geschwindigkeit alle vier Stunden oder unter günstigen Bedingungen deutlich schneller. Da sich die Zellenzahl in diesem Zeitraum jeweils verdoppelt, steigt ihre Gesamtzahl exponentiell an. Das Bier befindet sich im Stadium der Hochkräusen.

3. Stationäre Phase: Die Nährstoffe gehen allmählich zur Neige und die Vermehrung verlangsamt sich demzufolge. Neubildung und Absterben von Zellen befindet sich im Gleichgewicht. Die Zahl der lebenden Zellen bleibt also konstant. Die alkoholische Gärung läuft vermindert weiter. Es ist das Stadium der Deckenbildung.

4. Letale Phase: Nun sind die Nährstoffe aufgezehrt und die Zahl aktiver Hefen sinkt. Die Gärung geht zu Ende. Es können aber nach Monaten oder sogar nach Jahren noch lebende Hefen in den Flaschen zu finden sein.

Dies ist lediglich ein grobes Raster. Beim Gärverlauf kommt es in der Praxis zu erheblichen Abweichungen zwischen verschiedenen Hefestämmen. Außerdem haben die Arbeitsbedingungen — etwa die Zusammensetzung der Würze, Zustand und Menge der eingesetzten Hefe, Gärtemperatur und Gärverlauf — großen Einfluss auf die Qualität der Hefearbeit und das Aroma des Bieres, um das es dem Brauer letztlich geht.

Hefemenge

Welche Hefemenge ist für das Anstellen sinnvoll? Hier gibt es oft Hinweise des Herstellers (wobei Hefen nicht wirklich „hergestellt" werden, sondern sich selbst vermehren), an denen man sich im Zweifel orientieren kann. Eine gängige Empfehlung lautet: eine Million Hefezellen pro Milliliter Anstellwürze pro Grad Plato (wissenschaftliche Schreibweise: 1×10^6 Zellen/ml/°P), was bei einer Stammwürze von 12 Grad Plato ungefähr 12 Millionen Hefezellen pro Milliliter entspricht (streng genommen liegt der Multiplikator bei 12 Grad Plato schon bei 1,2 — siehe Tabelle — hier können wir aber offenbar großzügig abrunden). Das klingt nach einer gewaltigen Menge — erstaunlich, dass zwischen so vielen Hefezellen überhaupt noch Platz für Würze ist —, entspricht aber gerade einmal 20 Gramm Trockenhefe pro Hektoliter, also 4 Gramm Trockenhefe für einen 20-Liter-Sud. Mit steigender Stammwürze nimmt die empfohlene Hefemenge allerdings überproportional zu und beträgt bei einem Starkbier mit 20 Grad Plato schon zwei Millionen Hefezellen pro Milliliter Anstellwürze pro Grad Plato, also 40 Millionen Hefezellen pro Milliliter (siehe Tabelle, wobei die reale Hefegabe wegen der enthaltenen Tothefen höher ausfallen sollte).

Diverse Trockenhefen für verschiedene Biersorten

Mir persönlich hilft beim Verständnis für diese Größenordnungen am meisten die Information, dass ein Gramm von der Presshefe (Saccharomyces cerevisiae), wie man sie als 42-Gramm-Würfel zum Backen kauft (Achtung, das ist keine Trockenhefe!), etwa 10 Milliarden Hefezellen enthält[88]. Bei einer Dichte von Eins entspricht ein Gramm einem Milliliter. Wenn 10 Milliarden Zellen pro Milliliter 100 Prozent Hefe sind, müssen 12 Millionen Hefezellen pro Milliliter Anstellwürze ungefähr einem Anteil von 1,2 Promille oder 0,12 Prozent entsprechen. Da ist also reichlich Platz für die Würze. Die Hefezellen müssen echt klein sein.

Die Angabe „eine Million Hefezellen pro Milliliter Anstellwürze pro Grad Plato" gilt jedoch nur für untergärige Hefen und eine Gärtemperatur von 8 bis 10 Grad Celsius. Obergärige Hefen arbeiten in der Regel bei höheren Temperaturen und vermehren sich daher schneller, so dass davon bei den üblichen 18 bis 22 Grad nur die Hälfte, in der Praxis sogar mitunter nur ein Drittel zum Pitchen (Anstellen) genommen wird.

Trockenhefe-Hersteller geben tendenziell eine zu hohe Pitching-Rate an, denn sie wollen sichergehen, dass alles funktioniert, was historische Gründe hat. Der Trockenprozess war früher nicht so professionell wie heute. Lag der Anteil toter Hefezellen vor Jahren vielleicht bei 80 Prozent, mögen es heute grob geschätzt noch 50 Prozent sein. Das muss bei der Hefegabe berücksichtigt werden. Da zählt natürlich nur die aktive Hefe. Als Faustregel kann man sagen, dass 0,5 Gramm Trockenhefe pro Liter (50 Gramm pro Hektoliter) Würze locker ausreichen.

---

[88] *Siehe https://de.wikipedia.org/wiki/Backhefe*

Stammwürze	Millionen Zellen/ml/°P		Millionen Zellen pro ml		Gramm pro Liter Würze	
Grad Plato	untergärig	obergärig	untergärig	obergärig	untergärig	obergärig
10—11	1	0,5	10	5	1	0,5
11—12	1,2	0,6	14,4	7,2	1,44	0,72
13—14	1,4	0,7	19,6	9,8	1,96	0,98
15—16	1,6	0,8	25,6	12,8	2,56	1,28
17—18	1,8	0,9	32,4	16,2	3,24	1,62
19—20	2	1	40	20	4	2

Tabelle 5: Empfohlene Hefegabe (Lebendhefe!) in Abhängigkeit von der Stammwürze

Tipp: *Die zum Anstellen ideale Hefemenge richtet sich nach der Gärtemperatur und der Stammwürze. Bei Starkbieren steigt sie überproportional an. Bei obergärigen Hefen sollte sie etwa halb so hoch ausfallen wie bei untergärigen Hefen.*

Propagation

Zwischen Sprossung und Absterben durchlaufen die Hefezellen eine Alterung, die Ulrich Peise gerne und anschaulich mit der menschlichen vergleicht. Durch Sprossung frisch entstandene „Kinder" sind noch nicht vermehrungsreif. „Junge Erwachsene" sind besonders vital und vermehrungsaktiv. Bei den reiferen „Erwachsenen" geht die Vermehrungsrate allmählich zurück. Bei den „Senioren" verlangsamt sich der Stoffwechsel und sie werden bald das Zeitliche segnen. Die aktivste Hefepopulation enthält möglichst viele „Kinder" und „junge Erwachsene". Eine solche Population ist in der zweiten Hälfte der Log-Phase (Vermehrungsphase) anzutreffen. In dieser Phase der beginnenden Hochkräusen ernten wir untergärige Hefe am sinnvollsten in Schwebe und obergärige Hefe als aufschwimmende Hefedecke an der Oberfläche. Dies ist die ideale Anstellhefe und genau die sollten wir auch für die Propagation erwischen. Der Bodensatz — die dickbreiige Hefe — ist weniger geeignet, weil er vor allem aus „älteren Erwachsenen", „Senioren" und abgestorbenen Zellen besteht.

Um bei einer Stammwürze von 12 Grad Plato auf die empfohlenen 12 Millionen Hefezellen pro Milliliter Würze zu kommen, brauchen wir — wie oben berechnet — etwa 0,12 Prozent Hefe. Bei einem 100-Liter-Sud sind das also 0,12 Liter (120 Milliliter) Hefe, wobei „die

Obergärige Hefe – ziemlich aktiv, wie man sieht ... (zwischen diesem Foto und dem Foto mit Rohfrucht im gleichnamigen Abschnitt vergingen genau 36 Minuten – man beachte, wie die Hefe sich entwickelt hat)

normale Hefegabe" laut Narziß „0,5 Liter dickbreiiger Hefe pro Hektoliter 12-prozentiger Würze" beträgt[89]. Oftmals kaufen, tauschen oder erhalten Hobbybrauer oder Craft-Brauer ihre Trocken- oder Frischhefe aber in kleinen Mengen, die zum Anstellen nicht ausreichen. In diesem Fall müssen sie die Hefe zunächst vermehren, herführen oder propagieren, wie es beispielsweise im *brau!magazin*[90] beschrieben wird.

Bei der Propagation vermehren wir die Hefe in mehreren Schritten auf die benötigte Menge. Für die genaue Vorgehensweise kursieren unterschiedliche Empfehlungen. Beispielsweise geben wir den Bodensatz aus einer Bierflasche[91] oder Reinzuchthefe vom Schrägagar[92] in einen Erlenmeyerkolben mit 10 Milliliter steriler Würze und stellen diesen bei 20 Grad zum Belüften auf einen Magnetrührer. Nach 24 Stunden wird diese hefehaltige Würze in 100 Milliliter Würze, nach weiteren 24 Stunden in einen Liter und einen Tag später in 10 Liter Würze überführt. 24 Stunden später können diese 10 Liter zum Anstellen von einem Hektoliter Würze verwendet werden. Hier verzehnfacht sich das Volumen also mit jedem Tag.

Selbstverständlich muss steril oder zumindest so keimarm wie möglich gearbeitet werden. Dazu gehört, dass vor jedem Umfüllen die Mündung des jeweils kleineren Kolbens über der Flamme eines Gasbrenners sterilisiert und dass keine zuvor sterilisierte Fläche anschließend berührt wird.

Hefevermehrungsrate

Während der Hefevermehrung finden auch Stoffwechselprozesse wie Schwefelsynthese, Eiweißsynthese und Energiegewinnung statt. Dabei entstehen Aldehyde, Schwefelverbindungen, Estervorstufen und höhere Alkohole.

→ Aldehyde sind als Vorstufe zur Alkoholbildung wichtig. Acetaldehyd bewirkt ein Jungbieraroma (nach reifen grünen Äpfeln wie Granny Smith), welches aber abgebaut wird, wenn die Hefe während der Nachgärung ausreichend lange aktiv bleibt. Schnelles Herunterkühlen ist zu diesem Zweck zu vermeiden.

→ Schwefelverbindungen sind unterschiedlich zu bewerten. Schwefelwasserstoff (H_2S) kann vor allem bei untergärigen Bieren einen unangenehmen Geruch nach faulen Eiern

[88] *Ludwig Narziß (1995), S. 221.*
[90] *Siehe https://braumagazin.de/article/hefebank-weihenstephan/ und https://braumagazin.de/article/hefebanking/*
[91] *Jan Brücklmeier (2018), S. 207 f.*
[92] *Siehe https://braumagazin.de/article/hefebank-weihenstephan/*

verursachen. Schwefeldioxid (SO_2) ist in bestimmten Mengen in einigen Biersorten wie Bayerisch Hell erwünscht. Beide verschwinden aber wieder, denn sie werden entweder von den Gasblasen des aufsteigenden Kohlendioxids mechanisch rausgeschoben oder von der Hefe verstoffwechselt.

⇨ Ester erzeugen je nach Hefestamm spezifische, meist fruchtige Aromen wie das Bananen-, Nelken- oder Zitrusaroma in Weizenbieren. Durch die Wahl der Hefe (und andere Maßnahmen) kommt das Wunscharoma ins Bier.

⇨ Höhere Alkohole bestehen aus längerkettigen Molekülen. Sie werden auch Fuselalkohole genannt und erinnern beispielsweise an selbstgebrannten Schnaps oder Obstler. In geringen Konzentrationen wirken sie sich günstig aus, sorgen etwa für Vollmundigkeit oder ein weiches Mundgefühl (Glycerin), manchmal auch für fruchtige und sogar Rosen-Aromen. In höherer Konzentration jedoch können Aromen von Desinfektionsmittel, Franzbranntwein, Nagellackentferner, Aceton oder Verdünner entstehen.

⇨ Phenole bewirken Aromafehler wie Medizin- oder Kunststoffaromen. Sie können in Weizenbieren aber auch typische Nelkenaromen erzeugen.

Diacetyl, Aldehyde, Schwefelverbindungen und organische Säuren sind Jungbukettstoffe. Sie bescheren dem Jungbier oft einen unharmonischen Geschmack, sollten aber während der Nachgärung und Reifung abgebaut werden. Ester und höhere Alkohole hingegen bleiben nach der Reifung erhalten. Sie werden als Bukettstoffe bezeichnet. Ziel eines Brauers ist, ihr Verhältnis so zu beeinflussen, dass am Ende ein harmonisches Bier zum Genuss einlädt.

Über die Hefevermehrung lässt sich das Aroma des Bieres entscheidend beeinflussen. Ulrich Peise skizziert die Zusammenhänge folgendermaßen: „Die Vermehrungsrate ist schon mal direkt abhängig von der Hefemenge. Je weniger Hefe ich zugebe, desto höher ist die Vermehrungsrate. Das heißt, das typische Unterpitchen fördert eine höhere Vermehrungsrate. Wenn ich 10 Millionen Hefezellen gebe, dann habe ich im Hochkräusenstadium nach 48 bis 72 Stunden meine 50 bis 60 Millionen Hefezellen, also eine Verfünf- bis Versechsfachung. Gebe ich in dieselbe Würze 25 Millionen Hefezellen rein, dann habe ich später 75 Millionen Zellen, habe mehr Hefen, aber nur eine Verdreifachung und somit einen negativen Einfluss auf die Qualität der Erntehefe, weil der Anteil der jungen Hefen geringer ist."

Die Hefevermehrungsrate und damit der Vermehrungsstoffwechsel wird bei einer hohen Hefegabe gedrosselt. Wollen wir ein Bier, das massentauglich sein und halbwegs neutral schmecken soll, dann geben wir sogar 50 Millionen Hefezellen. Die vermehren sich dann zwar auf 100 Millionen, verdoppeln sich dabei aber nur. Somit entstehen weniger aromatische Nebenprodukte (das erklärt auch, warum bei Starkbieren überproportional mehr Hefe empfohlen wird — ihre Aromaintensität würde uns sonst überfordern).

Hefevermehrung in Millionen Zellen			Vermehrungs-rate	Wirkung auf das Aroma
von	auf	Differenz		
10	60	50	6-fach	intensiv
25	75	50	3-fach	mittel
50	100	50	2-fach	neutral

Tabelle 6: Auswirkung der Hefevermehrungsrate auf das Bieraroma

Im Endeffekt entstehen in unserer Beispielwürze immer 50 Millionen neuer Hefezellen. Der Zuwachs (Differenz) an Biomasse bleibt nämlich ungeachtet der zugegebenen Hefemenge gleich, weil wir bei der Rechnung von gleichen Würzen und somit dem gleichen Nährstoffangebot ausgehen, welches die gleiche Zahl neuer Hefezellen entstehen lässt. Immerhin lehrt uns die Balling-Formel, dass der Abbau von 2,0665 Gramm Extrakt mit der Bildung von 0,11 Gramm Hefe einhergeht.

Bei einem Vergärungsgrad von 20 bis 30 Prozent haben wir dann die höchste Hefezellen-zahl, die während der Hochkräusen auch konstant bleibt. Bei der 6-fachen Vermehrung entsteht freilich eine völlig andere Zusammensetzung der Population mit einem wesent-lich höheren Anteil an jungen Hefen ("Kindern" und "jungen Erwachsenen") als bei der 2-fa-chen Vermehrung. Junge Hefen arbeiten intensiver als ältere, weil jede Teilung eine Narbe hinterlässt, die einen Verlust an aktiver Oberfläche von drei bis fünf Prozent bedeutet. Eine Hefezelle kann sich 18- bis 20-mal teilen, dann ist Schluss.

Tipp: *Eine geringe Hefegabe sorgt für eine höhere Vermehrungsrate und für ein in-tensiveres Aroma im Bier. Je höher die Hefegabe ausfällt, desto neutraler wird das Bier. Dies ist allerdings nur eine Tendenz, ganz stark abhängig vom Hefestamm und anderen Parametern wie der Temperatur.*

Das erwähnte Unterpitchen meint nun allerdings nicht einfach nur eine geringere, son-dern eine bewusst sehr deutlich geringere Hefegabe, um eine intensivere Aromabildung quasi zu erzwingen. Dies ist bei manchen untergärigen Bieren und englischen Ales nötig, um die sortentypischen Aromen zu erzeugen.

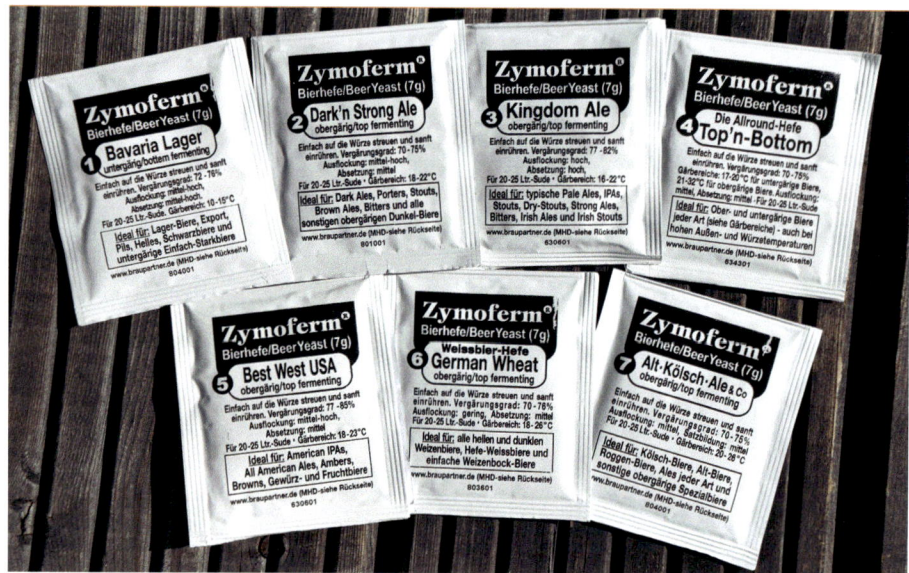

Noch mehr Trockenhefen

Interessant ist in diesem Zusammenhang eine an der *Hochschule Weihenstephan-Triesdorf* durchgeführte Studie[93]. Sie beschäftigte sich exemplarisch mit der obergärigen Trockenhefe Safale™ US-05, für die der Hersteller eine wahrhaft üppige Gabe von 50 bis 80 Gramm pro Hektoliter empfiehlt und ging der Frage nach, ob es wirklich soviel sein muss. 80 Gramm entsprechen immerhin ungefähr 56 Millionen Hefezellen pro Milliliter (einschließlich Tothefeanteil). Die Forscher probierten es also mit Gaben von 5, 10, 20, 40 und 80 g/hl und kamen zu folgenden Ergebnissen:

→ Bei einer Gärtemperatur von 22 Grad und einer Stammwürze von 12 Prozent endete die Hauptgärung bei 20, 40 und 80 g/hl nach 6 Tagen, bei 5 und 10 g/hl nach 7 Tagen.

→ Die Hefezellen vermehrten sich bei 80 g/hl innerhalb von 3 Tagen von 56 auf 160 Mio/ml und bis zum 6. Tag dann nur noch unwesentlich. Bei 5 g/hl vermehrte sich die Hefe in den ersten 3 Tagen von etwa 4 auf 95 Mio/ml und bis zum 7. Tag weiter auf 140 Mio/ml. Sie vermehrten sich also bei der hohen Gabe auf etwa die 3-fache, bei der niedrigen Gabe auf die 35-fache Menge.

→ Der Anteil toter Zellen war tendenziell umso geringer, je kleiner die Hefegabe ausfiel. Die hohe Hefevermehrungsrate sorgte für eine höhere Viabilität (Anteil lebender Hefen). Weniger tote Zellen verringern Qualitätseinbußen durch Autolyse und sind daher positiv zu werten.

[93] *Siehe https://www.gradplato.com/kategorien/know-how/hefegabe-hilft-viel-wirklich-viel*

Unterm Strich kann weniger also mehr sein. Die Forscher bewerteten auch den sensorischen Eindruck der Biere mit geringer Hefegabe als positiv. Hier ist allerdings Vorsicht geboten. Wir kennen die Erwartungen der Verkoster nicht. Ein intensiveres Aroma kann sich durchaus negativ auswirken, wenn es nicht zur gebrauten Biersorte passt.

Gärgeschwindigkeit und Temperaturführung

Den folgenden Merksatz sollten Sie ganz schnell wieder vergessen: „Wer kurz und warm vergärt, muss lang und kalt nachgären, sonst bleibt das Bier fruchtig (Ester) und vielleicht auch der Kopfschmerz nicht aus". Dies las ich rot und fett hervorgehoben auf einer Website. Doch wie bereits gezeigt gehören Ester zu den Bukettstoffen, die im Bier erhalten bleiben. Haben sie sich erst gebildet, sind sie weder durch eine warme, noch durch eine kalte Nachgärung zu beseitigen. Der Brauer sollte sich daher vor der Gärung überlegen, inwieweit sie überhaupt entstehen dürfen und die Gärtemperatur dementsprechend einstellen. Bei obergärigen Bieren ist eine Esterbildung oft erwünscht und eine höhere Temperatur somit sinnvoll — bei untergärigen Bieren nicht. Mit der Temperatur beeinflussen wir auch die Gärgeschwindigkeit.

Die Gärgeschwindigkeit ist ein Maß für die Vitalität (Aktivität oder Gärleistung) der Hefe. Zwar geben auch andere Stoffwechselaktivitäten wie das Säurebildungsvermögen oder der ATP-Gehalt (der Spiegel des Energieträgers Adenosintriphosphat innerhalb der Zellen) Aufschluss über die Vitalität, doch die sind wesentlich aufwendiger zu ermitteln. Die Gärgeschwindigkeit — ausgedrückt in Extraktabbau pro 24 Stunden — lässt sich hingegen per Würzespindel oder Refraktometer ausgesprochen einfach messen.

Sowohl die Hefevermehrungsrate, als auch die Gärgeschwindigkeit steuern wir über die bereits ausführlich behandelte Hefegabe und über die Temperatur. Eine höhere Hefegabe beschleunigt die Gärung, eine höhere Temperatur ebenso. Während der Gärung finden in verschiedenen Phasen unterschiedliche Stoffwechselprozesse statt. Auf die Bildung und den Abbau der jeweiligen Nebenprodukte können wir daher mit der Temperatur Einfluss nehmen. Unterschieden werden kalte und warme Gärung sowie kalte und warme Reifung (oder Konditionierung). Was als kalt oder warm zählt, hängt wiederum vom jeweiligen Hefestamm ab, weshalb die folgenden Angaben nur der allgemeinen Orientierung dienen und nicht generell für jede Hefe gelten.

→ Kalte Gärung und kalte Reifung ist das traditionelle Verfahren bei untergärigen Bieren. Die Gärung findet bei etwa 8 bis 10 Grad Celsius statt, dabei erzeugt die Hefe relativ wenig Gärnebenprodukte. Für die Reifung wird die Temperatur allmählich auf 5 bis 6 Grad gesenkt. Nachteil: Jungbukettstoffe, die trotz der niedrigen Temperatur während der Hefevermehrung entstanden sind, werden anschließend nur unzu-reichend abgebaut.

$\rightarrow$ Kalte Gärung und warme Reifung sorgen dafür, dass zwar wiederum relativ wenig Gär-nebenprodukte entstehen, dass aber in der Warmphase (auch Diacetylrast genannt — für etwa zwei Tage wird die Temperatur von 8 bis 9 Grad auf 11 bis 13 Grad erhöht) die Jungbukettstoffe — vor allem das markante Diacetyl — vermehrt abgebaut werden.

$\rightarrow$ Warme Gärung und warme Reifung bewirken vor allem eine schnellere Gärung. Hier-bei erzeugt die Hefe zwar relativ viele Gärnebenprodukte, baut die Jungbukettstoffe anschließend aber auch wieder ab. Dieses Verfahren eignet sich freilich nur für unter-gärige Hefen, die von sich aus wenig Bukettstoffe bilden. Ansonsten entstehen viele Ester. Sie sorgen für Fruchtaromen, die nicht wieder abgebaut werden, die in unter-gärigen Bieren jedoch unerwünscht sind.

„Eine niedrige Gärtemperatur brauchen Sie nur über die ersten drei bis vier Tage, bis zu einem Vergärungsgrad von 50 oder 55 Prozent", erläutert Ulrich Peise. „Dann können Sie die Temperatur hochfahren. Wenn die Hefe ihre Vermehrung eingestellt hat, werden die überflüssigen Stoffe an das Bier abgegeben, weil sie die nicht mehr braucht, da sie keine neuen Zellen mehr bildet. Das Beste aus der Würze hat sie verbraucht. Nun muss sie sich den Stoffen zuwenden, die sie vorher nicht interessiert haben, weil es jetzt nichts anderes mehr gibt. Und da ist eine niedrigere Temperatur nicht nachweisbar besser."

Bei obergärigen Bieren bedeutet kalte Gärung etwa 12 bis 14 Grad, warme Gärung hinge-gen etwa 15 bis 25 Grad. Hier entscheidet in der Regel der Bierstil, welcher Weg passender ist. Kalt vergorene Biere wie Alt oder Kölsch sind neutraler. Weizenbiere, bei denen ein ho-her Anteil an Ester und demzufolge intensiv-fruchtige Geschmacksnoten sortentypisch und somit erwünscht sind, benötigen dafür eine warme Gärung.

Angestellt (Hefe zugegeben) wird meist bei einer Temperatur von einem bis zwei Grad un-ter der gewünschten Gärtemperatur. Denn der fleißigen Hefe wird bei ihrem Stoffwechsel warm, was einen Temperaturanstieg um ebendiese ein bis zwei Grad bewirkt. So wird die entstehende Gärwärme gleich einkalkuliert.

Bei der Gärung sind also viele Aspekte im Gesamtpaket zu bedenken. Ausgewogenheit ist wichtig, wie Ulrich Peise betont. „Wenn ich immer nur einen Parameter sehe — das ist wie mit den Gewürzen. Sie kennen das ja. Sie haben da 20 Gewürze drin. Und wenn das eine ein wenig dominanter kommt, werden die anderen unterdrückt. Das kennt man auch vom Weißbier — da schlägt zum Beispiel die Banane so durch, dass man die Phenole gar nicht mehr merkt. Ein Parameter kann sensorisch dominant werden. Und das kann ich mit der

Konischer Gärtank mit Temperatursteuerung für ca. 160 Liter (Unitank) von Ss Brewtech in isolierender Neoprenhülle bei PIBE's

Tilt Hydrometer mit Bluetooth in wasserdichter Kapsel zum Versenken in der gärenden Würze

Temperatur steuern." Also gegebenenfalls runter mit der Temperatur ... weniger Bukett-stoffe (Ester) entstehen ... andere Aromen können sich besser durchsetzen.

Nur im empfohlenen Temperaturbereich erzeugt eine Hefe die vom Hersteller genannten Aromen. Daher sollten Brauer sich bei der Temperaturführung nach der Hefe (oder bei der Wahl der Hefe nach der gegebenen Temperatur) richten. Für beste Ergebnisse ist ein Gär- und Lagerraum oder ein großer Kühlschrank überaus sinnvoll.

Eine ständige Kontrolle der Gärung ist demnach wichtig. Immerhin lässt sich heutzuta-ge selbst im kleinen Maßstab die Temperatur relativ gut steuern. Bei Abweichungen vom Soll kann möglicherweise sogar ein Alarm ausgelöst werden. Für Profis gibt es Gärtanks mit programmierbarer Temperatursteuerung[94]. Für Einsteiger gibt es ein Hydrometer[95], welches — einem U-Boot gleich — in der gärenden Würze versenkt wird und Dichte und Temperatur derselben per Bluetooth und entsprechender App an das Smartphone, Tablet oder in die Cloud übermittelt. So lässt sich der Fortgang der Gärung in Echtzeit ohne Spin-deln und ohne Öffnen des Gärbottichs sogar aus der Ferne überwachen.

Nachgärung

Die Nachgärung beginnt nach dem Schlauchen (Abfüllen) des Jungbieres in Lagerfässer oder Flaschen. Hierbei findet eine kontrollierte Restgärung statt. Das dabei gebildete Kohlendioxid kann nicht mehr entweichen, löst sich im Bier und sorgt somit für die ge-wünschte Karbonisierung. Ohne gelöstes Kohlendioxid gibt es keinen frisch prickelnden Gerstensaft im Glas. Wer mag schon schales Bier?

„Hobbybrauer haben im Gegensatz zur Industrie ganz selten ein Problem mit Diacetyl", hat Ulrich Peise beobachtet. „Warum? Weil sie oft eine längere Nachgärung bei Raumtempe-ratur haben. Da kann die Hefe alle Jungbukettstoffe verstoffwechseln und auf null redu-zieren. Hobbybrauerbiere haben Werte, die man in der Industrie kaum erreichen kann."

Was im vorigen Abschnitt zur Reifung (Konditionierung) gesagt wurde, gilt ebenso für die Nachgärung. Beide Prozesse lassen sich ohnehin nicht genau voneinander trennen und laufen mehr oder weniger parallel ab.

„Bei der Nachgärung steure ich jetzt, welche Produkte ich reduziere und nicht reduziere. Wir wissen ja, dass wir nur die Jungbukettstoffe reduzieren können. Die Bukettstoffe kön-

[94] Siehe https://www.ssbrewtech.com/products/1-bbl-nano-series-unitank?variant=37977800850
[95] Siehe https://tilthydrometer.com — Bezugsquelle https://www.hobbybrauerversand.de/Tilt-Hydrometer-Thermometer

nen wir nicht reduzieren. Und bei den Jungbukettstoffen müssen wir jetzt entscheiden: Wollen wir Diacetyl drinhaben? Wollen wir Schwefel drinhaben? Dann müssen wir kalt bleiben. Dann bleiben mehr Jungbukettstoffe übrig, weil ich eben die mechanischen Effekte Ausspülung und den reduzierenden Effekt der Hefe einbremse. Die Hefe kann aber zehnmal mehr Jungbukettstoffe reduzieren als produzieren. Hohe Temperaturen fördern zwar die Produktion der Jungbukettstoffe, aber sie fördern auch wieder die Reduzierung während der Nachgärung. Wenn ich die Jungbukettstoffe im Bier haben und erhalten möchte, muss ich warm vergären und kalt nachvergären", fasst Ulrich Peise zusammen.

Mineralstoffe

Damit die Hefe leben, sich vermehren und die Gärung durchführen kann, braucht sie mehr als nur Kohlenhydrate. Hefen benötigen viele Mineralstoffe für ihren Stoffwechsel, die in der Würze meist vorhanden sind, manchmal aber in nicht ausreichendem Maße. Hefezellen brauchen ...

⇾ Calcium zur Verzögerung der Degeneration und für eine bessere Bruchbildung;

⇾ Eisen und Mangan für den Atmungsstoffwechsel und die Zellsprossung;

⇾ Kalium für den Kohlenhydratstoffwechsel und alle ATP-bezogenen Enzymreaktionen (Adenosintriphosphat ATP reguliert den Energiehaushalt); es beschleunigt die Hefevermehrung;

⇾ Kupfer für die Aufrechterhaltung einzelner Enzymaktivitäten (ein höherer Kupfergehalt begünstigt die H_2S-Bildung, ein überhöhter Kupfergehalt wirkt aber toxisch und kann die Gärung stoppen);

⇾ Natrium zur Aktivierung von Enzymen, insbesondere für den Stofftransport durch die Zellmembran;

⇾ Schwefel (aus Wasser und Malz) für die Zellmembran, die mit Hilfe von Acetaldehyd Carbonyle bindet und somit die Geschmacksstabilität verbessert;

⇾ Phosphor in Form von Phosphaten für ATP, Zellmembran und die pH-Pufferung (ein höherer Phosphatanteil begünstigt den Gesamtzustand der Hefe, Phosphatmangel lässt die Gärung stocken);

→ Magnesium für alle Reaktionen mit Phosphor, insbesondere während der Gärung; es fördert auch das Hefewachstum sowie die Maltose- und Maltotriosevergärung;

→ Zink für die Eiweißynthese und Gärung (Zinkmangel — die häufigste Mangelerscheinung — verursacht diverse Gärprobleme wie sinkende Vergärungsgrade und die wiederum bewirken Fehlaromen);

→ Mangan aktiviert diverse Enzyme und kann Zinkmangel ein wenig kompensieren.

Nitrat ist hingegen schädlich. Es wird in das Hefegift Nitrit umgewandelt. Nitrat wirkt sich bereits ab 20 Milligramm pro Liter (20 PPM = parts per million) negativ aus. Dies kann problematisch werden, weil allein Trinkwasser in Deutschland schon bis zu 50 PPM Nitrat enthalten darf. Hinzu kommt weiteres Nitrat durch den Hopfeneintrag (Ursache ist vor allem die Düngung). Analysen des Hopfenforschungsinstituts in Huell ergaben in einer Reihe von Proben beispielsweise einen durchschnittlichen Gehalt von 0,89 Gramm Nitrat (Streuung von 0,36 bis 1,55 Gramm Nitrat) pro 100 Gramm Hopfen[96]. Bei einer nicht ungewöhnlichen Hopfenmenge von 300 Gramm pro Hektoliter ergibt das im Schnitt 0,0267 Gramm (= 26,7 Milligramm) Nitrat pro Liter (26,7 PPM), falls das Nitrat vollständig aus dem Hopfen herausgezogen wird.

Der Zoo um uns

Tiefere Einblicke in die Welt der Hefen erhalte ich direkt vom bereits mehrfach zu Worte gekommenen Fachmann. „Es gibt keine neuen Hefen. Das ist ein Mythos. Die Hefen sind immer ein paar Millionen Jahre alt." Ulrich Peise sollte es wissen. Er ist Technischer Leiter bei der *Hefebank Weihenstephan* in Au in der Hallertau. Gibt es tatsächlich keine Neuzüchtungen? „Nein! Milliarden von Hefezellen führen ein unabhängiges, kompliziertes Eigenleben, deren Entwicklung über Milliarden von Generationen in ihren Genen gespeichert ist. Und derselbe Stamm wird sich vor hundert Jahren nicht so verhalten haben wie jetzt, weil sich drumherum alles geändert und die Hefe immer wieder dazugelernt und sich angepasst hat. Es stimmt schon, dass jetzt Leute rumrennen mit dem Käscher und versuchen, neue Stämme zu finden. Aber die sind nicht neu, nicht von jetzt. Es ist ja so — und dies ist nun keine wissenschaftliche Aussage, sondern meine Vermutung — dass die Biersorten um die Hefen entstanden sind. Wir haben um uns herum einen ganzen Zoo. Die Hefen sind

[96] *Hopfenverwertungsgesellschaft (HVG) Wolnzach: HACCP Report 2016, S. 15.*

überall. Die Brauer wussten von der Hefe nichts, aber sie haben schnell gemerkt, dass die Würze schneller anfängt zu gären, wenn sie von den Kräusen etwas zugeben. Man wurde als Hexer verbrannt, wenn fünf, sechs Sude hintereinander angekommen sind. Man galt dann schon als mit dem Teufel im Bunde, nur weil man sein Handwerk unter Kontrolle hatte, obwohl es eigentlich ein Segen von Gott war, dass er das Bier überhaupt vergären ließ. Und dadurch, dass die Kräusen immer wieder abgehoben wurden, haben sich in einer Brauerei die stärkeren Mikroorganismen durchgesetzt. Also die Hefe, die sich in dieser Umgebung, bei diesen Temperaturen wohl gefühlt hat. Das war natürlich keine Reinzucht. Nun war das Wasser gegeben, denn von Aufbereitung wusste niemand etwas. Auch die Hefe war gegeben. Und so haben die Brauer ihr Bier um diese beiden Parameter aufgebaut und zu optimieren versucht."

Was macht eine Hefebank? „Es ist unsere Aufgabe als Hefebank, die Hefen so einzulagern und aufzubewahren, dass etwa die W-68 heute noch die gleichen Parameter hat wie vor 70 Jahren. Wenn Sie jetzt die W-68 in Ihrem Betrieb verwenden und brauen alle drei Tage, dann wird eine Art von Mutation stattfinden. Die Hefe wird sich an die Gegebenheiten anpassen. Schon nach einer gewissen Anzahl an Generationen kann man manchmal Veränderungen im Verhalten der Hefe nachweisen. Diese Art von Anpassung kann unterschiedlich starke Auswirkungen auf das fertige Produkt haben. Von nicht feststellbar bis stark abweichend. Auch deshalb haben wir so viele Hefen: Es sind viele exklusiv eingelagerte Hefen. Ein Brauer hat zehn oder zwanzig Jahre mit dieser Hefe gearbeitet. Die hat sich jetzt so optimal angepasst, dass die Brauerei den Zustand halten möchte. Sie wollen nicht, dass sie sich weiter verändert und wir bewahren die gewünschte Hefe auf." Die Hefebank sieht sich als Bewahrer oder Hüter der ihr anvertrauten Hefen.

„Wenn Sie jetzt von verschiedenen Hefebanken dieselben Hefen kaufen, dann sind sie oft nicht identisch. Kunden denken zwar, die 34/70er von der *Hefebank Weihenstephan* ist dieselbe wie die Trockenhefe 34/70 oder die von anderen Zulieferern, aber das stimmt nicht. Das Hefpflegen ist so, wie wenn Sie in mehreren auf der ganzen Welt verteilten Brauereien einer Brauereikette dasselbe Bier brauen wollen. Da wissen wir ja, dass die Biere sich in verschiedenen Braustätten unterscheiden, weil sehr viele Faktoren eine Rolle spielen. Ebenso ist es bei den Hefen. Jeder darf sie isolieren, jeder darf die Stämme kultivieren. Das heißt aber nicht unbedingt immer, dass sie gleich sind."

„Aber nochmal möchte ich darauf hinweisen: Das sind keine neuen Hefen. Das sind alte Stämme, die dann wahrscheinlich aus diesen Marktführern herausisoliert und vermehrt worden sind als *Pilsener Urquell* Hefe oder Ale Hefe oder Stout Hefe oder so. Es sind keine Neuzüchtungen, sie mussten nur gefunden und isoliert werden. Es gibt tatsächlich Leute, die versuchen, von Früchten im Dschungel Hefen herauszuisolieren, die sie in Anwendung bringen und gucken, ob es funktioniert."

„Brauer müssen sich nun Gedanken machen: Welchen Hefestamm verwende ich? Was ist meine richtige Hefegabe? Welchen Einfluss hat sie auf die Gärgeschwindigkeit, auf Gärnebenprodukte, die wir aufschlüsseln müssen in Bukettstoffe und Jungbukettstoffe? Wie kann ich die Mengen und die Konzentration zueinander und den Abbau der Jungbukettstoffe steuern? Dann kann ich mir schon vom Genpool eine Hefe aussuchen, die einen dieser Parameter stützt. Ich kann zum Beispiel sagen, die W-105, die macht wenig Schwefel, die macht fast keine Ester, die ist sehr neutral in Jungbukettstoffen, Diacetylabbau super, aber die produziert sehr viele höhere Alkohole. Dementsprechend muss ich meine Technologie anpassen. Ich kann nicht jedes Bier damit brauen und ich muss die Anlagen haben, um das in den Griff zu kriegen. Sensorisch eine super Hefe, technologisch eine Herausforderung. Wenn ich ein Bayerisch Hell haben will, nehm ich die W-109, die eben sehr viel SO_2 produziert. Das ist eine Hefe, die stark schwefelt, was für ein Bayerisch Hell ja wichtig ist, dieses Fruchtige, Süffige, Frische. Solche Werte wie mit der 109er kriege ich nie mit anderen Hefen hin. Das Gegenstück ist unsere 34/70, die ja gerade wenige höhere Alkohole produziert. Darum darf ich sie bei 10, 11, 12 Grad vergären. Darum darf ich auch einen Extraktabbau von 2,4 oder 2,6 Prozent pro 24 Stunden haben. Aber sie produziert viel Ester. Und wenn ich nicht so viele Ester haben will, muss ich die Parameter einhalten, um dies zu unterdrücken."

Alkoholfreies Bier: Saccharomycodes ludwigii

Wie erwähnt wandelt die Hefe Zucker in Alkohol und Kohlendioxid um. Doch immer wieder fragen Hobbybrauer mich, wie sie alkoholfreie (oder wenigstens alkoholarme) Biere brauen könnten. Da mir bislang nur zwei Verfahren — das vorzeitige Stoppen der Gärung wie bei der Malzbierherstellung sowie die für den Hausgebrauch wohl eher unpraktikable Umkehrosmose — bekannt waren, konnte ich ihnen leider nicht weiterhelfen.

Auch Marc Brammer von *Dachs* würde gerne einmal alkoholfreies Bier brauen. „Aber da ist es mit der Mikrobiologie schwierig. Viele Craft-Brauereien greifen dann zum Pasteurisieren. Und ich glaube, beim Alkoholfreien ist es schwierig, das nicht zu tun. Da ist die Gefahr einer Infektion zu groß. Genau wie beim Malzbier. So ziemlich jedes Malzbier, das ich kenne, wird pasteurisiert. Ich finde den Weg der gestoppten Gärung am besten. Also Hefe zugeben und nach kurzer Zeit durch Zentrifugieren oder Filtrieren wieder entfernen oder durch Pasteurisieren kaputt machen. Andere Verfahren hingegen … beim Vakuumverdampfen wird zuviel Energie verbraten. Da wäre die Umkehrosmose für mich die bes-

Offene Gärung bei Dachs

sere Alternative — die Biere schmecken echt gut, weil du den Hitzeeintrag mit seinen geschmacklichen Auswirkungen nicht hast."

Verfahren lassen sich immerhin auch kombinieren, wie *Störtebeker* es praktiziert: „Bei unserem ‚Atlantik-Ale Alkoholfrei' kombinieren wir zwei etablierte Verfahren zur Herstellung alkoholfreier Biere. Zum einen entalkoholisieren wir ein Atlantik-Ale in einer Vakuum-Rektifikationsanlage, zum anderen stellen wir ein alkoholfreies Atlantik-Ale mit gestoppter Gärung her", verrät die Pressesprecherin. „Beide Biere werden dann so verschnitten, dass möglichst ein ausgewogenes, aromareiches Bier ohne penetranten Würzegeschmack und übertriebene Süße herauskommt. In welchem Verhältnis das geschieht, bleibt aber das Geheimnis der Brauerei", berichtet das *brau!magazin*[97].

„Es gibt grundsätzlich zwei Wege zum alkoholfreien Bier: mechanisch oder physisch", erklärt Ulrich Peise. „Entweder wird der vorher gebildete Alkohol mechanisch entfernt, was immer mit Anlagentechnik und Energieaufwand verbunden ist, die im Hobbybrauer- und Kleinbrauerbereich nicht praktikabel sind. Außerdem taucht das Problem auf, dass oft auch erwünschte Bestandteile mit entfernt werden. Daher ist alkoholfreies Weizenbier so beliebt, weil es so viele und komplexe Aromastoffe enthält, dass selbst nach dem Entalkoholisieren noch genügend davon vorhanden sind. Oder man sorgt physisch dafür, dass Alkohol gar nicht erst entsteht. Bei der gestoppten Gärung ist die Aromabildung viel weicher

[97] *Siehe https://braumagazin.de/article/neu-stoertebeker-atlantik-ale-alkoholfrei/*

und runder. Dafür werden bestimmte Würzebestandteile wie Schwefelverbindungen nicht ausreichend reduziert, was schon recht unangenehm sein kann."

Zu den physischen Verfahren zählt auch die Verwendung einer Hefe, die keinen Alkohol — sprich: weniger als 0,5 Volumenprozente (das zählt dann als alkoholfrei) — entstehen lässt. Man kann mit ihr auch alkoholarmes Bier, Schank- oder Vollbier brauen, muss sie dann aber anders behandeln. „Es ist schon erstaunlich, was diese Hefe vergärt und wie sie die Würze verstoffwechselt, damit sie nicht mehr diesen unangenehmen Würzecharakter hat."

Die Rede ist vom Hefestamm WSL-17 (Saccharomycodes ludwigii) der *Hefebank Weihenstephan*[98]. Er ist übrigens gar nicht so neu, sondern wurde gegen Ende des 19. Jahrhunderts in Wein entdeckt. Der spezielle Trick dieser Hefe: Die WSL-17 mit dem Rufnamen Ludwigii vergärt ausschließlich Glucose, Fructose und Saccharose, verschmäht aber Maltose, Maltotriose und Dextrine. Von den in der Würze enthaltenen Kohlenhydraten verstoffwechselt sie daher nur 12 bis 15 Prozent, hat also einen sehr niedrigen Vergärungsgrad. Gewöhnliche Bierhefen (Saccharomyces cerevisiae usw.) indes, die auch Maltose und Maltotriose vergären, erreichen einen Vergärungsgrad von irgendwo bei 80 Prozent. Die Alkoholtoleranz der Ludwigii liegt bei 5,5 Prozent — so hoch könnte sie gehen, wenn sie genügend Futter hätte. Ihr Bruch- und Absetzverhalten ist gut. Als Anstelltemperatur empfiehlt die Hefebank für alkoholfreies Bier 14 bis 16 Grad (10 bis 12 Grad Celsius für alkoholreduziertes Bier). Die Hauptgärung sollte bei 16 bis 18 Grad (12 bis 14 Grad für alkoholreduziertes Bier) ablaufen und geht eher langsam vonstatten. Dabei bilden sich nur sehr geringe Mengen an Gärnebenprodukten wie Diacetyl. Soweit die wichtigsten Eckdaten aus der Produktinformation. Wie andere Hefen auch, erzeugt die Ludwigii bei einer höheren Gärtemperatur oder einer niedrigeren Hefegabe mehr Gärnebenprodukte.

> **Tipp:** *Der Hefestamm Saccharomycodes ludwigii ist für das Brauen von alkoholfreiem Bier ohne technische Hilfsmittel geeignet, weil er den größten Teil der in der Würze befindlichen Kohlenhydrate nicht verstoffwechseln kann.*

Mit der Ludwigii eröffnen sich für Craft-Brauer spannende Möglichkeiten. Auch wer kein alkoholfreies Bier brauen möchte, kann aus der Sonderbehandlung, die diese Hefe verlangt, viel über die Zusammenhänge lernen und sich zu neuen Ideen inspirieren lassen.

---

[98] *Siehe https://hefebank-weihenstephan.de/produkte/hefe/spezialhefen/wsl-17/. Auch das brau!magazin führte im Sommer 2018 ein Gespräch mit Ulrich Peise und berichtete in seiner Herbstausgabe darüber (siehe https://braumagazin.de/article/saccharomycodes-ludwigii/). Im Artikel wird detailliert beschrieben, wie die Hefe vor dem Anstellen zu behandeln und zu propagieren ist.*

Alkoholfreies Bier muss weniger als 0,5 Volumenprozente Alkohol enthalten. Um unter 0,5 Prozent zu bleiben, dürfen höchstens 0,8 Prozent Extrakt (nämlich 0,8 Gramm Extrakt pro 100 Gramm Würze) vergären. Demzufolge darf die Stammwürze bei einem Vergärungsgrad von 12 Prozent maximal 6,67 Grad Plato und bei einem Vergärungsgrad von 15 Prozent maximal 5,33 Grad Plato betragen. Wenn die Stammwürze höher liegt, wird die Höchstgrenze für als alkoholfrei geltendes Bier überschritten. Denn die Balling-Formel besagt, dass bei der Gärung aus etwa 2 Gramm Extrakt 1 Gramm Alkohol entsteht, dementsprechend also aus 0,8 Gramm Extrakt knapp 0,4 Gramm Alkohol. Dieser Wert muss dann noch mit 1,25 multipliziert werden, um von den Gewichts- auf die Volumenprozente zu kommen — und schon ist das Limit erreicht (0,4 x 1,25 = 0,5).

> **Balling-Formel:**
> *Aus 2,0665 g Extrakt entstehen 1 g Alkohol, 0,11 g Hefe und 0,9565 g CO_2.*

Was die Ludwigii für alkoholfreies Bier nun so geeignet macht, ist ihre bereits erwähnte Besonderheit, dass sie lediglich Glucose, Fructose und Saccharose vergärt, von denen ohnehin nur vergleichsweise geringe Mengen in der Würze gelöst sind. Wenn deren Anteil von vornherein niedrig genug ist, muss die Gärung nicht an einem bestimmten Punkt abgebrochen werden, sondern ist von sich aus vor dem Erreichen der kritischen 0,8 Prozent beendet. Einfacher geht es nicht.

Maltose spielt in diesem Fall für die Gärung überhaupt keine Rolle[99]. Dennoch ist der Maltoseanteil in der Würze keineswegs nebensächlich. Immerhin geht es auch noch um den Geschmack des Bieres, speziell um seine Süße. Da die Maltose nicht vergärt, süßt sie das Bier. Diesen Effekt können wir durch die Maischarbeit reduzieren, indem wir weniger Maltose entstehen lassen. Wir können die Maltoserast verkürzen oder komplett überspringen. Dann wird zwar mehr Stärke in Dextrin umgewandelt, was ebenfalls eine Zuckerart ist. Die Süßkraft des Dextrins ist jedoch wesentlich geringer als die der Maltose. „Wenn Sie die gleiche Konzentration haben, sagen Sie bei der Maltose ‚Ach du meine Güte!' und beim Dextrin ‚Naja, geht doch …'" — mehr dazu gleich. In Zahlen ausgedrückt: Wenn Saccharose als Referenzwert eine Süßkraft von 1 hat, liegt Maltose bei 0,5 und Dextrin bei unter 0,2.

---

[99] *Dies gilt zumindest in der Theorie. Die Praxis hält sich garstigerweise nicht immer daran, so Ulrich Peise: „Indem ich die Maltose verstärke, erhöhe ich auch ein klein wenig den Vergärungsgrad. Da kann es sein, dass ich den Vergärungsgrad von 12 auf 15 Prozent erhöhe, weil dabei irgendwie Glucose freigelegt wird — wieso und weshalb ist theoretisch nicht nachvollziehbar und auch nicht reproduzierbar, aber es ist in der Praxis halt möglich."*

Beim Brauen mit der Ludwigii ist allerdings besondere Aufmerksamkeit auf die mikrobiologische Reinheit zu richten, denn als kleines Sensibelchen ist sie so langsam und gärschwach, dass sie gegen andere Hefen und Keime jeden Wettlauf verliert. Sie braucht drei bis fünf Tage, um den Extrakt um die erwähnten 0,8 Prozent zu verringern. „Wenn ich in meinen Ludwigii-Sud andere Hefen reinbekomme, dann werden sie die Ludwigii komplett überflügeln und vergären viel tiefer und viel weiter. Darauf müssen Hobbybrauer und Craft-Brauer sich konzentrieren. Natürlich muss man beim Bierbrauen auf Sauberkeit achten. Aber beispielsweise ein IPA ist mikrobiologisch bei weitem nicht so empfindlich wie ein Alkoholfreies, mit der Ludwigii gebrautes."

Daher rät Ulrich Peise, auf die Gärtemperatur zu achten. „Nun haben wir beim alkoholfreien Bier sowieso einen geringeren Einfluss auf die Gärnebenprodukt-Zusammensetzung. Aber hier ist der mikrobiologische Zustand entscheidend. Wenn ich unter 15 Grad Celsius bleibe, habe ich natürlich ein geringeres mikrobiologisches Risiko als wenn ich über 20 Grad vergäre. Das ist ein Temperaturbereich, wo viele Mikroorganismen anwachsen können. Unter 10 Grad haben wir Ruhe, bei 10 bis 15 Grad nur eingeschränkt. Damit gehen wir also den Mittelweg. Die Frage ist, wie sieht meine Brauerei aus, wie habe ich meine Sachen reinigungstechnisch und mikrobiologisch unter Kontrolle? Wenn ich nichts riskieren will, bleibe ich halt bei 13 bis 14 Grad. Und wenn ich ein geschlossenes System gedämpft sauber habe, dann gehe ich eben auf 20 Grad. Oder auf 16 — je nachdem, welche Temperatur ich mir auch immer für mein Produkt ausgearbeitet habe. Inaktiviert wird die Ludwigii erst bei 28 Grad."

Zur mikrobiologischen Absicherung empfiehlt *Weihenstephan* darüber hinaus, die Anstellwürze auf einen pH-Wert von 4,4 bis 4,8 vorzusäuern (üblicherweise hat die Ausschlagwürze einen pH-Wert von 5,5 bis 5,6). Das ist nämlich ein Bereich, den viele Keime überhaupt nicht mehr mögen.

Die Säure dient gleichzeitig der geschmacklichen Regulierung oder Neutralisierung der unvergorenen Zuckerarten (Maltose, Maltotriose und Dextrin), denn mit Säure lässt sich Süße kompensieren. Da wird endvergoren und zum Schluss ein bestimmtes Süß-Säure-Verhältnis eingestellt, etwa durch die Zugabe von Zitronensäure (womit freilich „Chemie" ins Spiel kommt). Beim alkoholfreien IPA oder Pils ist eine starke Süße selbstverständlich unerwünscht. Der viele nicht-vergorene Zucker erhöht bei den alkoholfreien Varianten aber unweigerlich die Vollmundigkeit — das sollten Craft-Brauer und Hobbybrauer beachten. Beim alkoholfreien Bier sind die unvergorenen Zuckerarten mit ihrer unterschiedlichen Süßkraft unbedingt einzukalkulieren. Allerdings liegt die Stammwürze mit irgendwo zwischen 5,33 und 6,67 Grad Plato sowieso schon deutlich unter normal, weshalb das Problem gar nicht so groß sein dürfte.

Alkoholarmes Bier:
nochmal Saccharomycodes ludwigii

„Die Ludwigii wird nicht nur für alkoholfreies Bier verwendet. In Asien gibt es das beliebte Süßbier, dunkel und malzig. Malztrunk oder Malzbier wären richtig typisch dafür. Da wollen sie sechs, sieben, acht Prozent Restextrakt, aber zugleich einen Alkoholgehalt von 3,3 haben", erzählt Ulrich Peise.

Und damit sind wir beim alkoholarmen Bier, welches sich auch in Europa wachsender Beliebtheit erfreut. Dafür reicht ein Vergärungsgrad von 12 Prozent wie beim alkoholfreien Bier definitiv nicht aus. Hier kommt nun das oben beschriebene Maltaseverfahren ins Spiel, bei dem ein Teil der beim Maischen gebildeten Maltose durch das Enzym Maltase in Glucose umgewandelt wird. „Wenn ich das Maltaseverfahren einführe, kann ich den Vergärungsgrad extrem verändern, weil ich ja den Glucoseanteil sehr stark erhöhe. Dann können 40, 50 Prozent vergären. Die Ludwigii schafft durchaus 5 oder 6 Prozent Alkohol. Die ist da kein Bremser."

Was bewirken — neben den bereits erwähnten mikrobiologischen Gründen — höhere Temperaturen, die in der Produktinformation zu diesem Hefestamm immerhin als „möglich" angegeben wurden? „Beim alkoholfreien Bier sind diese Wege weitgehend inaktiviert, denn wir vergären ja nur 0,8 Prozent. Das ist nicht vergleichbar mit Bier, bei dem wir 9 oder 9,5 Prozent vergären. Wenn Sie nur 0,8 Prozent vergären, müssen Sie am Ende sensorisch entscheiden, ob das Bier Ihnen bei 14 oder 20 Grad (Gärtemperatur) besser schmeckt oder ob Sie keinen Unterschied merken. Wenn Sie jetzt aber mit der Ludwigii ein schwach alkoholhaltiges Bier brauen mit einem Vergärungsgrad von 30 (statt 12) Prozent, dann ist ja die Menge an Gärnebenprodukten entsprechend höher und wirkt sich deutlich stärker aus. Dann komme ich beim Diacetyl zu Werten, die schon wieder messbar sind und den Geschmack beeinflussen. Hier muss ich also bewusster steuern. Denn wir wissen ja: Je wärmer ich vergäre, desto mehr Stoffwechselprozesse habe ich und desto mehr Gärnebenprodukte entstehen, die ich steuern muss. Darum stellt man lieber ein bisschen kälter an. Und dementsprechend mit einer Million Hefezellen pro Grad Plato und Milliliter."

Weizenbier: Nelke versus Banane

Typisch für Weizenbiere sind intensive Aromen, die etwa an Nelke oder Banane erinnern. Verursacht wird der Nelkengeruch durch die Phenole 4-Vinylguajacol (4VG) und 4-Vinylphenol (4VP), der Bananengeruch durch das „Bananenester" Isoamylacetat. Sie werden durch den Stoffwechsel der Hefe bei der Gärung gebildet. Wir können ihre Entstehung durch die Auswahl der Rohstoffe, die Sudhausarbeit und die Gärführung steuern — wobei die Qualität der Rohstoffe Schwankungen unterworfen ist und die Zusammenhänge oft recht kompliziert sind, so dass es sich bei den folgenden, im *brau!magazin*[100] skizzierten Wirkungen lediglich um Tendenzen handelt.

→ Gerstenmalz weist (meist) einen höheren Gehalt der Nelken-Vorläufersubstanz Ferulasäure auf. Daher begünstigt ein niedriger Weizenmalzanteil an der Schüttung (unter 50 Prozent) das Nelkenaroma, während ein hoher Weizenmalzanteil (über 66 Prozent) für mehr Banane sorgt.

→ Eine hoher Extraktgehalt bewirkt eine überproportional starke Esterbildung. Daher sorgt das High-Gravity-Brauen mit konzentrierter Würze (15 bis 15,5 Grad Plato) für mehr Banane. Die Rückverdünnung auf die Zielstammwürze (12 bis 13,5 Grad Plato) darf dann natürlich erst nach der Hauptgärung stattfinden.

→ Die Nelken-Vorläufersubstanz Ferulasäure wird am besten bei 45 Grad und einem pH von 6,0 aus ihrer Bindung mit Arabinoxylan gelöst. Eine Einmaischtemperatur von 35 bis 40 Grad, der entsprechende pH-Wert (das Optimum liegt relativ hoch, doch im Interesse anderer Enzyme sollte der pH-Wert 5,7 bis 6,0 nicht überschreiten) und eine 20- bis 25-minütige Rast bei 45 Grad (Ferulasäurerast oder Weizenrast genannt, obwohl es hauptsächlich um das Gerstenmalz geht) sorgen für mehr Nelke. Eine Einmaischtemperatur über 55 Grad hingegen sorgt für mehr Banane.

→ Eine offene, drucklose Vergärung fördert die Esterbildung.

→ Die Wahl der Hefe ist von entscheidender Bedeutung. Informieren Sie sich, welche Hefestämme unter welchen Bedingungen das eine oder andere Aroma begünstigen.

Zuviel Nelke ist allerdings nicht empfehlenswert. In höherer Konzentration kann die phenolische Komponente nämlich medizinisch, kratzig-hart oder pfeffrig wirken. Ein ausrei-

---

[100] *Siehe https://braumagazin.de/article/stilportrait-weissbier-von-nelken-und-bananen/*

chendes Bananenaroma lässt sich bereits durch offene Gärung und die passende Hefe erzielen und mit High-Gravity noch verstärken. Weitere Maßnahmen sind möglich, können aber zu negativen Begleiterscheinungen führen.

Milchsäuregärung: Lactobazillen

Lactobazillen oder Milchsäurebakterien sind eine bei Bierbrauern meist unerwünschte Spezies. Denn sie bewirken eine Milchsäuregärung, bei der Zucker in Milchsäure und CO_2 umgewandelt wird (dies gilt jedenfalls für homofermentative Milchsäurebakterien — heterofermentative hingegen produzieren noch weitere Säuren). Bei Joghurt, Käse, Sauerteig, Salzgurken und Sauerkraut ist dies willkommen. Immerhin dient die Milchsäuregärung der Konservierung. Bei Bier, Wein, Cidre und Fleischprodukten hingegen führt der Stoffwechselvorgang der Lactobazillen zum Verderben der Getränke und Lebensmittel. Wie der Name schon sagt: Bier wird sauer. Erwünscht ist dies bei „Sauerbieren" wie Lambic, Berliner Weiße und Gose. Sie sollen sauer sein, werden durch die Milchsäuregärung veredelt und besonders lange haltbar gemacht. Der typische Geschmack der genannten Biere bildet sich aber erst durch die Kombination von Milchsäuregärung, weiteren Bakterien, Saccharomyces cerevisiae und Brettanomyces bruxellensis (dazu gleich mehr).

Eines von mehreren Verfahren zum Brauen von Berliner Weiße — das sequentielle Verfahren — beginnt mit einer Milchsäuregärung. Hierfür empfiehlt Ulrich Peise Lactobacillus amylovorus. WhiteLabs und WYEAST empfehlen hingegen Lactobacillus delbrueckii. Anschließend wird die gesäuerte Würze pasteurisiert oder mit Hopfen gekocht, durch obergärige Saccharomyces cerevisiae zur Hauptgärung und durch Brettanomyces-Hefe zur Nachgärung gebracht, wobei die Brettanomyces ihr besonderes Aroma erst produziert, nachdem die Saccharomyces ihren Anteil endvergoren hat.

Beim parallelen Verfahren wird ein Teil der Würze mit Hopfen gekocht und anschließend mit obergäriger Hefe angestellt, während der andere Teil eine Milchsäuregärung durchläuft. Bei Verwendung des absolut hopfenintoleranten Lactobacillus amylovorus wird die Würze erst ohne Hopfen angekocht. Dann wird ein Teil davon für die Milchsäure abgezogen, auf 50 Grad heruntergekühlt, mit Milchsäure versetzt und in die Milchsäuregärung geschickt. Der andere Teil der Würze wird mit Hopfen weitergekocht und nach dem Abkühlen mit obergäriger Hefe angestellt. Nach beendeter Gärung werden beide Teile miteinander verschnitten. Brettanomyces wird gewissermaßen zur Resteverwertung gerne erst in das endvergorene Bier gegeben.

Beim klassischen Verfahren greift man zu einer Mischgärung. Dabei konkurrieren Milchsäurebakterien (die hopfenintoleranten Lactobacillus amylolyticus und Lactobacillus amylovorus sind für dieses Verfahren ungeeignet), obergärige Hefe und Brettanomyces um die vergärbaren Zuckerarten. Durch höhere Temperaturen können Lactobazillen begünstigt werden. Unter den Hefen ist die obergärige schneller. Die Brettanomyces ist dafür gründlicher und fermentiert nach Deaktivierung der Saccharomyces noch ungenutzte Extraktbestandteile[101].

Lambic und Berliner Weiße: Brettanomyces bruxellensis

Brettanomyces bruxellensis, kurz Brett genannt, ist auch unter dem Namen Dekkera bruxellensis bekannt. Beide werden oft als identisch angesehen. Tatsächlich ist Brettanomyces aber eine Nebenfruchtform der Hauptfruchtform Dekkera.

Brettanomyces bruxellensis ist im Senne-Tal bei Brüssel heimisch (eigentlich kommt sie jedoch weltweit vor) und lebt dort auf der Schale von Obst, insbesondere von Weintrauben. Sie wird aber offensichtlich auch vom Winde verweht und gelangt auf diesem Weg in Würzen, die mit ihrer Hilfe nach spontaner Gärung einmal zu Lambics werden sollen (bei den Bierstilen komme ich unter dem Stichwort Belgisches Bier darauf zurück). Brettanomyces ist also von großer Bedeutung für besagte belgische Lambic-Biere und ebenso für die Berliner Weiße (oder Weisse — beide Schreibweisen sind möglich), wo sie allerdings — wie eben beschrieben — in einer Mischkultur oder als Reinzuchthefe gezielt zugegeben wird[102].

Brettanomyces erzeugt recht eigenwillige Aromen von Pferdestall, Ziegenherde, Bauernhof, Leder und Erde bis hin zu fruchtigen Noten. Solche, zumindest in Verbindung mit Bier nicht unbedingt allzu attraktiven Düfte versteckt man gerne hinter der Bezeichnung „funky" (englisch „funky" = merkwürdig, flippig, muffig, kurios). Die *Hefebank Weihenstephan* bietet Dekkera bruxellensis unter der Bezeichnung „WDB 24" an und spricht unverblümt von den „typischen ‚Pferdedecke-Aromen'"[103]. Üblicherweise bleibt diese Hefe aber nicht allein. Sie kommt beim Lambic und bei der Berliner Weiße erst für die Nachgärung als Zweithefe zum Zuge.

[101] Siehe https://braumagazin.de/article/berliner-weisse/
[102] Siehe https://de.wikipedia.org/wiki/Dekkera_bruxellensis
[103] Siehe https://hefebank-weihenstephan.de/produkte/hefe/spezialhefen/wdb-24/

Kriek – ein Lambic, hier mit Sauerkirschkonzentrat

In Berlin war die Bevölkerung nach dem Dreißigjährigen Krieg, Pestepidemien und Hungersnöten arg dezimiert, worauf Friedrich der Große 1685 das „Potsdamer Toleranzedikt" erließ, welches zahllosen Hugenotten — in Frankreich verfolgten Protestanten — den Zuzug nach Berlin ermöglichte. Sie kamen und brachten natürlich französische Handwerkstechniken und französische Lebenskultur mit. Und Fässer. Da der in Berlin und Brandenburg reichlich angebaute Wein sich für die Champagnerherstellung jedoch nicht eignete, versuchten sie es mit dem nach Broyhan-Art (benannt nach dem 1570 verstorbenen Braumeister Cord Broyhan) milchsauer vergorenen Bier. Ihre Fässer mochten durch den Wein mit Brettanomyces-Hefen infiziert gewesen sein. Aber das war offenbar kein Problem. Die Kombination von säuerlichem Bier, Brettanomyces und nach Champagner-Art in Flaschen erfolgter Nachgärung erwies sich sogar als überaus glücklich. Sie erzeugte eine „typische feine Perlage und die klare gelbe Farbe, ganz wie Champagner"[104]. Die napoleonischen Truppen schätzten die Berliner Weiße als „Champagner des Nordens". Dank der Milchsäuregärung war das Getränk jahrelang haltbar und wurde im 19. Jahrhundert für gut betuchte Kreise sogar als Jahrgangsweiße angeboten.

In der Neuzeit erlebte diese einstmalige Kultur ihren Niedergang. Berliner Weiße wurde mit Sauermalz (als Ersatz für die milchsaure Gärung) und ohne Flaschengärung produziert. Und mir schüttete ein schusseliger Kellner beim Servieren ein ganzes Glas davon über die Hose, so dass ich den Rest meines Tagesausflugs nach Berliner Weiße mit Waldmeistersirup müffelte und klebte und mich in der Hauptstadt sowie auf der abendlichen Heimreise äußerst unwohl fühlte. Das war der absolute Tiefpunkt. Kein Wunder, dass die Slow Food Stiftung diesen Bierstil im November desselben Jahres (2014) zum bedrohten kulinarischen Welterbe kürte[105].

Erfreulicherweise begaben sich über die Jahre einige ambitionierte Craft-Brauer auf die Fahndung nach dem Original, etwa *Brewbaker* (2005) und Andreas Bogk mit seiner *Nano-Brauerei* (2012). Ihre Mission bestand darin, der traditionsreichen Berliner Weiße neues Leben einzuhauchen.

Auch Oliver Lemke von der *Brauerei Lemke Berlin* wollte gemeinsam mit der Technischen Universität Berlin eine möglichst authentische Berliner Weiße kreieren. In einer mehr als zwei Jahre währenden Studie mit über hundert Testsuden entwickelte er ein Bier, das im Sommer 2017 schließlich als „Budike Weiße" auf den Markt kam[106].

[104] Siehe http://wp.schneeeule.berlin/?page_id=27
[105] Siehe https://www.tagesspiegel.de/berlin/berliner-weisse-wird-gefeiert-bedrohte-bierart-berliner-weisse-vor-renaissance/11567370.html
[106] Siehe https://www.lemke.berlin/budike-weisse/

Ulrike Genz von der *Schneeeule Brauerei* Berlin braut heute neben Weiße-Spezialitäten wie dem kaltgehopften „Kennedy" ihre Berliner Weiße namens „Marlene". Diese gärt nach alter Methode in den Flaschen nach und erhält so die „besonders feine Perlage und mit zunehmender Reifung eine immer voluminösere Schaumkrone"[107]. Der „Schuss", also die Zugabe von Waldmeister- oder Himbeersirup zur Abmilderung des säuerlichen Geschmacks, sei hier nicht nötig, versichert sie.

Die Wahlberlinerin extrahierte Hefen aus alten Flaschen. Von einem Wiederbeleben kann man gar nicht reden, denn sie lebten noch. „Wir haben vor zwei Jahren in Amsterdam zehn Flaschen Berliner Weiße aufgetan, haben die probiert und die Bodensätze nach Kanada geschickt. Da sitzt so ein Bierhefe-Collector. Der nimmt alles, was er finden kann, und analysiert das. Der hat die Bodensätze mikrobiologisch untersucht und hat darin mehrere Brettanomyces gefunden und sogar mehrere Lactobazillen. Die Bierflaschen waren etwa 60 bis 70 Jahre alt. Sie stammten aus den 1950er-Jahren. So genau kann man es nicht sagen, weil kein Mindesthaltbarkeitsdatum draufstand oder das Abfülldatum oder überhaupt irgendein Hinweis auf das Entstehungsjahr. Da muss man halt Etikettensammler fragen, wann das Etikett anzusiedeln ist. Es ist eigentlich unvorstellbar, wenn man sich überlegt, dass die Hefe mehr als ein halbes Jahrhundert in ihren eigenen Ausscheidungen verbrachte." Ja, da würde so manch einer „funky" riechen ...

Das weist auf einen sehr genügsamen Stoffwechsel hin. Beim Brauen kommt die Brett ja auch zum Schluss an die Reihe und nutzt all das, was die Saccharomyces verschmäht hat. „Richtig. Normalerweise arbeitet die Saccharomyces bis zu einem Restextrakt von zwei oder drei Grad Plato und stirbt dann ab. Und die Brettanomyces nutzt die verbleibenden Zucker um zu leben. Ich habe mal ein Bier ins Labor gegeben — das hatte einen Vergärungsgrad von 95 Prozent. Das geht tatsächlich schon in den Minus-Plato-Bereich. Den kann man schlecht mit der Spindel messen — man kann ihn allenfalls schätzen." Denn nicht nur Alkohol, sondern auch Milchsäure verfälschen das Ergebnis und sorgen sozusagen für einen scheinbar-scheinbaren Restextrakt.

„Milchsäurebakterien verstoffwechseln Zucker. Meine ersten Versuche mit Milchsäurebakterien verliefen jedoch enttäuschend. Denn man sieht nichts. Es blubbert nicht. Die Würze verändert zwar mitunter ihre Farbe — sie wird heller. Aber man kann nicht spindeln, wie der Zuckergehalt runtergeht, weil Milchsäure ungefähr die gleiche Dichte hat wie Zucker. Schließlich habe ich aber mal probiert, wie man das gelegentlich halt so macht, und da schmeckte die Würze sauer. Also, Milchsäurebakterien arbeiten im Versteckten. Ja klar, man riecht es ein bisschen. Man sollte also eher nach Nase und Geschmack gehen, als nach der Optik. Die Würze wird heller, aber die Schaumbildung fehlt oftmals."

[107] Siehe http://wp.schneeeule.berlin/?page_id=98

Für das klassische Verfahren „braucht man eine stabile Mischkultur, die gut funktioniert. Das ist die anspruchsvollste Variante. Das ist schwierig. Die Hefen und Bakterien müssen sich erst aneinander gewöhnen und so eine Art Symbiose entwickeln." Sie müssen gewissermaßen eine Teambildungsphase durchlaufen. „Manchmal beschweren sich Leute über die unterschiedlichen Bierqualitäten. Aber da sind halt drei verschiedene Mikroorganismen-Gesellschaften, die irgendwie zusammengeführt werden. Die Unwägbarkeiten und Varianten sind viel größer als bei einem normalen Bier, einem Hellen oder so. Selbst das Wetter spielt eine Rolle." Daher schmeckt jeder Sud anders und entwickelt sich im Laufe der Zeit auch noch individuell. Zudem ist richtig Leben in der Bude. „Und ich will das auch so. Ich will gar nicht, dass eines unbedingt wie das andere schmeckt. Das Bier verändert sich ja auch. Es muss nicht gleich schmecken. Aber schön ist, wenn es gleich gut schmeckt."

Soweit die *Schneeeule*-Brauerin. In diesem Zusammenhang empfiehlt Ulrich Peise, eine Mischkultur aus Reinkulturen selbst zu mischen, um unliebsame Überraschungen zu minimieren.

Durch die Nachgärung und somit die Karbonisierung kann ordentlich Druck auf den Flaschen sein (was man auf andere Art als „Berliner Weiße mit Schuss" interpretieren mag). „Man sollte eine Flasche nicht auf Schwiegermutters Sofa oder vor dem Computer aufmachen. Die Flasche sollte gut gekühlt sein, ein richtiger Öffner für einen möglichst reibungslosen Ablauf sollte verwendet werden und das Glas sollte unmittelbar bereitstehen", empfiehlt Ulrike Genz. Dieses Thema kommt vielen Hobbybrauern, die mit Gushing (wildem Überschäumen) irgendwann ihre Erfahrungen gemacht haben, durchaus bekannt vor.

Farmhouse Ales: Kveik-Hefen

Seit Jahrhunderten bekannt und genutzt und dennoch eine Neuentdeckung — das sind Kveik-Hefen (Kveiks) aus Norwegen, die neuerdings als Super-Hefen von sich reden machen. Laut genetischen Untersuchungen stammen sie möglicherweise aus Belgien oder Deutschland. Lars Marius Garshol, ein in Oslo lebender Software-Ingenieur, beschäftigt sich schon länger mit ihnen und gilt als der wichtigste Experte. Er hat bislang 54 verschiedene Hefestämme identifiziert[108]. Sie zählen zum großen Teil zu den obergärigen Saccharomyces cerevisiae, aber auch Hybride (untergärige Hefen wie Saccharomyces uvarum

---

[108] Siehe http://www.garshol.priv.no/download/farmhouse/kveik.html für Details.

und Saccharomyces carlsbergensis) und Wilde Hefen (wie Brettanomyces) sind darunter. Kveik-Hefen verfügen über bemerkenswerte Eigenschaften[109]:

→ Sie sind nicht purifiziert, sondern Populationen aus mehreren unterschiedlichen Hefen.

→ Sie vergären in Temperaturbereichen von einer Untergrenze bei 18 bis 30 Grad bis zur Obergrenze bei 43 Grad Celsius. Die empfohlenen Anstelltemperaturen liegen zwischen 20 und 39, meist aber zwischen 27,5 und 36,5 Grad.

→ Sie brauchen keine Kühlung.

→ Eine geringe Hefemenge genügt zum Anstellen. Eine Extraportion Sauerstoff durch einfaches Umgießen hilft zusätzlich bei der Aktivierung.

→ Sie brauchen keinen Anschub zur Gärung und fermentieren schnell. Ein Gärbeginn ist bereits nach 30 Minuten deutlich zu erkennen.

→ Sie sind nicht phenolisch.

→ Sie haben eine hohe Alkoholtoleranz von bis zu 16 Volumenprozent.

→ Sie erzeugen je nach Stamm Aromen von tropischen Früchten (Orangen, Melonen, Ananas, Mango), Milchkaramell, Pilzen, sowie erdige („funky" – siehe oben) und weihnachtliche Noten.

→ Sie haben ein ausgeprägtes Flockungsverhalten und setzen sich (fast schon zu) schnell und fest am Flaschenboden ab. Daher empfiehlt es sich, zur Karbonisierung eventuell andere Hefe mit in die Flaschen zu geben.

→ Sie können leicht getrocknet werden und dies geschieht traditionell auch, um sie aufzubewahren.

→ Für eine längere Lagerung können sie mit 15 bis 25 Prozent Glycerol gemischt im Eisfach aufbewahrt werden. Glycerol verhindert, dass sie gefrieren.

→ Das Bier kann bereits nach 36 bis 48 Stunden geschlaucht und frisch getrunken werden, auch wenn es ein bis zwei Wochen später noch besser schmecken soll.

[109] Siehe https://hopfvollgold.de/kveik-die-norwegische-star-hefe und https://www.hopfenhelden.de/kveik-norwegische-farmhouse-hefe/

Traditionell werden Kveiks zum Brauen von Farmhouse Ales verwendet und von Bauern über Generationen an ihre Nachfolger weitergegeben. Sie gehören gewissermaßen zum jeweiligen Bauernhof. Die Bauern mischen sie aber gelegentlich auch mit Kveiks anderer Höfe. Regional werden sie neben „kveik" auch „gjær", „gjeast" (ähnelt dem englischen „yeast"), „yester", „barm", „gong" oder noch anders genannt. Aufbewahrt werden sie entweder in flüssiger Form in Flaschen oder anderen Gefäßen oder getrocknet auf Strohringen, Leinentüchern, Holzringen, Wacholder-Ästen, Hopfen oder auf einem Stock mit Rillen, dem „kveikstokk". Wichtig ist eine große Oberfläche. Diese Gegenstände werden einfach ins Bier getaucht. Was an ihnen hängen bleibt, trocknet und wird für den nächsten Bieransatz aufbewahrt.

> **Tipp:** *Kveik-Hefen aus Norwegen sorgen mit spektakulären Eigenschaften für Aufmerksamkeit. Man darf gespannt sein, wie sie sich in der Craft-Szene entwickeln.*

Der Oberbegriff für norwegische Farmhouse Ales ist Maltøl welches traditionell mit Wacholder und wenig Hopfen (manchmal auch mit extra viel Hopfen) gebraut wird. Maltøl wird unterschieden in

→ Kornøl, ein helles, trübes, süßes, fruchtiges Raw Ale, bei dem die Würze nicht gekocht wird, und

→ Vossaøl, ein klares, dunkelrotes oder braunes, süßliches, fruchtiges Bier mit Wacholder-Aroma, welches drei bis sechs Stunden lang gekocht und dabei auf die Hälfte eingedampft und somit recht stark wird.

Øl (gesprochen: Öl) hieß übrigens schon das Getränk der Wikinger aus vergorenem Getreide oder Malz, welches allerdings noch keinen Hopfen enthielt. Im englischen Ale erkennt man unschwer den skandinavischen Ursprung des Wortes.

Kveiks sind generell für vielfältige Bierstile von IPA bis Porter sowie für diverse Brauverfahren geeignet. Aufgrund ihrer hohen Fermentierungstemperatur bieten sie eine hochinteressante Lösung für das Brauen im heißen Sommer und ohne Kühlungsmöglichkeit.

Für das Abschöpfen der Hefe rät Lars Marius Garshol: „Ernte wie der ursprüngliche Besitzer der Hefe, also nach derselben Zeit (ab der Hefezugabe) und am selben Ort (oben oder unten)." Die Ernte soll je nach Hefestamm beispielsweise nach 24 (Farmhouse Yeast #22 „Stalljen" und #53 „Vinje" — die Hefen sind durchnummeriert und nach den Höfen oder Bauern benannt), 40 (Farmhouse Yeast #5 „Hornindal"), 60 (Farmhouse Yeast #2 „Rivenes") oder 84 Stunden (Farmhouse Yeast #1 „Sigmund") erfolgen.

Insgesamt ist über Kveiks aber noch recht wenig bekannt. Erstaunlich finde ich, dass sie sich im nicht allzu entlegenen westlichen Norwegen so lange verstecken konnten. Inzwischen sind Forscher dran am Thema. Hobbybrauer aus aller Welt waren offenbar schneller. Bezugsquellen konnte ich noch nicht aufspüren. Das wird sich vermutlich ändern. Bis dahin jedoch scheint die Reise nach Norwegen unvermeidlich. Ist ja auch ein schönes Land.

Hefestopfen

In Anlehnung an das Hopfenstopfen hat Stefan Weber[110] im *brau!magazin* (Ausgabe Herbst 2018) den Begriff Hefestopfen geprägt für eine Methode, die interessante Möglichkeiten eröffnet: die Verwendung unterschiedlicher Hefen für die Haupt- und die Nachgärung. In einem spannenden Experiment braute er zunächst einen dunklen Doppelbock und ließ diesen mit der Hefe W-105 von *Weihenstephan* hauptvergären. Nach beendeter Hauptgärung teilte er den Sud auf drei gleiche Fässer auf und versetzte diese für die Nachgärung mit etwas Zucker und frischer Hefe. Als Hefen kamen 1. erneut die W-105, 2. die Safale WB-06, 3. die Saflager S-23 zum Einsatz.

Die fertigen Biere wurden später mit erfahrenen Brauern und Biersommeliers professionell verkostet. Sie kamen zu folgenden Ergebnissen:

1. (W-105 + W-105) „Schaum: sehr schön, feinporig und beständig — Geruch/Geschmack: Trockenpflaume, Rosine, Zwetschge, Vanille, weich, sehr samtig — Fazit: typisch dunkler Doppelbock"

2. (W-105 + WB-06) „Schaum: sehr schön, feinporig und beständig — Geruch/Geschmack: Phenolisch, Nelke, fruchtig, Aprikose, Pfeffer, leicht krautig — im Vergleich zu den beiden anderen: weniger süß, mehr Hopfenaroma, etwas bitterer, Bittere nachhängend — Fazit: vergleichbar mit einem Weizendoppelbock anhand der Aromen"

3. (W-105 + S-23) „Schaum: sehr wenig bis kaum Schaum — Geruch/Geschmack: Fassaromen, Lakritz, Mousse au Chocolat, Bayrisch Blockmalz, Ricola, Minze, Eiskaffee — Fazit: vergleichbar mit einem Belgischen Dubbel"

[110] *Siehe https://braumagazin.de/article/hefestopfen/*

Allein durch verschiedene Hefen für die Nachgärung sind aus demselben Jungbier also drei völlig unterschiedliche Biere geworden. Grundsätzlich muss der Sud natürlich nicht zwingend aufgeteilt werden — das war in diesem Fall einfach ein Bestandteil des Experiments und gewissermaßen auch Teil der Beweisführung. Jedenfalls dürfte das Hefestopfen neue, kreative Biere ermöglichen. Wir dürfen gespannt sein, was Craft-Brauer aus der Kombination verschiedener sowie aus der Mischung ober- und untergäriger Hefen so alles machen.

Rauchbier ohne Rauchmalz

Durchaus kreative Wege beschreitet auch das für sein Rauchbier bekannte *Schlenkerla*. Michael Hanreich braut Lagerbier ganz ohne Rauchmalz, macht daraus aber zum einen „Helles Schlenkerla Lagerbier", zum anderen „Aecht Schlenkerla Rauchbier Kräusen". „Unser Lagerbier ist eigentlich kein Rauchbier, sondern nach den Kategorien beim Verkosten ein Experimental Beer. Wir stellen das Lager nämlich mit unserer Rauchbierhefe an, denn wir haben ja keine andere Hefe. Es ist eingebraut mit ganz normalem hellen Pilsner Malz, Spalter Hopfen dazu, wird aber mit der Hefe, die wir vom Rauchbier (Märzen) ernten, angestellt, also zum Gären gebracht, und bekommt dadurch einen leichten, subtilen Rauchgeschmack. Und das ist für mich — wenn man's genau nimmt — auch ein Craft-Bier. Wo gibt's das noch? Und es kommt super an weil alle sagen, es ist zwar ein Helles und schön süffig, hat aber hinten raus diese leichte Rauchnote. Es ist eine gängige Hefe, die nur durch das Rauchbier den Rauchgeschmack annimmt."

„Das Kräusen gibt's jetzt seit drei, vier Jahren unten im Ausschank. Wir bieten es dies Jahr erstmals auf Flasche an, weil die Resonanz von unten, von der Schänke, sehr gut war. Es ist in diesem Sinne auch ein Experimental Craft-Bier, weil es unser Lager ist, das normale Lager, mit Märzen aufgekräust. Wenn ich ein durchgegorenes Bier habe und möchte ganz am Ende der Nachgärung noch eine kurze Angärung haben, gebe ich Bier zu, das sich im Hochkräusen-Stadium befindet. Das geschieht dann im Lagerkeller. Das macht man auch, um Gärnebenprodukte wie Diacetyl abzubauen, indem man also nochmal Hefe hinzubringt und dieses Bier, was schon eine Weile reift, erneut zu einem Nachgärprozess aktiviert. Und das haben wir mit unserem Kräusen gemacht. Kommt im Lokal immer wunderbar an mit seiner Bernsteinfarbe, unfiltriert und naturtrüb. Ist eigentlich auch ein Craft-Bier. Weil … wer macht das — ein normales Helles mit Kräusen vom Märzen aufzukräusen?"

Das Aufkräusen dient aber nicht nur dem Herstellen einer bestimmten Biersorte oder dem Abbau von Diacetyl. Es hilft dem Brauer nach demselben Muster auch in Notfällen, wenn die Gärung einmal hängen geblieben sein sollte.

WEITERE ROHSTOFFE UND ZUTATEN

M it Malz, Hopfen und Hefe haben wir uns nun beschäftigt. Daneben lassen sich zahlreiche weitere Zutaten für das Brauen verwenden und bieten Craft-Brauern schier unbegrenzte Möglichkeiten. Einige von ihnen stelle ich in diesem Kapitel vor. Sie mögen zu fantasievollen Eigenkreationen anregen. Zwar sprengen sie die Grenzen des Reinheitsgebots, dem wir uns später ausführlich zuwenden, aber das muss kein Hinderungsgrund sein — Kreativität hat Vorrang.

Kritiker mögen fragen, wozu Experimente mit Gewürzen, Kräutern, Früchten und anderen Zutaten gut sein sollen. Ihnen kann man die Gegenfrage stellen: Warum sollten sie verboten sein? Köche haben doch auch freie Hand beim Kreieren ihrer Gerichte. Warum nicht neue Wege erkunden? Von Erich Fried stammt der schöne Satz: „Wo kämen wir hin, wenn jeder sagte, wo kämen wir hin, und niemand ginge, um zu sehen, wohin wir kämen, wenn wir gingen?"

Doch beginnen wir mit dem Wasser. Es ist schließlich die Grundlage von allem.

Wasser

Wasser wird gerne unterschätzt. Trinkwasser sprudelt aus der Leitung — klar, kühl und reichlich. Aber mancherorts zeigen Rückstände im Wasserkocher oder die Notwendigkeit, Waschmittel höher zu dosieren, dass allerlei Substanzen im Wasser gelöst sind, die Probleme bereiten können. Sie sorgen für die Wasserhärte, angegeben in Grad deutscher Härte (°dH). Die Gesamthärte setzt sich zusammen aus Karbonathärte und Nichtkarbonathärte. Sie bewirken auch den sauren oder basischen Charakter des Wassers, ausgedrückt als pH-Wert. Ausgehend von dem neutralen mittleren pH-Wert von 7 (auf einer Skala von

Brunnen vor der Kirche Maria Hilf in Bamberg, Wunderburg – man beachte neben dem sprudelnden Wasser das Relief

0 bis 14) nimmt mit abnehmendem pH-Wert der saure und mit steigendem pH-Wert der basische Charakter des Wassers (oder der Lösung) zu. In meinem Buch „Heimbrauen für Fortgeschrittene" habe ich den Zusammenhängen mitsamt den Aspekten Wasseranalyse und Wasseraufbereitung ein ausführliches Kapitel gewidmet, auf das ich verweisen,

welches ich hier aber nicht wiederholen möchte. Recht einfache Methoden der Wasseraufbereitung für Brauzwecke sind beispielsweise die Zugabe von Milchsäure oder das Aufsalzen mit Braugips.

Grundwasser hat aus den Böden und dem Gestein, durch die es gesickert oder geflossen ist und in denen es mitunter über lange Zeiträume verweilte, dort vorhandene Salze gelöst. Da der Untergrund hinsichtlich der Kombination von Mineralien und Salzen aber überall anders aufgebaut ist, variiert auch die Wasserqualität stark und kann sich schon zwischen benachbarten Orten erheblich unterscheiden. Wasserhärte und pH-Wert hängen von der Zusammensetzung der im Wasser gelösten Salze ab. Die Auswirkungen auf das Brauen können enorm sein, wie die folgende Abbildung zeigt:

Tabelle 7: Auswirkungen des pH-Werts auf das Bier

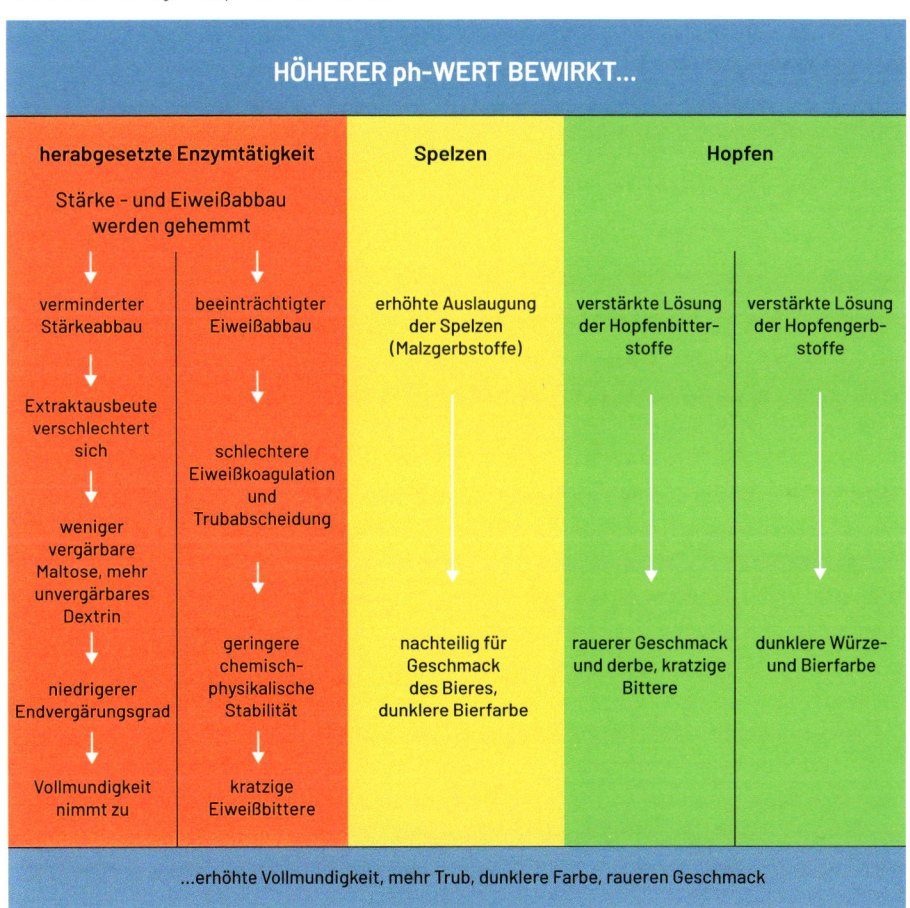

Wie bereits gemutmaßt, haben Brauer ihre Biere um Parameter, die sie nicht beeinflussen konnten, zu optimieren versucht. Wasser und Hefe waren gegeben. Blieben also Malz und Hopfen, die sie variieren konnten, um die Vorteile des Wassers zu nutzen oder seine Nachteile zu entschärfen. Durch Versuch und Irrtum entstanden in verschiedenen Orten und Regionen typische Bierstile.

Inzwischen haben Wissenschaftler fast alle Zusammenhänge enträtselt. Brauer können an allen Stellschrauben drehen und die Wasserqualität weitgehend selbst bestimmen. Sie müssen nicht mehr mit dunklen Bieren die Folgen eines zu hohen pH-Werts kaschieren oder mit Vollmundigkeit eine kratzige Bittere überdecken. Heute kann man im Prinzip überall jedes beliebige Bier brauen.

Gewürze

In meiner Anfangszeit als Hobbybrauer — vor über zwanzig Jahren — habe ich mal ein Weihnachtsbier brauen wollen. Ziemlich viele Brauer kommen irgendwann auf diese Idee. Weihnachten ist Lebkuchenzeit, dachte ich, und so bestand mein erster Versuch darin, mit den Aromen von Zimt, Nelken und Anis zu experimentieren. Dabei machte ich den vielleicht größten Fehler: Ich gab die Gewürze einzeln in Flaschen, wo sie nun während der gesamten Reifezeit wochenlang ihr Unwesen treiben konnten. Die Ergebnisse waren, gelinde gesagt, gewöhnungsbedürftig. Und so folgte nie ein zweiter Versuch. Zum Glück hatte ich nur einzelne Flaschen mit den Gewürzen versetzt, weshalb der Schaden sich in Grenzen hielt. Aber vielleicht war genau das der Fehler.

Hätte mir damals jemand den richtigen Tipp gegeben, wäre der Erfolg womöglich größer gewesen. Es gab freilich noch keine Craft-Bier-Szene in Deutschland, also keine Erfahrungen und keine Tipps. Internetanschluss hatte ich auch noch nicht und war froh, überhaupt brauen zu können (und zu dürfen, denn die restriktiven Gesetze waren in den 80er- und 90er-Jahren gerade erst gelockert worden). Man kann sich heute gar nicht mehr vorstellen, wie schwierig es noch Mitte der Neunzigerjahre war, an Informationen zu gelangen …

Die bessere Vorgehensweise besteht ganz einfach darin, Gewürze beispielsweise in einen Stoffbeutel oder einen Teefilterbeutel zu füllen oder lose zuzugeben, sie aber nur vorübergehend in der Würze zu lassen. Dies kann während des Maischens (warm), des Hopfenkochens (heiß) oder der Hauptgärung (kalt) geschehen. Menge, Zeitpunkt und Dauer können variieren. Entscheidend ist, dass die Gewürze wieder entfernt werden, wenn sie genügend Aroma ans Bier abgegeben haben.

Schauen wir mal nach Koriander und Orangenschalen.

Wer auch immer dort die Orangen faltet — die *Hopferei Hertrich*[111] aus Feucht bei Nürnberg braut mit ihrem „VETO Orangenfalter" ein Belgisches Wit aus Gerstenmalz, Weizenmalz, Weizenflocken, Haferflocken, Koriandersamen, Orangenschalen, Kamillenblüten, Saazer Hopfen und Pacifica. Der aus Neuseeland stammende Pacifica bringt Aromen von Orangen(schalen)marmelade und Blüten ins Spiel und unterstützt die anderen Zutaten somit trefflich. Die Marke „VETO", unter der die *Hopferei* mehrere Biere (wie „Hopfentiger", „Schokobär" und „Weisser Hai") auflegt und mit originellen Origami-Etiketten versieht, soll ein Veto gegen den Preiskampf auf dem Biermarkt und die Massenbierhaltung einlegen. Zu Einzelheiten, dem „Wie" und „Wann" der Zugabe der genannten Rohstoffe wollen die Brauer sich jedoch ungern äußern.

Auch der *Kronprinz* bietet ein Belgian Style Wit mit Orangenschalen und Koriander an. In welcher Phase gibt Tobias Seidel die Zutaten in die Würze und wie lange bleiben sie darin? „Ich geb's zum Kochen dazu, sprich mit der zweiten Hopfengabe, also 15 Minuten vor Kochende. Ich kauf mir Bio-Orangen, schnitzle die mühsam zusammen und gebe sie dann dazu. Koriander verwende ich gemahlen."

Hängt er Orangen und Koriander mit einem Stoffsack in die Würze? „Nee, ganz normal lose. Es ist dann immer ein kleines Problem, die Orangenschalen vollständig rauszukriegen. Man muss die Pfanne händisch gescheit ausspritzen und dann passt das. Die Würze mit den Zutaten muss etwas länger wallend kochen. Dann wird deren Aroma schön verteilt. Sie nur in einen Sack in die Würze zu hängen, würde wohl nicht funktionieren, oder man bräuchte eine viel größere Menge. Beim Whirlpool hat man dann halt statt dem Hopfenkegel einen Orangenkegel. Ich hab außerdem zwei Siebe vorm Plattenkühler — da bleibt der Rest hängen."

Dachs, die Brauerei auf dem Bauernhof, die mit ihren Hühnern dankbare Abnehmer für den Treber gleich am Haus hat, ließ sich 2016 ein Weihnachtsbier einfallen — das „Navi Dachs". Der Name hat nichts mit Navigation zu tun, sondern mit Navidad, dem spanischen Wort für Weihnachten (der Brauer pflegt sehr enge geschäftliche und private Beziehungen nach Lateinamerika). Es ist in 0,75-Liter-Flaschen aus mattem Glas gefüllt, das auch ungekühlt wie beschlagen aussieht. „Da haben wir Zimt, Anis, Muskatblüte, Nelken und Ingwer drin. Die haben wir bei der Hauptgärung zugegeben, direkt nach der Würzekühlung. Das bleibt nachher in der Hefe zurück, die wir nicht wieder nutzen. Wir lassen das Bier dann mindestens acht Wochen reifen." Das Bier schmeckt tatsächlich nach Lebkuchen — der adventliche Duft umschmeichelt die Nase gleich beim Öffnen der Flasche.

---

[111] *Siehe https://www.hopferei.de*

Weihachtsbier „Navi Dachs"

Weitere interessante Gewürze für Bier sind Chilischoten, Pomeranzenschale, Paradies-körner (Guineapfeffer), Pfefferkörner, Sternanis und Wacholderbeeren. Letztlich kann der Brauer seiner Fantasie aber freien Lauf lassen.

Kräuter

Eigentlich ist Hopfen ebenfalls ein Kraut. Er zählt zu den einjährigen krautigen Pflanzen (die nicht verholzen) und gehört obendrein zur Familie der Hanfgewächse. Doch schon vor dem Siegeszug des Hopfens waren Kräuter eine beliebte Zutat beim Bierbrauen (wie auch Eichenrinde, Ochsengalle und das halluzinogene Bilsenkraut). Kräutermischungen — Porst oder Grut genannt — waren streng gehütete Betriebsgeheimnisse und wurden vom Braumeister unter dem Siegel der Verschwiegenheit an seinen Nachfolger weitergege-ben, sofern dieser vertrauenswürdig erschien. Gagel war ein gängiger Bestandteil dieser Kräutermischungen.

„Ich hab' mir für ein Bier extra mal ein paar Gagelsträucher bestellt, weil ich das probieren wollte", erzählt Alexander Welzel. „Das sind so kleine Büsche, deren Blätter zum Brauen verwendet werden. Die riechen intensiv nach — hmmm — nach Salbei vielleicht. Das wollte ich mal probieren, weil es heißt, dass es im Norden immer das traditionelle Bierkraut war. Gagel kann man nicht fertig getrocknet kaufen. Ich hab' mir also mal ein paar Pflanzen bestellt, die mittlerweile leider alle eingegangen sind. Die Versuche waren ... naja. Man konnte es wohl trinken, aber das hopfige Bier ist schon ein ganz anderer Fall. Beim zwei-ten Versuch hab' ich's dann zusätzlich zum Hopfen verwendet und da war es besser."

Nun, irgendeinen Grund muss es ja gegeben haben, dass der Hopfen sich durchgesetzt hat. Es fällt nicht schwer, sich heute davon zu überzeugen, dass er als Bierzutat ein Ge-winn ist. Hopfen selbst kann Kräuter-Aromen mitbringen. Hier bieten sich die Sorten Bohemie, Bor, Bouclier und Celeia (Thymian), Hersbrucker Spät (Majoran), Magnum und Mount Hood (Estragon), Perle und Progress (Lavendel), Saazer, Saphir, Smaragd und So-rachi Ace (Dill), Northern Brewer, Sovereign, Spalter, Spalter Select, Willamette und Zeus (Salbei) an. Kräuter, die ich in Craft-Bieren entdecken konnte, sind Rosmarin, Kamille, Brennesselblätter, Löwenzahnblätter, Wermutkraut und — ich zähle sie einfach mal zu den Kräutern — schwarzer oder weißer Tee. Für das belgische Blond Ale „Gouden Carolus Indulgence 2017 — Botanik" von Het Anker wurden Holunderblüte, Engelwurz, Nelke und Rosmarin verwendet, aber kein Hopfen. Vielleicht geht auch ein Büschel Waldmeister (der allerdings getrocknet sein muss und dessen Schnittkanten nicht in die Würze eintauchen sollten). Ein Buch über Heilkräuter liefert viele weitere Anregungen.

Früchte und Blüten

Irgendwann wagte ich selbst mich an ein Früchtebier. Für diesen Versuch hatte ich aus saisonalen Gründen Kirschen ausgewählt und maischte sie einfach mit ein. Kerne und Schalen wurden also beim Läutern entfernt und der Saft blieb in der Würze. Anders als beim Gewürz-Experiment — siehe mein Weihnachtsbier — schmeckte das Bier zwar gut. Allerdings von Kirschgeschmack keine Spur. Wo, zum Kuckuck, war das Kirscharoma geblieben? Ich habe den Versuch nicht wiederholt und dachte mir: Besser als Bier geht sowieso nicht. Vielleicht war ich einfach zu zaghaft mit der Kirschmenge. Andere trauen sich da mehr.

Zu den bekanntesten Fruchtbieren gehören sicher die traditionsreichen belgischen Sorten Kriek (mit Kirschen) und Framboise (mit Himbeeren). Grundlage ist jeweils ein Lambic, das durch Spontangärung mit wilden Hefen aus der Luft entsteht. Die Gärung kann sich über Wochen und Monate hinziehen. Für Kriek werden dann etwa 200 Gramm Kirschen pro Liter Bier zugegeben. Bevorzugt wird die belgische Kirschenart Schaarbeek. Dies sind recht kleine Früchte, die erst geerntet werden, wenn sie bereits etwas geschrumpft sind und durch den Wasserverlust ein intensiveres Aroma erhalten, also gewissermaßen Kirschkonzentrat direkt vom Baum sind. *Lindemans* Kriek wird „auf Basis eines auf Eiche gereiften, einjährigen Lambics mit Sauerkirschen hergestellt" — auf der Zutatenliste findet sich „Sauerkirschen Konzentrat (mind. 10 Prozent)". Das „Bacchus" der *Brouwerij Van Honsebrouck* reift in Eichenfässern und enthält „15 Prozent Sauerkirschen".

„Das Reinheitsgebot wird missverstanden, nämlich als Qualitätssiegel und als Beschränkung — und man sollte sich in der Bierbranche nicht unbedingt beschränken", findet Thomas Vogel. „Ich habe also nichts dagegen, wenn man ein Bier trinkt, was nicht dem Reinheitsgebot entspricht. Seitdem es Craft gibt und das mehr gemacht wird, erleb' ich auch vielfach in der Hobbybrauer-Szene, dass die Leute bereit sind, mehr zu experimentieren — mit Blüten, mit Früchten, mit allem Möglichen. Ein Fruchtbier herzustellen ist für mich genauso Craft, weil es ein gewisses Know-how erfordert, auch technisch, um mit Dingen umzugehen, die nicht wirklich kontrollierbar sind. Wenn Sie mit Früchten brauen, dann haben Sie auch viele Probleme mit Gushing und solchen Geschichten. Die müssen Sie erstmal in den Griff kriegen. Es ist nicht ganz einfach, das so hinzubekommen, dass das Bier nicht aus der Flasche schießt wie ein Champagner, den man geschüttelt hat. Da muss man aufpassen, dass das handwerklich vernünftig gelingt. Und das ist irgendwo alles Craft. Eigentlich macht jeder handwerkliche oder kleine mittelständische Brauer nach meinem Verständnis Craft. Was nur vergessen worden ist in Deutschland, ist oftmals die eigene Identität. Und da besinnen sich manche."

Kriek – das ist Lambic mit Sauerkirschen (doppelt gesichert – unter dem Kronkorken steckt tatsächlich noch ein richtiger Korken)

Die litauische Brauerei *Sakiskiu Alus* verwendet für ihre „Gose with Raspberries" jedenfalls gefrorene Himbeeren und würzt das Bier obendrein mit Salz. Ausgefallen klingt auch ihr 10 Prozent starkes „Tonka Bean Braggot" mit Tonkabohnen (siehe das Vorwort), Kakaoraspeln und Vanilleschote. Oder ihr „Doppelbock Cacao Orange" mit Kakaoraspeln und Orangenschale. Oder ihre „Bloody Mary Gose" mit Tomaten, Salz und Pfeffer. Oder ihr „Gin & Tonic IPA" mit den Hopfensorten Azacca (Aromen von Zitrusfrüchten, Mango, Apfel, Birne, Tannennadeln) und Ahtanum (Aromen von Apfelblüte und Pfeffer) und einer unglaublichen Liste weiterer Zutaten: Wacholderbeeren, Orangenschale, Zitronenschale, Koriandersamen, Zimt, Kardamom, Lorbeerblätter, Piment und Rosmarin. Die Brauerei hat noch mehr auf Lager — aber ich komme vom Thema ab. Es soll doch um Früchte und Blüten gehen.

An Blüten bieten sich unter anderem Hibiskusblüten an, wie sie manch einer gerne mit Sekt aufgießt. Sie können beispielsweise während der Kalthopfung mit dem Hopfen zusammen in den Sud gegeben werden. Zwei Gramm pro Liter sollen ein gutes Maß zum Ausprobieren sein. Das „Pink Panther" der *Helios Braustelle Köln* ist ein hellrotes Fruchtbier (Ale-Style) mit Hibiskusblüten. Das IPA „Potheads Delight" von *Freigeist Bierkultur* in der 0,75-Liter-Flasche enthält — na was wohl — Hanfblüten und Hanfsamen. Hanfblütenextrakt befindet sich zudem im Hanfbier „Hippie" der *Koblenzer Brauerei*. Auch Holunderblüten, Heidekrautblüten und Jasminblüten landen bisweilen im Bier. Kamillenblüten hatten wir eben schon (beim „Orangenfalter") und ich kann mir auch die Verwendung der Blüten von Löwenzahn, Kornblumen oder Kapuzinerkresse vorstellen. Für einen Geschmackstest kann der Brauer sich damit vorab einen Tee kochen.

Alternative Stärkequellen

Edelkastanien (Esskastanien, Maroni) enthalten als Hauptbestandteile Stärke (frisch 23 bis 27 Prozent, getrocknet 41,7 Prozent) und Zucker (frisch 3,6 bis 5,8 Prozent, getrocknet 16,1 Prozent). Damit geraten auch sie ins Visier findiger Brauer. Das angeblich erste Kastanienbier „Pietra" wurde 1996 von der Brauerei *Pietra* auf Korsika gebraut[112]. Die Brauerei *Locher* in Appenzell produziert „Castégna" aus Kastanien und Spezialmalzen[113]. Im *Hotel Blauer Engel* in Aue wird seit 2017 das wohl erste Maroni-Bier Deutschlands gebraut. Braumeister Willi Wallstab verwendet zwar die Grundzutaten Wasser, Malz, Hopfen und Hefe, gibt dann aber Maroni und Kokosmilch hinzu. „Es muss das Bestreben eines Brau-

---

[112] Siehe https://de.wikipedia.org/wiki/Kastanienbier
[113] Siehe https://www.appenzellerbier.ch/de/bier/castegna.html

ers sein, mehr anzubieten als ein Pilsner", findet Wallstab. Ein weiteres Bier von ihm — das mit Rotweinhefe gebraute Starkbier „Bockgunder" — erhielt vom Fachmagazin *„selection"* in der Kategorie „Biere der Saison 2017" das Prädikat „herausragend — Weltspitze" und fünf Sterne[114].

Wenn es um Stärke geht, kommen einem wahrscheinlich auch Kartoffeln in den Sinn. Und tatsächlich gibt es Kartoffelbier. *Neuzeller Kloster-Bräu* braut als „Kartoffel Bier" beispielsweise ein Pilsner und fügt Kartoffelsaft hinzu. Das Ergebnis ist „im Geschmack weich und mild mit einer zarten Kartoffelnote"[115]. Die Brauerei hat auch „Spargel Bier" (Bier mit Spargelsaft), „Apfel Bier" (Pilsner mit Apfelsaftkonzentrat), „Kirsch Bier" (Bier mit Kirschmuttersaft) und „Allgäuer Heubier" (mit Heuextrakt) im avantgardistischen Programm. Ein „richtiges" Kartoffelbier, welches nicht nur eine Kartoffelnote enthält, sondern die Erdäpfel als Stärkelieferant und Hauptbestandteil (neben dem Brauwasser) nutzt, findet man bei der *Mügelland-Brauerei*[116]. Hier werden 4,2 Kilo geriebene Kartoffeln mit 800 Gramm Pilsner Malz und 200 Gramm hellem Weizenmalz eingemaischt.

Kaffee, Kakao und Süßholz

Die beiden Genussmittel Kaffee und Schokolade reizen offensichtlich manchen Brauer, sie mit einem dritten zu vermählen — mit Craft-Bier. Tobias Seidel vom *Kronprinz* braut damit ein Columbian Coffee Stout. Nennt er es bewusst nicht Bier, sondern Stout, weil Schokolade und Kaffee nach dem Reinheitsgebot nicht erlaubt sind? „Genau. Wir müssen da ein bisschen aufpassen. Wir befinden uns da in einer Grauzone. Wir nennen es Stout, sagen aber auch in unserer Karte, dass es sozusagen das Nicht-Bier ist. Auf der Flasche deklarieren wir es als alkoholhaltiges Malzgetränk. Es ist in Bayern schwierig. Im Moment gilt, wo kein Kläger, da kein Richter. Und wir sind ja auch nicht in sämtlichen Einzelhandelsketten und Getränkemärkten zu finden, sondern sowas gibt's dann nur ab Brauerei und in der *Bierothek* in Bamberg. Das haben wir damals gebraut mit einem Barista. Der hat den Kaffee mitgebracht und den haben wir dann geschrotet. Das war während eines Schaubrauens an einem Sonntag. Dazu eine belgische Schokolade und Kandiszucker. Den Zucker haben wir zum Kochbeginn, Kaffee und Schokolade zum Ende des Kochens zugegeben. Der Kaffee war schon arg intensiv, hat aber gepasst und kam auch gut an. Das ist halt wieder ein sehr spezielles Getränk. Wir haben es zu den Süßspeisen empfohlen und zum Ausschank in maximal einem 0,3-l-Ecoglas."

[114] Siehe http://www.lvz.de/Region/Mitteldeutschland/Esskastanien-trinken-In-Aue-wird-Bier-aus-Maroni-gebraut
[115] Siehe https://www.klosterbrauerei.com/shop/Produkte/Kartoffelbier/120
[116] Siehe https://brauerei.mueggelland.de/rezeptdetails/items/114.html

Kaffee[117] ist dem Gerstenröstmalz gar nicht so unähnlich und sollte ähnlich vorsichtig zugegeben werden (es sei daran erinnert, dass Malzkaffee aus Gerstenröstmalz in schlechten Zeiten als Ersatz für das teure Luxusgut Kaffee herhalten musste). Für ein Coffee IPA kann der Craft-Brauer die zerstoßenen Kaffeebohnen im Whirlpool vorlegen und mit dem Heißtrub schnell wieder abtrennen. Dies begrenzt die Kontaktzeit. Kaltgestopft entwickelt der Kaffee ein milderes, ausgewogeneres Aroma und passt vortrefflich zum aktuellen Trend mit kalt gebrühtem Kaffee.

Zu beachten ist vielleicht, dass Kaffee und Kakao — ebenso wie Hafer und Kastanien — Fett bzw. Öl enthalten. Fett und Öl können ab einem Milligramm pro Liter die Schaumbildung beeinträchtigen.

Auch Carsten Nolte konnte nicht widerstehen. „White Chocolate Stout. Das ist eine Sache, die habe ich aus Amerika mitgebracht. In San Diego lernte ich das kennen. Und dann ist es mir öfter mal über den Weg gelaufen. Also, ich kann's erklären. Es ist so hell wie unser Helles, hat aber einen typischen Stout-Schaum. Es kommen Gerstenflocken und Haferflocken mit rein, werden mit eingemaischt. Ansonsten ist es eine Mischung aus Münchner und Pilsner Malz. Dann hat man auf jeden Fall schon mal den Körper des Bieres. Aber dann ist ja noch immer nicht das Thema Chocolate drin und es ist auch noch nicht diese Röstnote drin. Die Schokonoten kommen nachher rein, indem man, wenn die Vergärung durch ist, einfach in den Bottich nochmal für zwei Wochen Chocolate Nibs gibt — das sind rohe, gebrochene Kakaobohnen. Um zusätzlich dann diesen Röstcharakter reinzukriegen, schmeißen wir noch einmal für ein paar Tage Kaffeebohnen hinein. Und das ist auch ganz nett. Eine interessante Geschichte nebenher ist, dass es parallel zur Craft-Bier-Bewegung eine Kaffee-Röst-Bewegung gibt. Ein Kumpel von mir macht ‚Caracho-Kaffee'. Der röstet jetzt wirklich im Nebengebäude bei uns seinen Kaffee. Und wir verkaufen seine Espressobohnen. Das ist cool — unser Espresso wird aus Kaffeebohnen bereitet, die zwanzig Meter entfernt gebrannt werden. Und die hab ich halt auch genommen. Sie sind in meinen Bierbottich reingewandert, nicht irgendwie was aus der Tüte, sondern etwas, bei dem man wirklich sagen kann, ich weiß, wer die Bohne vorher in der Hand hatte. Also, nach der Gärung habe ich das zugegeben. Beides. Zunächst für zwei Wochen die Kakaobohnen und dann den Kaffee, der zwischen zwei Tagen und einer Woche drinbleiben soll. Ich hatte eine hohe Stammwürze — 19 Prozent. Das macht ungefähr acht Prozent Alkohol. Die haben natürlich einen Bumms und die ziehen dann wirklich alles raus, was an Geschmack und so weiter im Kakao und in den Kaffeebohnen steckt. Ja, und das Zeug habe ich vor zwei Tagen in Flaschen gefüllt. Ich habe genau 41 kleine Flaschen rausgekriegt. Und wenn man sich wieder überlegt, was man damit für eine Arbeit hatte, und das Maischen hat diesmal

---

[117] *Für weitere Tipps siehe https://www.craftbeer.com/craft-beer-muses/craft-coffee-beers*

Erdbeer Porter, ein „Biermischgetränk mit Erdbeergeschmack"

auch länger gedauert, denn da waren Haferflocken mit drin, da waren Gerstenflocken mit drin, das verkleistert dann auch automatisch alles ein bisschen — das ist ganz schön viel Arbeit für das, was man am Ende bei rumkriegt.“

Wie sieht das beim White Chocolate Stout eigentlich mit dem Öl aus, das in Kaffee- und Kakaobohnen enthalten ist? Bereitet dies Probleme bei der Schaumbildung? „Das kann ich jetzt noch nicht sagen. Es ist ja noch in der Gärung. Ich hab nur gemerkt: Oben drauf schwamm eine ölige Schicht. Da hat, denke ich, der Alkohol auch diesen ganzen Kram mit rausgezogen und das ist nachher nach oben gestiegen. Das war eine durchgehende Schicht, vielleicht einen Millimeter dick, wie man sie auch auf der Suppe haben kann. Weil ich das Bier im Tank von unten abgezogen habe, ist diese Schicht letzten Endes aber drin geblieben. Ob die Schaumbildung beeinträchtigt wird, werden wir in etwa vier Wochen sehen.“ — Es war mir leider nicht vergönnt, eine Flasche davon zu ergattern.

Die *Weyermann® Braumanufaktur* hat für ihr „Schoko küsst Orange“ Schokolade und Orangenschalen während der Lagerung zugegeben. „Durch den Einsatz von purem flüssigem Kakao erhält das Bier diesen intensiven Geschmack, der sanft von den feinen Orangennoten geküsst wird. Die beiden Komponenten verbinden sich zu einer einzigartigen Harmonie, die jede Frau zur Bierliebhaberin werden lässt“, heißt es auf dem Rezeptblatt.

Weil in Bamberg seit dem Mittelalter Süßholz angebaut wird (was unter anderem zur Herstellung von Lakritz verwendet wird), kamen die kreativen Köpfe der *Weyermann® Braumanufaktur* auf die Idee, ein „Süßholz-Porter“ zu kreieren. Die Gabe von 100 Gramm Süßholz pro Hektoliter Würze erfolgt im Whirlpool. Das Bier „präsentiert sich in einem eleganten Ebenholz-Schwarz und mit moccafarbenem Schaum. Die kraftvoll entgegenkommenden Aromen nach feinstem Kaffee, frischem Süßholz, schonend gerösteten Nüssen und edelster Bitterschokolade entfalten ein wahres Feuerwerk an Eindrücken und lassen einen anstrengenden Tag genussvoll ausklingen“. Ein Schelm, wer dabei an Süßholzraspeln denkt. Einfach mal probieren …

Zucker und Honig

A propos süß … bei Starkbieren lässt es sich mitunter kaum vermeiden, Zucker zuzugeben, um auf die nötige Stammwürze zu kommen. Schon bei einem gewöhnlichen Bockbier wird es nämlich schwierig, nur mit Malz zu arbeiten, weil die Maische aufgrund des hohen Malzgehalts recht dickflüssig wird und kaum noch angemessen zu rühren ist. Für eine Doppelbockmaische braucht man also fast schon einen Betonmischer. Und stärker geht immer. Da erleichtert die Verwendung von Zucker — der am Ende sowieso weitgehend vergärt — das Brauen erheblich. Für obergäriges Bier erlaubt das Reinheitsgebot sogar die Zugabe von Invertzucker (ein durch Hydrolyse erzeugtes Gemisch aus Trauben- und Fruchtzucker) sowie Rohr-, Rüben- und Stärkerzucker und ebenso aus diesen Zuckerarten hergestellte Farbmittel.

Alternativen sind Honig, Zuckerrübensirup, Ahornsirup und ähnliche Süßungsmittel. Sie bringen neben zusätzlicher Süße (falls der Zucker nicht komplett vergärt) ihr Eigenaroma ins Bier und werden des Aromas wegen auch für Biere mit niedrigerem Alkoholgehalt genommen, um beispielsweise Honigbier zu brauen.

Die am Peenehafen in Loitz gelegene *Hafendestillerie & Brauerei*[118] muss ihr „Torfkopp" Honig-Bier — anders als noch auf dem Foto — neuerdings Biermischgetränk nennen (mehr zu diesem Thema später). Geschäftsführer Hans-Joachim Ziemann verrät mir: „An diesem Bier haben wir lange geübt, da der Zeitpunkt der Zugabe heikel ist. Nach zwei experimentierfreudigen Jahren haben wir herausgefunden, dass es im Brauprozess unmöglich ist, eine große Menge Honig mitzuvergären und dass dieser vorsichtig eingemischt werden muss. Aber auch erst, wenn die Hefe so gut als möglich herausgefiltert wurde, weil sonst die alkoholische Gärung erneut startet — Zucker und Hefe lieben sich einfach und produzieren gemeinsam Schampusbier. Dann gibt es ein besonderes Verfahren, in dem der Honig fein gelöst und mit dem Bier vermählt wird. Da wir 6,5 Kilogramm Honig auf 100 Liter hinzufügen, ist das aus besagten Gründen nicht ganz einfach, erhält aber die kolossale Honignote trotz des Hopfengeschmacks."

Die Brauerei *craftBee* (englisch „bee" = Biene) ist der Begegnung von zwei Imkern mit einem Braumeister, der sich schon lange für Honigbier interessierte, auf einem Brauereifest zu verdanken. „Ein halbes Jahr nahmen sich die Jungs Zeit, um ihre Brauspezialität um den Honig der Kasseler Stadtbienen zu entwickeln. Mit viel Leidenschaft wurde zwischen 248 Hopfensorten gewählt, über Hefe und Malz diskutiert und in dreißig bis vierzig Ansätzen herumprobiert. Von Beginn an teilten Imker und Braumeister den Anspruch, eine alte Tradition mit neuem Leben zu füllen."[119] 2015 kam die „regionale Brauspezialität mit Honig" schließlich auf den Markt — als dunkles „No. 1 Amber Honey" (englisch „amber" = Bernstein) und blondes „No. 2 Golden Honey". Die Spezialität besteht aus neunzig Prozent Vollbier und zehn Prozent „Erfrischungsgetränk aus Wasser und Honig".

---

[118] Siehe https://www.hafendestillerie.de
[119] Siehe http://www.craftbee.de/unsere-story/

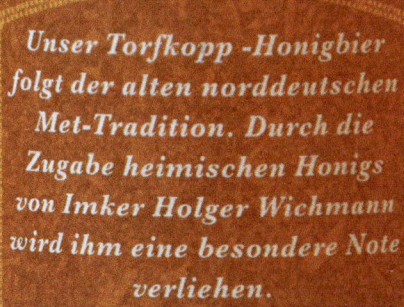

Unser Torfkopp -Honigbier folgt der alten norddeutschen Met-Tradition. Durch die Zugabe heimischen Honigs von Imker Holger Wichmann wird ihm eine besondere Note verliehen.

Honig-Bier Zutaten:
Wasser, **Gerstenmalz, Weizenmalz,**
Honig, Hopfen

Mehrwegflasche
Dunkel und kühl
gelagert mindestens
haltbar bis Ende:

12.04.2019
12:20:50

℮ **0,5l**   alc.4,9%vol.

Hafendestillerie und Brauerei GmbH & Co. KG,
Mühlentorvorstadt 8a, 17121 Loitz

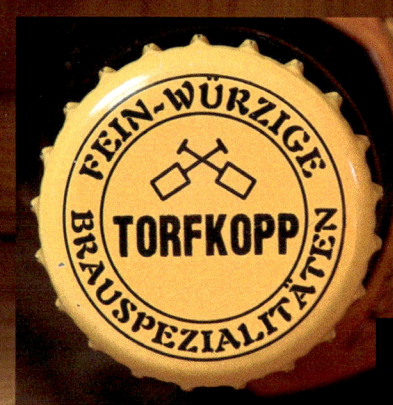

Honigbier

Holz: Whiskyfässer & Co.

Eine wichtige Rolle spielt auch das Drumherum während der Gärung und des Reifeprozesses. So werden Craft-Biere mit Whisky-Aroma angeboten. Wie kriegt man dies ins Bier? Wird eine Flasche des entsprechenden Whiskys hineingekippt? Nicht ausgeschlossen, dass bisweilen zu solch einer simplen Methode gegriffen wird. Manche Biere, etwa ein *Hösl* „Whisky-Weizen" oder „Smoky George" von *Rittmayer*, werden indes mit Malz gebraut, welches wie das Malz für schottischen Malt Whisky über Torffeuern gedarrt wurde und dabei das spezielle Aroma des Torfrauches aufgenommen hat. Sie haben mit dem Whisky also nur dieses torfrauchgedarrte Malz gemeinsam und sollten daher eigentlich zu den Rauchbieren zählen. *Steinbach-Bräu* in Erlangen bezieht ein solches Malz für sein „Scotty" aus einer denselben Eigentümern gehörenden Mälzerei. Doch teure Whisky-Biere entstehen anders. Sie reifen in Fässern, die zuvor jahrelang den entsprechenden Whisky höchstpersönlich beheimatet haben.

Im Grunde ist dies ein Fass-Recycling, welches bereits in der Whisky Distillery stattfand und nun in der Brauerei wiederholt wird. Vor allem schottische Malt Whisky Distilleries — von denen ich etliche besucht habe — verwenden traditionell keine neuen, sondern gebrauchte und aufgearbeitete Fässer. Die kommen meist aus Spanien, Portugal und den USA. In ihnen reifte zuvor Sherry, Portwein oder Bourbon heran.

Deren Aromen und Farben haben sich in den Poren des Holzes festgesetzt und beeinflussen den zunächst farblosen Whisky. Dieser lagert nun seinerseits viele Jahre lang in den alten Eichenholzfässern. Sofern nicht mit Zuckercouleur nachgeholfen wurde, kann man beispielsweise am Farbton eines Whiskys aus dem Sherryfass erkennen, ob darin zuvor heller Fino, mittlerer Amontillado oder dunkler Oloroso ruhte. *Glenmorangie* kultiviert und vermarktet dieses Phänomen seit Jahrzehnten besonderes offensiv.

Wenn der Whisky durch ist und ein Craft-Brauer das Fass anschließend mit seinem eigenen Gerstensaft belegt, werden die aromatischen Rückstände des Whiskys während der Reifezeit an das Bier weitergegeben. Von Sherry, Portwein oder Bourbon über Malt Whisky zum Bier — die Fässer sind weit gereist und haben eine interessante Geschichte.

Neben Whiskyfässern kann der Craft-Bier-Brauer freilich auch andere Fässer verwenden, in denen einst Sherry oder Portwein (ohne Umweg über den Malt Whisky), Wein, Gin und weitere Getränke reiften. So wurde mir die „Hochzeit" von Bier und Wein — Bier in Weinfässern also — begeistert angepriesen (leider ohne Kostprobe). Der Fantasie sind keine Grenzen gesetzt. Wie aber kam es zu dieser Fass-Bewegung?

Nicht jeder hat soviel Glück wie 2002 die Brauerei *Innis & Gunn* in Edinburgh[120], die nun einmal den unschätzbaren Vorteil genießt, in Schottland direkt vor Ort zu sein. Nein, sie fragte nicht nach Whisky-Fässern. Es lief genau umgekehrt. Ein Whisky-Hersteller trat mit dem Anliegen an sie heran, ob sie nicht einige Fässer mit Bier füllen könne, um ihnen ein malziges Aroma zu verschaffen, welches anschließend den Whisky verfeinern sollte. Also, zur Abwechslung mal Bier anstelle von Sherry & Co. Das Experiment glückte und ein angesehener Whisky entstand. Unerwartet kam einige Monate später aber großes Lob aus der Distillery — freilich nicht für den Whisky, der ja mindestens drei Jahre lagern muss, sondern für das vortreffliche Bier aus den dafür benutzten Whiskyfässern. Und so entstand die Idee für das Whisky-Bier.

Diese Paarung finde ich aufgrund der Parallelen zwischen beiden Getränken sowieso besonders glücklich. Denn Malt Whisky wird aus Gerstenmalz hergestellt, durchläuft — wie Bier — den Maischprozess und wird bei ungefähr 78 °C geläutert. Die Würze wird ohne Kochen und Hopfengabe direkt vergoren und anschließend destilliert.

Wie aber schafft Tobias Seidel bei seinem „Bunnahabhain Whisky Ale" mit einer Stammwürze von 18 Grad Plato einen Alkoholgehalt von elf Prozent? „Zauberei!" Er zwinkert. „Na, das kommt durch die Fasslagerung. Die Fässer sind ja vorbelegt, in diesem Fall von Schottland her. Im Fass befindet sich immer noch ein kleiner Rest von — sagen wir — einem halben Liter. Ein bisschen was ist im Holz und dann geht's ja noch drum, wenn man das mit weniger Luftfeuchte lagert, dann verdunstet etwas Wasser aus dem Fass und konzentriert das Bier, wenn man es lange reifen lässt. Man spricht hier vom Angels' Share, und wir hatten das Bier immerhin ungefähr ein Jahr lang im Fass."

Diesen Anteil für die Engel kenne ich aus schottischen Distilleries. Allerdings diffundiert dort Alkohol durch die Fasswände und der Alkoholgehalt des Whiskys, der nach dem Brennen bei über 60 Prozent liegen kann, reduziert sich jedes Jahr um ein bis anderthalb Prozent. Als Begleiterscheinung dieses Phänomens sind die Außenwände der Lagerhäuser und auch in der Nähe stehende Bäume von einer dünnen schwarzen Schicht überzogen. Das sind Pilze, die speziell in dieser vom Angels' Share geschwängerten Luft gedeihen. Allerdings ist in den schottischen Highlands (die Bezeichnung „Highland" hat nach meiner Kenntnis übrigens mehr mit der Topografie als mit der Wirkung dieser Luft oder des abgelagerten Getränks zu tun) die Luftfeuchtigkeit recht hoch. Bei trockener Luft hingegen — so der Braumeister — diffundiert vor allem Wasser durch das Holz und der Alkoholgehalt des Inhalts steigt, statt zu sinken.

---

[120] *Siehe https://bierothek.de/brauereien/innis-gunn*

Wie ist er für dieses „Bunnahabhain Ale" an die Fässer gekommen? „Da gibt's in Deutschland den *Fässershop Eder*. Die kaufen gebrauchte Fässer weltweit ab. Und da kann man sich dann Fässer besorgen. Ein Fass kostet etwa 250 bis 500 Euro für ein 190er [190 Liter]. Da hab' ich letztens erst wieder bestellt, die sind vor ein paar Wochen gekommen. Ein Rumfass aus Jamaika und ein Tequilafass aus Mexiko. Heute brau' ich gerade ein Imperial Russian Stout und leg' das dann für ein paar Monate ins Rumfass. Und fürs Tequilafass ist ein IPA geplant."

Statt Bier ins Holzfass kann der Brauer aber auch das Holzfass ins Bier geben — zerkleinert, natürlich, als Holzspäne. Ursprünglich waren die Holzhackschnitzel wohl dazu gedacht, Rotweinen schnell ein Barrique-Aroma zu verschaffen, welches ansonsten nur durch die lange Lagerung in Eichenfässern zu erzielen ist. Inzwischen werden Eichenchips (Späne) auch im Hobbybrau-Fachhandel[121] für Craft-Bier angeboten. Sie bestehen aus dem abgelagerten, getrockneten und getoasteten (so heißt das tatsächlich!) Kernholz verschiedener Eichenarten. Laut Empfehlung sollten ein bis drei Gramm pro Liter für mehrere Tage während der Haupt- und eventuell der Nachgärung lose oder im Filtersäckchen in die Würze gegeben werden.

Eichenchips zum Aromatisieren von Bier

Der *Fasshandel Wilhelm Eder* in Bad Dürkheim[122] bietet neben Fässern unterschiedlichster Herkunft eine breite Palette an Holzchips (das sind sozusagen geschredderte Holzfässer), Staves (schmale Leisten), Cubes (kleine würfelähnliche Stücke), Sticks (Stäbe) und Pulver an. Sie sind aus Eichenholz, Sandelholz, Zedernholz und anderen Hölzern ehemaliger Fässer gefertigt, die so ziemlich alles enthielten, was in Fässern reift. 5.000 Fässer haben sie praktisch immer vorrätig.

Kundenberater Ralf Messing empfiehlt drei Gramm Chips pro 0,5 Liter Bier: „Das können Sie mal probieren. Bei der Dosage muss man ein Gefühl dafür entwickeln, was zum eigenen Bier passt. Wenn dies mehr Alkohol enthält, löst es noch mehr aus dem Holz raus. Bei einem Bier mit zwölf Prozent Alkohol geht man anders da ran als bei einem Bier mit sieben. Und 6,8 Prozent Alkohol sollte ein Bier schon haben, zu dem ich Holz gebe. Also ein Starkbier. Sonst wird es mikrobiologisch gefährlich. Das liegt jedoch nicht an der Holzoberfläche. Das sind getoastete Hölzer, die werden abgepackt, da besteht keine Gefahr. Die Probleme entstehen, wenn Sie beispielsweise die Chips mit der Hand umfüllen. Davon bleibt etwas am Holz haften. Man muss also wirklich sauber arbeiten. Aber die Brauer arbeiten schon sauber. Bierbrauer sind gewohnt, sauber zu arbeiten. Ich hatte jedoch schon Leute, die klagten, da sei überhaupt nichts rausgekommen, nur — sie hatten die Chips vorher abgekocht. Dann frag ich: Wieso abgekocht? Naja, damit sie steril sind. Das geht natürlich gar nicht — dann sind sie nämlich ausgelaugt. Ich hatte auch mal einen, der hat sein Fass mit Spüli gereinigt. Also, auf die Idee muss man erstmal kommen. Vorhin hat mich ein Hobbybrauer angerufen, der jetzt mit Fässern anfängt. Dem habe ich gesagt: Fang nicht mit einem Portwein- oder Sherryfass an, fang mit einem hohen Alkohol an — Rum, Bourbon, Whisky, Tequila, Cognac. Da gibt es viele Möglichkeiten, aber dann bist du erstmal auf der sicheren Seite. Außerdem muss bei der Lagerung der Fässer die Luftfeuchtigkeit stimmen — etwa 74 bis 85 Prozent. Sie dürfen vor allem keine Zugluft abbekommen."

Ich frage weiter nach den „Holzalternativprodukten", die so heißen, obwohl sie aus Holz sind. „Es gibt natürlich alle möglichen Sorten. Chips, Staves und Cubes werden im Wein- und im Bierbereich genommen. Sie müssen sich vorstellen, beim Chip haben Sie eine gigantisch große Holzoberfläche im Verhältnis zur Flüssigkeit. Machen Sie sich mal den Spaß, holen sie sich eine Chipsprobe, geben Sie zwei Gramm in eine Flasche und stellen Sie die für fünf Tage in den Kühlschrank. Danach haben Sie ein ganz anderes Ergebnis. Das verkosten Sie dann mal. Und wenn Sie zum Beispiel Ex-Bourbon Dark Roasted Chips nehmen, dann kriegen Sie etwas richtig Süffiges mit Vanilletönen. Es gibt viele Brauer, die Chips benutzen. Aber Sie müssen schon anständig damit umgehen. Sie müssen fein

[121] Siehe https://www.brauerei-shop.eu
[122] Siehe https://www.faesser-shop.de

arbeiten — im Grammbereich pro Liter, sonst haben Sie das Gefühl, Sie beißen ins Holz-fass. Das wollen Sie natürlich nicht. Heute geht man da ganz anders ran als vor Jahren noch. Vor Jahren war wichtig, dass es nach Holz schmeckt. Barriqueweine konnte man in den Siebzigerjahren nicht trinken. Heute ist alles viel eleganter. Sie wollen ja auch Spaß haben, wenn Sie so etwas trinken. Bei Craft-Bieren gibt es einerseits die starken, die man vielleicht als Aperitif trinkt oder direkt zum Essen. Und dann gibt es die leichten, nach denen Sie einfach Lust haben, sich noch das nächste Glas einzuschenken."

Wie oft kann man die Fässer denn wiederbefüllen? „Das ist Geschmackssache und hängt auch davon ab, wie lange das Fass belegt war. Wenn ich jetzt ein Rumfass habe, kann ich das bestimmt zwei- bis dreimal befüllen. Nur kommt beim dritten Mal nicht mehr so viel raus. Denn irgendwann ist ja das Aroma des Rums aus dem Holz ausgelutscht. Was man dann aber oft macht ist, dass man sagt, okay, ich hab da jetzt ein dunkles Bock darauf liegen und nehm dann bei der letzten Füllung ein IPA oder umgekehrt, um da noch mal ein Spiel mit dem Aroma Bier gegen Bier zu haben. Oder es gehen auch Leute hin die sagen: So, das geb ich jetzt meinem Schnapsbrenner. Der legt jetzt beispielsweise seinen Korn da drauf oder irgendwas anderes und gibt mir das dann zurück und dann leg ich mein Bier wieder drauf. Also, ein Fass kann schon ein bisschen bespielt werden. Irgendwann ist es natürlich fertig und nur noch ein reines Reifefass. Dann ist es kein Aromafass mehr."

„Wichtig ist beim Bier, dass hoch hygienisch gearbeitet wird", betont Ralf Messing erneut. „Sonst haben wir schnell ein Sauerbier. Was nicht unbedingt schlecht sein muss — liegt ja zurzeit im Trend. Am besten ist aber schon, wenn man so plant, dass man das Fass leer macht und direkt wieder frisch belegt. Das ist mikrobiologisch am besten. Wenn mein Bier sauber war und ich kann das Fass direkt neu belegen, ist das in Ordnung. Was nicht geht beim Bier, gerade bei den Heferückständen und allem, ist, dass man sagt, ich lass es jetzt mal acht Wochen leer rumstehen. Das geht garantiert schief."

„Wenn die Fässer bei uns vom Hof gehen werden sie geprüft. Es werden die Ringe nach-gearbeitet. Soweit wir können, setzen wir Druckluft drauf um zu sehen, ob sie auch dicht sind. Aber es ist Holz. Es kann immer mal zu kleinen Leckagen führen — immer. Keiner kann Ihnen garantieren, dass das nicht passiert, nicht mal bei einem neuen Fass. Dann muss man das entweder reparieren — es gibt verschiedene Möglichkeiten, wie sich der-jenige selbst helfen kann. Oder es wird zu uns zurückgeschickt und wir müssen es aus-tauschen, wenn es nicht zu reparieren ist. Es kann ja auch ein Defekt an der Daube sein."

„Wenn die Fässer unsere Firma verlassen, sind sie leer. Beim Sherry zum Beispiel ist es aber üblich, dass noch ein oder zwei Liter drinstehen, um die Fässer innen feucht zu hal-ten. Sobald es warm wird, geht bei uns allerdings aus mikrobiologischen Gründen kein Sherry- oder Süßweinfass mehr vom Hof. Denn wenn es drei Stunden im heißen LKW steht wo 60 oder 70 Grad herrschen, weil die Sonne draufbrennt, dann ist das Fass hinüber. Wenn ich jetzt ein Bourbonfass habe oder so, ist das nicht so dramatisch. Da war ja hochprozentiger Alkohol drin. Gefährlich ist immer der Niedrigalkohol-Bereich."

Ob Craft-Brauer ihre Fässer nach dem Gebrauch auch an Eder zurückverkaufen können, frage ich. „Ja. In dem Fall werden die aber wahrscheinlich in die Abteilung Deko gehen." Daraus fertigen die Mitarbeiter dann Stehtische, Blumenkübel, Messerblöcke, Vesperbretter und viele anderen kreative Dinge, die der Shop bietet.

Und noch ein Tipp für Fassinteressierte, die mehr wissen wollen: „Was wir machen und meist in der dritten Woche im Januar anbieten ist ein Seminar ‚Vom Baum zum Fass'. Da geht es morgens mit dem Oberförster in den Wald, Eichen fällen. Warum ist dieses Holz geeignet und jenes nicht und so weiter. Dadurch erhält man viel Hintergrundwissen. Und dann geht das Ganze bis abends zum fertigen Fass. Also man kriegt viel mit, auch wie helfe ich mir selbst bei kleinen Leckagen und so was."

BIERSORTEN ODER BIERSTILE

Für Thomas Vogel ist Craft-Bier „ein mit besonderer Sorgfalt und nicht industriell genormt hergestellter Bierstil, der links und rechts vom Tellerrand durchaus etwas anbietet. Ein IPA ist ja ein klassischer englischer Bierstil, der dann wiederentdeckt worden ist. Das ist sozusagen nichts Neues. Das sind historische Bierstile. Bei uns hier im Norddeutschen können wir das Broyhan hernehmen. Oder die Sauerbiere, die man früher vielerorts hatte. Die Berliner Weiße erlebt mittlerweile eine handwerkliche Renaissance, nachdem es zum Schluss nur noch eine einzige Brauerei gab, die das Bier mit Sauermalz hergestellt hat und nicht mehr auf die klassische Art und Weise. Da sind jetzt einige aktiv, die diesen Bierstil ausgraben. Ich habe vor Kurzem selbst eine Gose gebraut mit Salzberger Salinensalz und mit Kefir-Zugabe — das ist für mich Craft-Bier. Wenn man also Bierstile ausgräbt, wiederbelebt oder so interpretiert, wie sie mal waren. Oder nehmen Sie von *Braufactum* das ‚Colonia‘, eine Interpretation der traditionellen ‚Rheinischen Brauart‘, bei welchem die Bittere eher der eines ursprünglichen Kölsch, wie es ehemals war, entspricht. Wenn Sie heutzutage ein Kölsch kaufen, dann ist das ja nicht mehr das, was es früher mal war. Heute ist Kölsch ja relativ leicht gebittert. Das war in der Vergangenheit anders. Ich finde auch alternative Zutaten im Bier, die außerhalb Bayerns und Sachsens laut Biersteuergesetz möglich sind, durchaus interessant."

Wie bereits dargestellt, verdanken wir der Craft-Bier-Bewegung die Wiederbelebung traditionsreicher Malze, alter Verfahren wie dem Hopfenstopfen und auch vieler klassischer Biersorten. Porter wurde in England zuletzt 1940 gebraut und dann mangels Nachfrage aufgegeben. Oder hierzulande die Gose. „Genau! Großartig, großartig", schwärmt Carsten Nolte. „Das ist eine coole Sache. Es gibt da immer kleine, treibende Brauereien für solche Spezialitäten. Die Gose wurde ja vom *Bayerischen Bahnhof* in Leipzig wieder nach vorne gepusht. Und jetzt gibt es in Berlin mehrere Läden, die sagen, wir wollen die Berliner Weiße wieder an den Start bringen. Und die haben sich auf die Suche nach der alten Brett-Hefe [Brettanomyces] gemacht, der alten Original-Hefe von der Berliner Weiße. Eine super interessante Sache, schwierig ranzukommen. In Berlin verkaufen die die 0,3-Liter-Flaschen

Irish Stout im passenden Glas

in den Läden teilweise für acht bis zehn Euro. Die machen halt auch alles manuell."
„Es ist ja eigentlich eine Renaissance", fährt er fort. „Viele Leute denken von Craft-Bier, vom India Pale Ale zum Beispiel, es sei neumodischer Kram, eine Welle, die aus den USA rüber geschwappt ist. Und das ist es ja eigentlich gar nicht. *Beck's* hat bis Anfang des 20. Jahrhunderts nur englische Bierstile gebraut wie Porter und IPA. Dann erst ist das Pils bei denen reingerückt. Craft-Bier bringt wieder eine gewisse Weite in das Bierspektrum. Also, wir haben schon immer gutes Bier gehabt, das handwerklich hergestellt wurde, hielten in Deutschland aber zu lange an eingefahrenen Konzepten fest."

Ganz anders die kleinen Brauer in den USA. Über ihr erstes, unvergessenes Erlebnis mit Craft-Bier berichtet Sabine Weyermann. „1994 in Fredericksburg, Texas: In einer gerade neu eröffneten Gasthausbrauerei bekamen mein Mann Thomas Kraus-Weyermann und ich einen Sampler mit unterschiedlichen Bierstilen und Farben offeriert, die mein bis dahin gekanntes Flavor Profile total gesprengt haben. Für mich war dieser Tag der Beginn einer lebenslangen Liebe zu Stout und Porter."

„Amerikanisches Craft-Bier zeigt den Deutschen: Hey Leute, ist ja alles schön und gut, was ihr bislang gemacht habt, aber da geht wirklich noch ein bisschen mehr. Und das ist halt der Input, den es von der anderen Seite des Atlantik gibt. Hier ist noch viel mehr machbar. Und den Schuh müssen wir uns in Deutschland auch anziehen. Ich bin regelmäßig in den Staaten und flieg' auch nächste Woche wieder rüber, nach Portland. Portland hat 80 kleine Brauereien. San Diego hat im gesamten County 300 kleine Brauereien. Die haben mittlerweile eine ganz andere Bierkultur als wir. Es gibt in jeder Stadt kleine Brauereien, die sagen: Wir machen alles, nur nicht wieder American Light Lager. Wir versuchen, euch einen bunten Blumenstrauß zu präsentieren und wir sind lokal/regional. Egal, wo du hingehst in den Städten, du kriegst überall deine regionalen Biere. Und du kriegst überall etwas Buntes. Und das haben wir in Deutschland leider noch nicht. Aber durch den amerikanischen Craft Beer Spirit verspreche ich mir einiges in dieser Richtung." Carsten Nolte ist wirklich ein Bier-Botschafter mit Leib und Seele und leuchtenden Augen.

„Letztendlich haben die Amerikaner nichts anderes getan, als Stile anderer Länder aufzugreifen und dann weiterzuentwickeln oder alte, vergessene Stile wieder neu auszugraben" resümiert Marc Rauschmann. „Der einzige Stil, der wirklich in den USA erfunden wurde, ist ein Pumpkin [Kürbis] Ale. Alle anderen kommen ursprünglich aus Europa. Genau genommen gelten daher auch alle in Deutschland gebrauten Stile in den USA als Craft-Bier-Stile"[123].

---

[123] Siehe https://www.braufactum.de/pressebereich/artikel/32_Mr.%20Craft%20Bier_05.2015_Provocateur.pdf

Aber schauen wir uns doch einige der gängigen Bierstile etwas genauer und systema-
tischer an. Und überhaupt — warum ist heute oft von „Bierstilen" die Rede für das, was
früher „Biersorten" genannt wurde? Ich vermute, dass diese Gepflogenheit aus den USA
stammt, wo Biersorten „beer styles" heißen. Die *Brewers Association* pflegt seit 1979 ihre
zuletzt jährlich aktualisierten „Beer Style Guidelines"[124], die zahllosen Brauern weltweit
als Orientierungshilfe für sortentypische Biere dienen. Und so übernehmen Hobby- und
Craft-Brauer aus dem deutschsprachigen Raum mit den in den Guidelines genannten
Charakteristika beispielsweise eines „South German-Style Bernsteinfarbenes Weizen"
auch den Begriff „Stil". Und schon ist es passiert. Zudem klingt Stil viel stilvoller als Sorte,
nicht wahr? Da also wohl dasselbe gemeint ist, verwende ich „Sorte" und „Stil" synonym.

Die 2018er-Liste der *Brewers Association* enthält 156 verschiedene Biersorten, darunter
9 Pale Ales …

→ Classic English-Style Pale Ale,
→ American-Style Pale Ale,
→ Juicy or Hazy Pale Ale,
→ American-Style Strong Pale Ale,
→ Belgian-Style Pale Ale,
→ Belgian-Style Pale Strong Ale,
→ Classic Australian-Style Pale Ale,
→ Australian-Style Pale Ale,
→ International-Style Pale Ale,

und 6 India Pale Ales (IPAs) …

→ English-Style India Pale Ale,
→ Session India Pale Ale,
→ American-Style India Pale Ale,
→ Juicy or Hazy India Pale Ale,
→ American-Style Imperial or Double India Pale Ale,
→ Juicy or Hazy Imperial or Double India Pale Ale.

Wer sich für die Unterschiede interessiert, mag in die Beschreibungen schauen. Da finden
sich mal winzige, mal erhebliche Abweichungen in sämtlichen Parametern wie Stammwürze, scheinbarem Restextrakt, Alkoholgehalt, Bittere, Farbe, Klarheit, Malzaroma und
Malzgeschmack, Hopfenaroma und Hopfengeschmack, Gäreigenschaften und Körper so-

---

[124] Siehe *https://www.brewersassociation.org/resources/brewers-association-beer-style-guidelines/*

wie Anmerkungen. Über den Sinn solcher feinen Differenzierungen könnte man natürlich diskutieren — man kann sie jedoch auch einfach so stehen lassen.

Ambitionierte Craft-Brauer wählen eine Sorte aus und versuchen, diese möglichst punktgenau zu erreichen. Vielleicht probieren sie sogar, ihr zusätzlich eine persönliche Note mitzugeben, was möglicherweise nicht auf Anhieb gelingt und erst allmählich entwickelt werden muss. Aber ich möchte ausdrücklich betonen, dass kein Kreativbrauer sich den Vorgaben der Guidelines unterwerfen muss. Sie mögen der Orientierung oder Anregung dienen, sind aber kein ehernes Gesetz.

Und nun besteht meine Aufgabe darin, einige Stile[125] vorzustellen und dafür eine Auswahl zu treffen, die ja nur subjektiv sein kann. Also, los geht's …

Ale

Ale ist eigentlich keine eigene Biersorte, sondern die angelsächsische Bezeichnung für obergärige Biere, also alle Arten von Ales (Pale Ale, India Pale Ale, Red Ale, Brown Ale, Sour Ale usw.), Bitter, Porter, Stout, Barley Wine, diverse belgische Biere (Dubbel, Tripple/Tripel, Quadrupel, Witbier, Saison, Lambic), Weizenbier, Alt, Kölsch, Berliner Weiße, Leipziger Gose und weitere.

Dennoch kann man in britischen oder irischen Pubs ein Ale bestellen (es dürfen auch mehrere sein). Der Barkeeper — so jedenfalls kenne ich das — weiß, was gemeint ist, zieht den Zapfhahn auf und füllt das Glas beinahe schneller, als das kurze Wort ausgesprochen ist und trotzdem bis zum Rand. Wie das funktioniert? Solches Ale wird teilweise mit befruchtetem Hopfen gebraut, bei dem sich innerhalb der Dolden ölhaltigen Samen gebildet haben. Und Öl ist ein Schaumkiller, wie bereits im Zusammenhang mit dem White Chocolate Stout erwähnt. Hierzu erzählt Carsten Nolte: „Da habe ich mich mal mit einem Kumpel unterhalten, der Ire ist. Ich hab ihn gefragt ‚Was findet ihr eigentlich gut daran, dass euer Glas bis oben hin gestrichen voll ist und idealerweise sogar kein Schaum drauf ist?' Und da meinte er nur zu mir ‚Wir mögen keinen Schaum — außer bei Guinness — weil ansonsten Schaum für uns Beschiss ist. Da, wo der Schaum ist, könnte auch Bier sein!' Die haben auch keinen Eichstrich. Das ist bei denen der obere Glasrand." Andere Länder, andere Sitten … und aus dieser irischen Perspektive habe ich das in der Tat noch nie gesehen …

[125] Quellen: Hagen Rudolph (1999), Jan Brücklmeier (2018), Fohr/Kiesbye/Stempfl (2018), die Beer Style Guidelines, bierothek.de, Wikipedia und weitere.

Altbier

Steckbrief Altbier

Herkunft: Düsseldorf
Hefe: obergärig, „alte" Brauart
Glas: Altbierbecher (0,2 l), Altbierpokal
Farbe: 22–38 EBC – kupferfarben bis dunkelbraun
Malzbasis: Pilsner und Münchner Malz
Bittere: 25–52 IBU
Hopfen: Spalter, Tettnanger, Hallertauer Mittelfrüh, Hersbrucker, Saazer
Hopfen-Neuzüchtungen: Herkules, Kazbek, Magnat
Stammwürze: 11–12,9 °P
Alkoholgehalt: 4,6–5,6 Vol. %
Kohlendioxidgehalt: 4,5–5 g/l
Foodpairing: gegrillter Fisch, kräftiger Hartkäse

Altbier stammt ursprünglich aus Düsseldorf und Umgebung. Die Kältemaschine war noch nicht erfunden. Also hätte man Natureis zur Kühlung benötigt. Es bot sich dort aber selten die Möglichkeit, in den Wintern ausreichende Mengen Eis von Teichen zu ernten, um das ganze Jahr über untergäriges Bier brauen zu können. So blieb man, während sich in Bayern das untergärige Brauverfahren langsam durchsetzte, beim alten obergärigen Bier. Daher sein Name: Altbier.

Größerer Beliebtheit erfreut sich Altbierbowle, welche durch Zugabe von kleingeschnittenen Früchten entsteht, und ein erfrischendes, spritzig-fruchtiges Getränk für warme Sommerabende ergibt.

Barley Wine

Steckbrief Barley Wine

Herkunft: England
Hefe: obergärig
Glas: Sniffer, Schwenker
Farbe: 22–40 EBC – bernsteinfarben bis tiefrot
Malzbasis: helle englische Malze
Bittere: 40–65 IBU (American Style: 60–100 IBU)
Hopfen: Fuggles, East Kent Golding
Hopfen-Neuzüchtungen: Herkules
Stammwürze: 20,4–28 °P
Alkoholgehalt: 8,5–12,2 Vol. %
Kohlendioxidgehalt: 3–4 g/l
Charakteristika: weinartig, erinnert an Sherry oder Portwein
Foodpairing: dunkle Schokolade

Mein erster Barley Wine „Rest in Peace" stammte von der *CREW Republic Brewery* in Unterschleißheim. Als Malze haben Pilsner und Crystalmalt hineingefunden, als Hopfensorten Herkules, Fuggles und East Kent Golding. Der Alkoholgehalt lag bei 10,1 Prozent, die Farbe war ein dunkles Rot. Schwere Süße wurde begleitet und kontrastiert von einem massiven Karamellkörper und ausbalanciert durch eine Bittere, die alles erträglich machte. Denn normalerweise bin ich kein Freund von Starkbieren, weil die meist ziemlich süß oder vollmundig sind. Hier jedoch wurde genau das richtige Gegengewicht geschaffen. Ich war angenehm beeindruckt.

Belgisches Bier

Belgien ist ein Bier-Biotop, über das man ein eigenes Buch schreiben könnte. Dort wird eine Vielfalt an Biersorten wie Dubbel, Tripple oder Tripel, Quadrupel, Witbier, Saison, Lambic, Gueuze (Geuze), Fruchtbier, Ale und Tafelbier gebraut.

Rötlicher Barley Wine im passenden Glas

	Farbe	Bittere	Stammwürze	Alkoholgehalt
Dubbel	32–72 EBC	20–35 IBU	14,7–18,2 °P	6,3–7,6 Vol. %
Tripple/Tripel	8–14 EBC	20–45 IBU	17,1–22 °P	7,1–10,1 Vol. %
Quadrupel	16–50 EBC	25–50 IBU	20,8–28 °P	9,1–14,2 Vol. %
Witbier	4–8 EBC	10–17 IBU	11–12,4 °P	4,8–5,6 Vol. %
Classic Saison	8–14 EBC	20–38 IBU	10–14,7 °P	4,4–6,8 Vol. %
Lambic	12–26 EBC	9–23 IBU	11,7–13,8 °P	5,0–8,2 Vol. %

Tabelle 8: Merkmale ausgewählter belgischer Biere

Steckbrief Lambic

Herkunft: Belgien
Hefe: spontane Gärung (wilde Hefen)
Glas: Schwenker, Tulpe
Farbe: 12–26 EBC – goldfarben bis bernsteinfarben
Malzbasis: Pilsner Malz, Weizenrohfrucht
Bittere: 9–23 IBU
Hopfen: alter Hopfen
Hopfen-Neuzüchtungen: Bouclier, Triskel
Stammwürze: 11,7–13,8 °P
Alkoholgehalt: 5–8,2 Vol. %
Kohlendioxidgehalt: 4,5–5,5 g/l
Besonderheiten: Sauerbier, das oft mit älterem Lambic verschnitten wird (Gueuze/ Geuze) oder mit Früchten eine zweiten Gärung durchläuft, etwa mit Sauerkirschen (Kriek), Himbeeren (Framboise), Pfirsichen (Pêche), schwarzen Johannisbeeren (Cassis), Äpfeln (Pomme) oder Trauben (Druif)
Foodpairing: Muscheln in Weißwein-Soße, Fischsuppe, Zwiebelsuppe

Charakteristisch für Lambic (auch Lambiek) ist die spontane Gärung mit wilden Hefen, die aus der Umgebungsluft in die Würze gelangen. Dazu wird die Ausschlagwürze in ein großes, relativ flaches Bassin (das Kühlschiff) gepumpt, welches sich oft in einem luftigen Raum mit zu öffnenden Fenstern befindet. Durch die große Oberfläche kann die Würze schnell auskühlen und wird mit Keimen aus der vorbeiströmenden Luft angeimpft. Der

Kühlschiff in der Härke-Brauerei, Peine (2001)

Gärbeginn kann allerdings Wochen oder gar Monate auf sich warten lassen. Die eigentliche Gärung erfolgt traditionell in Eichen- oder Kastanienfässern.

Weil keine standardisierten Hefen zugegeben werden, bleibt die Gärung dem Zufall anheimgegeben. Der Geschmack kann von Sud zu Sud deutlich schwanken und das Risiko von Fehlgärungen ist signifikant höher als bei der Zugabe von Reinhefen unter sterilen Bedingungen. Typischerweise übernimmt zunächst die obergärige Saccharomyces cerevisiae die Gärung, stirbt bei einem Alkoholgehalt von fünf Prozent jedoch ab und die langsamere Brettanomyces bruxellensis übernimmt die Restgärung. Lambic gehört somit zu den wenigen Bieren, bei denen die früher allgemein übliche Spontangärung noch immer praktiziert wird.

Das berühmte Trappistenbier hingegen ist keine bestimmte Sorte, sondern eine Herkunftsbezeichnung („Bière Trappiste"). Es muss in einem Trappistenkloster oder dessen unmittelbarer Nähe von Trappistenmönchen oder unter deren Aufsicht gebraut worden sein. Der Erlös muss überwiegend sozialen Zwecken dienen, die in der Regel auf den Etiketten erwähnt werden. Entgegen der landläufigen Meinung muss es aber nicht aus Belgien stammen. Von zwölf Trappistenbrauereien (Stand 2018) befinden sich nur sechs in Belgien, zwei in den Niederlanden und jeweils eine in Österreich, Italien, England sowie den USA. In den letzten Jahren gab es einige Neugründungen und vielleicht ist die Zahl der Trappistenbrauereien beim Erscheinen dieses Buches schon wieder gestiegen.

Bockbier

Steckbrief Bockbier

Herkunft: Einbeck
Hefe: untergärig, obergärig
Glas: Willibecher, Krug
Farbe: 8–60 EBC – hell bis sehr dunkel
Malzbasis: Pilsner Malz, Wiener Malz
Bittere: 17–40 IBU
Hopfen: Mittelfrüher, Hallertauer, Tettnanger, Tradition, Spalter
Hopfen-Neuzüchtungen: Bohemie, Harmonie, Herkules, Kazbek, Mandarina Bavaria, Merkur, Saaz Late, Smaragd
Stammwürze: Bockbier mind. 16 °P, Doppelbock mind. 18 °P, Eisbock 18–27,2 °P
Alkoholgehalt: 6,3–14,3 Vol. %
Kohlendioxidgehalt: 4,5–5 g/l
Besonderheiten: Bockbier gibt es in allen Farbschattierungen und auch als obergärigen Weizen- oder Roggenbock oder -doppelbock, außerdem als saisonale Spezialitäten wie Mai-, Fest-, Winter- oder Weihnachtsbock
Foodpairing: Bruschetta, Lammbraten, Tiramisu

Als Heimat des Bockbieres gilt das niedersächsische Einbeck, wo es seit 1351 bekannt ist. Von dort — so die Legende — bezogen es auch bayerische Herrscher, bis sie auf die Idee kamen, dass es einfacher sei, einmal einen Braumeister zu importieren, als ständig dieses viele Bier.

So warben Headhunter den Einbecker Braumeister Elias Pichler ab, damit er die Kunst des Bockbierbrauens nach München ins *Hofbräuhaus* bringe, wo der Trunk 1614 erstmalig ausgeschenkt wurde. Die Bezeichnung für Einbecksches Bier mutierte unter dem mundartlichen Einfluss des fernen Südens von „Ainpöcksches" über „Oan Pockisch" und „Oan Pock" zu „ein Bock". Heute kommt viel Bockbier aus Bayern, „Urbock" (hell, dunkel, Mai-Urbock etc.) hingegen ausschließlich aus Einbeck.

Bockbier diente den Mönchen in der Fastenzeit als Nahrung, denn „Flüssiges bricht das Fasten nicht". Um den Nährwert zu erhöhen, ließen sie sich noch stärkere Doppelbockbiere mit einer Stammwürze von mindestens 18 Grad Plato einfallen. Deren Namen enden heute gerne mit der Doppelsilbe „ator", was ursprünglich auf die Verballhornung eines klösterlichen Starkbieres der Paulanermönche durch weltliche Wirte zurückgeht. Aus „Sankt-Vaters-Bier" machten sie „Salvator", was zugleich Erlöser bedeutet. Die Endung übernahm man auch für andere Starkbiere wie „Triumphator" oder — um bei Craft-Bieren zu bleiben — *Gänstaller* „Affumicator" und „Weizenator", *Tilmans* „Kulturator", *Ayinger* „Celebrator" oder den „Tropicator" von *Freigeist Bierkultur*. Die *Brauerei S. Riegele* fängt direkt mit dem Suffix an und nennt ihren Doppelbock „Ator 20 ‚Dunkle Versuchung'".

Eisbock ist der Überlieferung nach einem Missgeschick in Kulmbach um 1890 zu verdanken. Versehentlich blieben Fässer mit Bockbier in einer Winternacht im Freien stehen. Ein Teil des Wassers gefror. Zur Strafe sollte der nachlässige Geselle die Fässer selbst austrinken — was sich keineswegs als Strafe erwies. Denn nicht Bier gefriert, sondern mehr oder weniger reines Wasser. Nach der Beseitigung des Eisblocks schmeckte das nun höher konzentrierte Bier umso intensiver.

India Pale Ale (IPA)

Steckbrief English-Style IPA

Herkunft: England
Hefe: obergärig
Glas: Schwenker, Tulpe, Barglas
Farbe: 12–28 EBC – golden bis kupferfarben
Bittere: 35–63 IBU
Hopfen: East Kent Golding, Fuggles
Hopfen-Neuzüchtungen: Amarillo, Azacca, Summit
Stammwürze: 11,4–15,7 °P
Alkoholgehalt: 4,5–7,1 Vol. %
Kohlendioxidgehalt: 3,5–6 g/l
Charakteristika: Symbolbier der Craft-Bier-Szene
Foodpairing: Mac'n'Cheese, Crêpes mit Früchten

India Pale Ale mit seiner intensiv fruchtigen und hopfigen Note ist das Symbolbier der Craft-Szene. Im 19. Jahrhundert diente es dazu, den Schiffen der East India Company auf ihrer Passage von England nach Indien die weitgehend leeren Frachträume zu füllen, wodurch auch auf dem Subkontinent lebende Engländer in den Genuss des Bieres aus der

Heimat kamen. Es wurde jung verladen und reifte während der Reise. Ob das ständige Schwappen auf der Seereise ihm besondere Akzente verschafft hat, die eine Brauerei auf dem Festland nicht bieten kann, ist nicht überliefert.

Englische Siedler brachten das Bier auch nach Amerika, wo Stammwürze und Hopfenbittere weiter angehoben wurden. Die Dominanz der hellen Lagerbiere verdrängte IPAs jedoch vom Markt. Dann kam Fritz Maytag. Er hatte die 1896 gegründete *Anchor Brewing Company* in San Francisco mit ihrer angesehenen Marke „Anchor Steam" 1965 gekauft und dank einer gründlichen Sanierung vor der Schließung gerettet. Er gilt daher als Vater der modernen Mikrobrauereien und als einer der Urheber der Craft-Revolution. 1975 braute Maytag ein „Christmas Ale" nach dem Vorbild der IPAs, welches seitdem von November bis Februar erhältlich ist[126], und belebte das India Pale Ale neu. Von *Anchor Brewing* stammt heute auch die „Zymaster"-Serie mit acht verschiedenen Craft-Bieren.

	English-Style IPA	American-Style IPA
Farbe	18—28 EBC	12—24 EBC
Bittere	35—63 IBU	50—70 IBU
Stammwürze	11,4—15,7 °P	14,7—17,1 °P
Alkoholgehalt	4,5—7,1 Vol. %	6,3—7,5 Vol. %
Typische Hopfen	East Kent Golding, Fuggles, Target, Styrian Golding, Sovereign	4Cs (Cascade, Citra, Centenial, Columbus), Simcoe, Amarillo, Willamette
Hopfungsart	beim Kochen, Stopfen	Vorderwürzekochung, Whirlpool, Stopfen
Stopfmenge	Bis 300 g/hl	bis 600 g/hl

Tabelle 9: Vergleich English-Style und American-Style IPA

Das IPA war ein Wegbereiter der Biere abseits des Mainstream. Es erfreute sich großer Beliebtheit und entwickelte seine eigene Vielfalt. In den USA wird heute zwischen trocken vergorenen und wenig malzigen Westcoast IPAs sowie malzigeren, dem englischen Vorbild ähnlicheren Eastcoast IPAs unterschieden. Daneben gibt es das stärker alkoholhaltige (7,5–10 Vol. %) und extrem kräftig gehopfte (Stopfmenge bis 1.000 g/hl) Imperial IPA, das dunkle Black IPA (was dann aber nicht mehr wirklich „pale", also blass, ist) und weitere Sorten.

[126] Siehe https://en.wikipedia.org/wiki/Anchor_Brewing_Company

Kölsch

Steckbrief Kölsch
Herkunft: Köln
Hefe: obergärig
Glas: Kölsch-Stange (0,2 l)
Farbe: 6–12 EBC – hellgelb bis goldfarben
Malzbasis: Pilsner Malz, Wiener Malz, teilweise Weizenmalz
Bittere: 22–30 IBU
Hopfen: Mittelfrüher, Hallertauer, Tettnanger, Tradition, Spalter, „heimischer" Hopfen aus der Gegend von Kerpen und Düren
Hopfen-Neuzüchtungen: Herkules, Kazbek, Magnat
Stammwürze: 10,5–11,9 °P
Alkoholgehalt: 4,8–5,3 Vol. %
Kohlendioxidgehalt: 5–5,5 g/l
Charakteristika: darf in der EU nur in und um Köln gebraut werden
Foodpairing: Kölner Spezialitäten wie „Halve Hahn" (Roggenbrötchen mit mittelaltem Gouda, Zwiebeln oder saurer Gurke und Senf)

Überall in Deutschland darf man jedes Bier herstellen. Überall? Nein! Ein von unbeugsamen Kölnern bevölkertes Städtchen hört nicht auf, sein exklusives Bier zu brauen — wenn es mal gerade nicht vom Rhein überflutet ist.

Es kam schon mehrfach vor, dass ratlose Hobbybrauer mir ein Malheur schilderten. Sie wollten ein Pilsner brauen, hatten aber versehentlich obergärige Hefe hinzugegeben. Ob das schlimm sei? Nein, ist es natürlich nicht, konnte ich sie beruhigen. So haben sie eben eine Art Kölsch hergestellt. Denn großzügig von kleinen Details wie einem möglichen Weizenmalzanteil abgesehen (und von einem Augenzwinkern begleitet) ist ein Kölsch ein obergäriges Pilsner — oder ein Pilsner ein untergäriges Kölsch, das kommt auf die Perspektive an.

Nach der am 6. März 1986 unterzeichneten „Kölsch-Konvention" dürfen allerdings nur Brauereien des Kölner Brauerei-Verbandes e.V. in Köln und Umgebung ihre obergärige Spezialität Kölsch nennen. Bundeskartellamt (29. Januar 1986) und EU (25. November 1997) segneten den Schutz dieser geografischen Herkunftsbezeichnung ab, der freilich nur innerhalb der Europäischen Union gilt. Nicht einmal Bezeichnungen wie „nach Kölner

Art" sind gestattet. Craft-Brauer müssen also weit wegziehen, um die Bezeichnung Kölsch verwenden zu dürfen. Oder sie geben ihrem Bier einfach einen anderen Namen — wie „Bönnsch" in Bonn, „Dölsch" in Düsseldorf oder „Mölmsch" in Mühlheim. Dazu bedarf es — wie auch bei der Umgehung anderer Regeln (dazu später mehr) — einer gewissen Portion an Fantasie und Humor.

Bemerkenswert sind der hohe Fassbieranteil, der etwa die Hälfte des gesamten Ausstoßes ausmacht, und das Lokalkolorit. Kölsch wird oft aus Holzfässern mit eingeschlagenem Zapfhahn und ohne Druckgas gezapft und ist daher nicht besonders spritzig. Es darf nur in der „Kölner Stange" serviert werden. In unzähligen Gaststätten in und um Köln bringt der „Köbes" (Kellner) die vom „Zappes" (Zapfer) gefüllten, schlanken „Kölsch-Stangen" (Gläser) im „Kranz", einem Serviertablett mit Stielgriff in der Mitte, und zwar unaufgefordert so lange, bis der Gast seinen Bierdeckel auf das Glas legt. Mein erster echter Kölsch-Abend bescherte mir in Unkenntnis dieser Gepflogenheit leichte Startschwierigkeiten am nächsten Morgen. Der Kölsch-Fluss wollte einfach kein Ende nehmen.

Traditionell haben die Stangen ein Volumen von 0,2 Litern. Die sind natürlich schnell ausgetrunken und der Personalaufwand für das Nachfüllen ist erheblich. Daher sind kostenbewusste (oder gewinnmaximierende) Gaststätten bereits auf 0,5-Liter-Stangen umgestiegen, die von Kennern jedoch abgelehnt werden, da das Bier darin relativ schnell schal wird.

Zum Selberzapfen gibt es die „Pittermännchen" — das sind Fässchen mit einem Inhalt von 10 oder 20 Litern.

Lager

Lager ist die angelsächsische Sammelbezeichnung für untergärige Biere wie Bockbier, Dunkel, Export, Festbier, Helles, Kellerbier, Märzen, Pils, Rauchbier, Schwarzbier, Zwickelbier und weitere. Session Lager ist eine alkoholreduzierte Variante des jeweiligen Stils, die aber dessen typische Merkmale erkennen lässt.

In Deutschland und Österreich zählen dunkle und helle Lagerbiere als eigene Bierstile, die aber noch immer eine erhebliche Bandbreite aufweisen und Sorten wie Export, Festbier, Helles und Schwarzbier einschließen.

Steckbrief Bayerisch Hell

Herkunft: Bayern
Hefe: untergärig
Glas: Willibecher, Maßkrug, Seidel (Halbliter-Glaskrug)
Farbe: 8–11 EBC — hellgelb
Malzbasis: Pilsner Malz
Bittere: 23–29 IBU
Hopfen: Mittelfrüher, Hallertauer, Tettnanger, Tradition, Spalter
Hopfen-Neuzüchtungen: Kazbek, Mandarina Bavaria, Merkur, Saaz Late
Stammwürze: 11,9–13,8 °P
Alkoholgehalt: 5,1–6,1 Vol. %
Kohlendioxidgehalt: 4,5–5 g/l
Foodpairing: Brotzeit mit Brezn

Bier nach Pilsener Brauart gewann auch in Bayern an Popularität, ließ sich aufgrund der hohen Wasserhärte in München jedoch nicht herstellen. Mit dem Münchner Hell präsentierte die *Spatenbrauerei* am 20. Juni 1895 ein gelungenes Pendant, welches durch seinen feinwürzigen, milden Geschmack besticht. Aus der Not mit dem Wasser machte man eine Tugend, hopfte das Bier schwächer als ein Pils und erzeugte somit ein leicht vollmundiges, süffiges und klares Getränk — eines der beliebtesten in Bayern. Undurchsichtige Trinkgefäße wie Steingut- oder Zinnkrüge sollten unbedingt gemieden werden, denn das Helle mit seiner brillanten Optik kann sich sehen lassen. Nun, eigentlich können sich sowieso die meisten Biere sehen lassen …

Steckbrief Münchner Dunkel

Herkunft: München
Hefe: untergärig
Glas: Willibecher, Krug
Farbe: 30–34 EBC — hellbraun bis braun
Malzbasis: Pilsner Malz, Wiener Malz, Münchner Malz
Bittere: 16–25 IBU
Hopfen: Mittelfrüher, Hallertauer, Tettnanger, Tradition, Saazer, Spalter
Hopfen-Neuzüchtungen: Bohemie, Harmonie, Herkules, Kazbek, Mandarina Bavaria, Merkur, Saaz Late, Smaragd

Stammwürze: 11,9–13,8 °P
Alkoholgehalt: 4,8–5,3 Vol. %
Kohlendioxidgehalt: 4,5–5 g/l
Foodpairing: Gegrilltes

Bayerisch Hell

Dunkles Lagerbier ist wie helles, nur dunkler und anders. Die Farbe reicht bei Braun- und Schwarzbieren bis über 80 EBC. Übertroffen wird dieser Wert von Porter und Double Stout, aber ein Unterschied ist praktisch nicht mehr zu erkennen. Schwärzer als schwarz geht nicht, ein bisschen undurchsichtiger hingegen durchaus. Um hier noch differenzieren zu können, muss man die Probe allerdings vor eine helle Lichtquelle halten und sie eventuell sogar verdünnen. Objektive Werte für die Lichtabsorption ermittelt man fotometrisch mit speziellen Messinstrumenten[127].

Dunkles Lager, gerne zum Gegrillten

EBC steht übrigens für European Brewery Convention und sagt aus, wie viel Licht vom Bier geschluckt wird. Null EBC ist der Wert für klares Wasser. Dass die EBC-Skala weit höher reicht (Röstmalzbier hat über 500 EBC, Röstmalz über 1.300 EBC)[128] ist erforderlich, um aus den Angaben zum Malz die Farbe des damit zu brauenden Bieres berechnen zu können.

Pale Ale

Steckbrief Pale Ale

Herkunft: England
Hefe: obergärig
Glas: Nonic, Barglas
Farbe: 10–24 EBC – golden bis kupferfarben
Malzbasis: Pale Malt
Bittere: 20–50 IBU
Hopfen: Golding, Fuggles
Hopfen-Neuzüchtungen: Bouclier, Endeavour, Flyer, Pilgrim (P38), Sovereign
Stammwürze: 10–13,8 °P
Alkoholgehalt: 4,4–5,3 Vol. %
Kohlendioxidgehalt: 3–5 g/l
Charakteristika: hopfenbetont, bietet dank neuer Hopfensorten mit intensiven Fruchtaromen viel Raum für Experimente
Foodpairing: Burger mit Pommes

Seine älteste Erwähnung wird auf das Jahr 1703 datiert. In England war Pale Ale ursprünglich ein Getränk der Wohlhabenden, denn die Trocknung des hellen Malzes an der Luft statt im Rauch der holzbefeuerten Darren war deutlich aufwendiger und teurer, was sich im Preis des Bieres niederschlug. Neben Gerstenmalz verwendeten die Brauer teilweise auch Roggenmalz, Weizenmalz und andere Malze. Als die indirekt befeuerten Darren sich ausbreiteten und helles Malz ohne Raucharoma problemlos hergestellt werden konnte,

---

[127] Siehe zum Beispiel http://www.chemtronic-gmbh.de/images/chemtronic/Apps_d_pdf/EBC%20Bierfarbe%20I.pdf
[128] Siehe https://de.wikipedia.org/wiki/EBC_(Bier) oder http://www.besser-bier-brauen.de/sites/default/files/downloads/bierfarbe/index.pdf

sank der Preis und Pale Ale wurde zum Volksgetränk. Zwar lässt die Bezeichnung ein helles Bier erwarten, denn pale bedeutet blass, bleich, farblos, hell, fahl. Doch Pale Ale kann bis hin zu bernstein- und kupferfarben ausfallen. Varianten sind das Strong Pale Ale und das verwandte Scotch Ale aus Schottland. In den USA wird American Pale Ale kräftiger gehopft, wie wir es auch vom IPA her kennen.

Pils

Steckbrief

Herkunft: Pilsen, Böhmen
Hefe: untergärig
Glas: Krug, Tulpe
Farbe: 5–15 EBC – strohfarben bis dunkel-goldfarben
Malzbasis: Pilsner Malz
Bittere: 30–45 IBU
Hopfen: Saazer
Hopfen-Neuzüchtungen: Bohemie, Harmonie
Stammwürze: 11–14 °P
Alkoholgehalt: 4–5,5 Vol. %
Kohlendioxidgehalt: 4–5 g/l
Charakteristika: schlank und hopfenaromatisch
Foodpairing: Grillfleisch

Einst wurde in Pilsen dunkles Bier gebraut. Doch dessen Qualität war so miserabel, dass der Magistrat der Stadt im Februar 1838 beschloss, Teile des minderwertigen Bieres zu konfiszieren und 36 Fässer vor dem Rathaus öffentlich in der Gosse zu entsorgen. Das war massiver Protest gegen einen unwürdigen Zustand. Selbst die brauberechtigten Bürger tranken lieber Wein. Bier predigen und Wein trinken ... nein, so konnte es nicht weitergehen.

Am 15. September desselben Jahres erfolgte der erste Spatenstich für ein neues bürgerliches Brauhaus, in dem nun modernes, untergäriges Bier gebraut werden sollte. Aus dem bayerischen Vilshofen hatte man den Brauer Josef Groll angeheuert. Dieser kreierte nach

Pils, serviert in dünnwandigen Craft-Pils-Gläsern

monatelangem Experimentieren ein neues Rezept, bei dem er einen besonderen Bodenschatz als Trumpf ausspielte: das ungewöhnlich weiche Wasser der Region. Es ermöglichte ein Bier, das anderswo (ohne Wasseraufbereitung) schwer zu brauen ist. Als weiteres heimisches Produkt verwendete Groll den feinen Saazer Hopfen.

Am 11. November 1842, dem Martinstag, wurde das helle, kräftig gehopfte, für den damaligen Geschmack äußerst ungewöhnliche Bier in mehreren Gasthöfen erstmalig ausgeschenkt. Der Rest ist (Erfolgs-)Geschichte. Heute sollen 90 Prozent aller weltweit getrunkenen Biere nach Pilsner Brauart hergestellt sein.

Immer wieder heißt es, dass ein gut gezapftes Pils sieben Minuten braucht. Diese „Weisheit" kann nur von einem Freund abgestandenen Bieres stammen, ist ansonsten aber nicht vertretbar. Wenn es wirklich frisch auf den Tisch kommen soll, dann muss das Pils in höchstens drei Minuten gezapft sein. Gelingt dies nicht, dann ist wahrscheinlich die Zapfanlage schlecht eingestellt.

Porter/Stout

Steckbrief Porter

Herkunft: London
Hefe: obergärig, gelegentlich untergärig
Glas: Nonic, Porterglas
Farbe: 40–100 EBC
Malzbasis: Pale Ale Malt, Brown Malt
Bittere: 20–30 IBU
Hopfen: Fuggles, Golding
Hopfen-Neuzüchtungen: Pacific Jade
Stammwürze: 10–14,7 °P, American-Style Imperial Porter 19,3–23,7 °P
Alkoholgehalt: 4,5–6,6 Vol. %, American-Style Imperial Porter 7–12 Vol. %
Kohlendioxidgehalt: 2,5–4 g/l
Charakteristika: karamellig süßlich, oft markantes Röstmalzaroma
Foodpairing: gegrilltes Fleisch, Braten, Ziegenkäse

Irish Stout mit typisch cremigen Schaum

Seinen Namen hat das Porter der Legende nach von den Lastenträgern (Porter) im Londoner Hafen des frühen 18. Jahrhunderts, die dieses tiefschwarze obergärige Bier als Energielieferant besonders schätzten. Es wurde in unterschiedlichen Stärken gebraut. Porter mit höherem Alkoholgehalt hieß Stout Porter („stout" bedeutet kräftig, stark). Aus sprechökonomischen Gründen wurde das einsilbige Adjektiv stout kurzerhand zum Substantiv und in Irland zu einer eigenen Biersorte, die indes nicht unbedingt besonders stark ausfallen muss. Irish Stout wird tatsächlich aus hellem Malz gebraut, allerdings unter Zugabe von etwas Röstmalz. Der cremige Schaum bildet sich dank der Zugabe von relativ viel Gerstenrohfrucht (unvermälzter Gerste)[129].

Durch den Erfolg der hellen Biere fiel Porter in England immer mehr in Ungnade. Daher wurde seine Herstellung 1940 eingestellt. Im Windschatten der Craft-Bewegung jedoch erlebt es gegenwärtig eine neue Blüte.

Im Ostseeraum Deutschlands findet man Porter („Baltic Porter") auch als untergäriges Starkbier mit 7 bis 9 Prozent Alkohol.

[129] *Siehe Hagen Rudolph (2017), S. 106.*

Rauchbier

Steckbrief

Herkunft: Traditionell, Bamberg
Hefe: meist untergärig
Glas: Willibecher oder Krug (Seidla)
Farbe: kupferfarben bis schwarz (20–80 EBC), aber auch hell
Malzbasis: Rauchmalz
Bittere: 8–30 IBU
Hopfen: Tradition, Perle
Stammwürze: 12,5–15 °P, teilweise auch höher
Alkoholgehalt: 5–6 Vol. %, teilweise auch höher
Kohlendioxidgehalt: 4,5–5 g/l
Charakteristika: meist dunkel mit kräftigem Raucharoma
Foodpairing: Brotzeit mit frischem Leberkäs oder Zwetschgenbammes

Ich hätte es mir eigentlich denken können. Aber ich frage Michael Hanreich vom *Schlenkerla*, ob bekannt ist, wann das Rauchbier erfunden wurde. „Das Rauchbier ist nicht erfunden worden. Man geht davon aus, dass im Mittelalter jedes Bier rauchig geschmeckt hat, denn man musste ja das Malz irgendwie trocknen. Um beim Malz den Keimprozess zu stoppen, muss ich ja Hitze zuführen. Und das hat man, weil es anders nicht möglich war, über offenem Feuer gemacht. Die offenen Feuer hat man mit Holz angeschürt. In unserem Fall ist es Buchen- und Eichenholz. So hat man das Malz getrocknet und gleichzeitig geräuchert. Mit der Industrialisierung im frühen 19. Jahrhundert hat man dann die Möglichkeit gehabt, viel feiner zu arbeiten und da ist es modern geworden, Biere zu brauen, die diesen Rauchgeschmack nicht haben [indem die Malze mit neutraler heißer Luft gedarrt werden]. Aber in Bamberg hat sich die Tradition mit dem Rauchbier gehalten. Hier sind die Nitrosamine jedoch ein großes Thema. Ich muss aufpassen, dass ich diese Rauchpartikel nicht mit ins Bier bekomme, was bei Nahrungsmitteln wie Chips, Pommes und Brot ja heutzutage oft ein Problem ist."

Generell muss Rauchbier aber weder aus Bamberg kommen, noch muss es ein Märzen sein, wie wir an anderer Stelle erfuhren. Im Prinzip kann jedes Bier durch Rauchmalz in der Schüttung zum Rauchbier werden. Die niederländische *Brouwerij Emelisse* etwa bietet ein „Smoked Rye IPA" an. Und von *Gänstaller Bräu* gibt es das „Rauch Royal" mit 8,2 Prozent Alkohol.

Rauchbier Märzen im typischen Willibecher

Weißbier

Steckbrief Weißbier

Herkunft: Böhmen

Hefe: obergärig

Glas: schlankes, hohes Weißbierglas

Farbe: von hell bis sehr dunkel

Malzbasis: helles oder dunkles Weizenmalz (mindestens 50 Prozent), Pilsner Malz, Wiener Malz, Münchner Malz

Bittere: dezent (9–25 IBU, je nach Stil), teilweise nur Bitterhopfung

Hopfen: Mittelfrüher, Hallertauer, Tettnanger, Tradition, Hersbrucker, Saazer, Spalter *Hopfen-Neuzüchtungen:* Huell Melon, Hallertauer Blanc, Kazbek, Mandarina Bavaria, Opal, Mischung „Fantasia"

Stammwürze: 11,7–13,8 (bei Weizenbock bis 19,3) °P

Alkoholgehalt: 4,9–5,6 (bei Weizenbock bis 9,5) Vol. %

Kohlendioxidgehalt: bis zu 8 g/l

Charakteristika: fruchtiger Körper, gute Vollmundigkeit, hohe Rezenz, „cremiger" Trunk

Foodpairing: Weißwurst mit Senf und Brezel, gebratener Fisch

In seinem „Stilporträt Weißbier"[130] erzählt Andreas Staudt die Geschichte dieser obergärigen, variantenreichen Biersorte mit ihren Höhen und Tiefen. Er vergleicht vier markante Stile miteinander: helles und dunkles Weizenbier, hellen Weizenbock und dunklen Weizendoppelbock, zwischen denen aber beliebige Abstufungen möglich sind. Und er zeigt, wie man den Geschmack in die gewünschte Richtung lenken kann, wobei für Weizenbier die Gewürz- und Fruchtaromen, hervorgerufen durch Phenole (Nelke, Gewürze) und Ester (Banane, Birne, rote Früchte), charakteristisch sind.

	Helles Weizenbier	Dunkles Weizenbier	Heller Weizenbock	Dunkler Weizendoppelbock
Stammwürze	11,5–14 °P	12–14 °P	14–17 °P	>18 °P
Bittereinheiten	9–14 IBU	10–15 IBU	15–25 IBU	15–25 IBU
Farbe	<20 EBC	25–50 EBC	15–60 EBC	30–60 EBC

Tabelle 10: Merkmale verschiedener Weizenbierstile

Helles Weizenbier, erfrischend im Sommer

Durch den hohen Weizenmalzanteil kommen dessen Besonderheiten im Weizenbier zum Tragen. Zwar gibt es immer Sonderfälle, aber im Durchschnitt bewirkt Weizenmalz gegenüber dem Gerstenmalz eine höhere Schaumstabilität, eine höhere Trübungsstabilität (Trubstoffe setzen sich nicht so schnell ab), eine höhere Viskosität („cremiger" Trunk, weicheres Mundgefühl), weniger Nelken- und mehr Bananenaroma.

Weißbier kam früher nur aus Bayern, Baden-Württemberg und Österreich. Es ist besonders spritzig und schmeckt daher sehr erfrischend, weshalb es im Sommer viele Freunde hat. Üblicherweise ist es hefetrüb, wird aber als Kristallweizen auch gefiltert und klar angeboten.

[130] *Siehe https://braumagazin.de/article/stilportrait-weissbier-von-nelken-und-bananen/*

KEIN REINHEITS-VERBOT

Eigentlich sind deutsche Gesetze und Verordnungen ziemlich trockner Stoff und damit das Gegenteil von Craft-Bier. Gar nicht so trocken sind die Regelwerke, die insgesamt das heutige „Reinheitsgebot" ergeben. Mit dem „Bayerischen Reinheitsgebot" von 1516, welches seinerzeit nur Gerste, Hopfen und Wasser als Zutaten erlaubte, haben sie entgegen anderslautender Behauptungen allerdings nur bedingt etwas zu tun.

Erfreulicherweise sind diese Gesetze und Verordnungen durchweg sehr überschaubar, nämlich jeweils nur zwei bis vier Seiten lang. Relevante Auszüge — und viel länger sind die kompletten Regelwerke auch gar nicht — zitiere ich nachfolgend als Grundlage für die anschließende Erörterung. Das Thema ist für Craft-Brauer in Deutschland von großer Bedeutung. Denn immerhin laufen sie Gefahr, mit der Verwendung von Früchten, Gewürzen und dergleichen im Bier eine Straftat oder wenigstens eine Ordnungswidrigkeit zu begehen. Ihre Bemühungen, bestehende Ketten zu sprengen, lassen sich mit Spannung verfolgen.

Bier im Namen des Gesetzes

Hier kommen also zunächst die relevanten Passagen aus einschlägigen Gesetzen und Verordnungen, nämlich der Bierverordnung, dem Vorläufigen Biergesetz und der Verordnung zur Durchführung des Vorläufigen Biergesetzes.

Die Bierverordnung

Die Bierverordnung (BierV[131]) von 1990, zuletzt geändert 2017, bestimmt:

§ 1 Schutz der Bezeichnung Bier

(1) Unter der Bezeichnung Bier — allein oder in Zusammensetzung — oder unter Bezeichnungen oder bildlichen Darstellungen, die den Anschein erwecken, als ob es sich um Bier handelt, dürfen gewerbsmäßig nur Getränke in den Verkehr gebracht werden, die gegoren sind und den Vorschriften des § 9 Abs. 1, 2 und 4 bis 6 des Vorläufigen Biergesetzes und den §§ 16 bis 19, § 20 Abs. 1 Satz 2 und §§ 21 und 22 Abs. 1 der Verordnung zur Durchführung des Vorläufigen Biergesetzes entsprechen.

(2) Abweichend von Absatz 1 dürfen im Ausland hergestellte gegorene Getränke, die nicht den in Absatz 1 genannten Vorschriften entsprechen, unter der Bezeichnung „Bier" gewerbsmäßig in den Verkehr gebracht werden, wenn sie im jeweiligen Herstellungsland unter der Bezeichnung „Bier" oder einer dieser Bezeichnung entsprechenden Bezeichnung des Lebensmittels verkehrsfähig sind. Sind diesen Getränken zulassungsbedürftige Zusatzstoffe zugesetzt worden, so gilt dies jedoch nur, wenn für diese Zusatzstoffe eine Ausnahmeregelung nach dem Lebensmittel- und Futtermittelgesetzbuch getroffen worden ist.

§ 3 Kenntlichmachung der Biergattungen

(1) Bier mit einem Stammwürzegehalt von weniger als 7 vom Hundert darf nur unter der Bezeichnung „Bier mit niedrigem Stammwürzegehalt", Bier mit einem Stammwürzegehalt von 7 oder mehr als 7, aber weniger als 11 vom Hundert darf nur unter der Bezeichnung „Schankbier" gewerbsmäßig in den Verkehr gebracht werden.

(2) Bier darf unter der Bezeichnung „Starkbier", „Bockbier" oder einer sonstigen Bezeichnung, die den Anschein erweckt, als ob das Bier besonders stark eingebraut sei, gewerbsmäßig nur in den Verkehr gebracht werden, wenn der Stammwürzegehalt 16 vom Hundert oder mehr beträgt.

§ 5 Straftaten und Ordnungswidrigkeiten

(1) Nach § 59 Abs. 1 Nr. 21 Buchstabe a des Lebensmittel- und Futtermittelgesetzbuches wird bestraft, wer

[131] Siehe https://www.gesetze-im-internet.de/bierv/BierV.pdf

1. entgegen § 1 Abs. 1 oder § 3 Abs. 2 ein Getränk unter einer dort genannten Bezeichnung oder

2. entgegen § 3 Abs. 1 Bier mit einem dort genannten Stammwürzegehalt nicht unter der vorgeschriebenen Bezeichnung

gewerbsmäßig in den Verkehr bringt.

(2) Wer eine in Absatz 1 bezeichnete Handlung fahrlässig begeht, handelt nach § 60 Abs. 1 des Lebensmittel- und Futtermittelgesetzbuches ordnungswidrig.

Unter anderem von Paragraf 5 „Straftaten und Ordnungswidrigkeiten" wird noch zu reden sein.

Das Vorläufige Biergesetz

Der in Paragraf 1 Absatz 1 der Bierverordnung genannte Paragraf 9 im Vorläufigen Biergesetz (VorlBierG[132]) von 1993 (bei der Änderung des Gesetzes im Jahr 2001 wurde nur der Name des zuständigen Ministeriums im Paragraf 25 angepasst) regelt:

(1) Zur Bereitung von untergärigem Bier darf, abgesehen von den Vorschriften in den Absätzen 4 bis 6, nur Gerstenmalz, Hopfen, Hefe und Wasser verwendet werden.

(2) Die Bereitung von obergärigem Bier unterliegt derselben Vorschrift; es ist hierbei jedoch auch die Verwendung von anderem Malz und die Verwendung von technisch reinem Rohr-, Rüben- oder Invertzucker sowie von Stärkezucker und aus Zucker der bezeichneten Art hergestellten Farbmitteln zulässig.

(3) Unter Malz wird alles künstlich zum Keimen gebrachte Getreide verstanden.

(4) Die Verwendung von Farbebieren, die nur aus Malz, Hopfen, Hefe und Wasser hergestellt sind, ist bei der Bierbereitung gestattet, unterliegt jedoch besonderen Überwachungsmaßnahmen.

---

[132] *Siehe http://archiv.jura.uni-saarland.de/BGBI/TEIL1/1993/19931400.1.HTML. In amtlichen Datenbanken ist dieses Gesetz nicht mehr zu finden, daher muss man es anderswo suchen.*

(5) An Stelle von Hopfen dürfen bei der Bierbereitung auch Hopfenpulver oder Hopfen in anderweit zerkleinerter Form oder Hopfenauszüge verwendet werden, sofern diese Erzeugnisse den nachstehenden Anforderungen entsprechen:

1. Hopfenpulver und anderweit zerkleinerter Hopfen sowie Hopfenauszüge müssen ausschließlich aus Hopfen gewonnen sein.

2. Hopfenauszüge müssen

a) die beim Sudverfahren in die Bierwürze übergehenden Stoffe des Hopfens oder dessen Aroma- und Bitterstoffe in einer Beschaffenheit enthalten, wie sie Hopfen vor oder bei dem Kochen in der Bierwürze aufweist,

b) den Vorschriften des Lebensmittelrechts entsprechen.

Die Hopfenauszüge dürfen der Bierwürze nur vor Beginn oder während der Dauer des Würzekochens beigegeben werden.

(6) Als Klärmittel für Würze und Bier dürfen nur solche Stoffe verwendet werden, die mechanisch oder adsorbierend wirken und bis auf gesundheitlich, geruchlich und geschmacklich unbedenkliche, technisch unvermeidbare Anteile wieder ausgeschieden werden.

(7) Auf Antrag kann im einzelnen Falle zugelassen werden, daß bei der Bereitung von besonderen Bieren und von Bier, das zur Ausfuhr oder zu wissenschaftlichen Versuchen bestimmt ist, von den Absätzen 1 und 2 abgewichen wird. Für die Zulassung von Ausnahmen sind die nach Landesrecht zuständigen Behörden zuständig.

(8) Die Vorschriften in den Absätzen 1 und 2 finden keine Anwendung für diejenigen Brauereien, die Bier nur für den Hausbedarf herstellen (Hausbrauer).

(9) (weggefallen)

(10) (weggefallen)

(11) Zur Herstellung von obergärigem Einfachbier darf nach Maßgabe der Zusatzstoff-Zulassungsverordnung vom 22. Dezember 1981 (BGBl. I S. 1625, 1633) in der jeweils geltenden Fassung Süßstoff verwendet werden.

Absatz 1 bestimmt, dass alle Biere, für die andere Malze als Gerstenmalz zum Einsatz kommen, obergärig sein müssen. Damit sind schon konventionelle Brauereien nicht einverstanden. „Diese Regelung hat nichts mit dem Reinheitsgebot zu tun und sollte aus Sicht der Privaten Brauereien aufgehoben werden."[133]

Absatz 6 ist die unter Craft-Brauern besonders scharf kritisierte Klausel, die technische Hilfsmittel, also Chemikalien wie das Kunststoffpulver Polyvinylpolypyrrolidon (PVPP), zum Klären des Bieres zulässt. Von denen sind Rückstände immer wieder in Bieren zu finden, wie der Gesetzestext ja durchaus einräumt. Es handelt sich dann um „technisch unvermeidbare Anteile" (die freilich vermeidbar wären, würde man die Klärmittel gar nicht erst verwenden). Immerhin sollen sie „gesundheitlich, geruchlich und geschmacklich unbedenklich" sein. Völlig ohne Auswirkungen auf den Geschmack ist PVPP dennoch nicht, denn es entzieht dem Bier wichtige Eiweißstoffe, die zum Teil auch Geschmacksträger sind und zum Körper und Mundgefühl des Bieres beitragen. Dadurch wird das Bier zwar länger haltbar, aber auch „schlanker und ein bisschen gleichförmiger", wie Wolfgang Stempfl, Geschäftsführer der *Doemens Brau-Akademie*, erläutert[134].

Carsten Nolte spricht vielen Craft-Brauern aus der Seele, wenn er bemängelt, dass Bier trotz der Verwendung von Chemikalien als „nach dem Reinheitsgebot gebraut" bezeichnet werden darf, während die Verwendung von Früchten, Rohfrucht und anderen natürlichen Zutaten nicht zulässig ist: „Das Reinheitsgebot ist meiner Meinung nach ein ganz großes Thema. Ich vertrete heute die Ansicht: Das Reinheitsgebot ist tot. 1993 kam ja dieses Vorläufige Biergesetz, das die Verwendung von bis zu 30 technischen Hilfsstoffen während des Brauens zulässt. Das ist alles von der Industrie getrieben gewesen. Da sprechen wir auch über PVPP. Die dürfen ja weiterhin trotzdem auf ihre Etiketten schreiben ‚100 Prozent Reinheitsgebot — nur Wasser, Malz, Hopfen, Hefe', weil es im Vorläufigen Biergesetz heißt: muss alles weitestgehend rausgezogen werden, bevor das Bier abgefüllt wird."

Das hat Herzog Wilhelm IV. wohl kaum im Sinn gehabt, als er am 23. April 1516 verfügte: „Wir wöllen auch sonderlichen / das für an allenthalben in unsern Stetten / Märckthen / un auff dem Lannde / zu kainem Pier / merer Stückh / dann allain Gersten / Hopffen / un Wasser / genomen un geprauche sölle werdn." So jedenfalls lautet der Originaltext des Bayerischen Reinheitsgebots, der laut Marketing der Brauindustrie nach über 500 Jahren noch immer gültig sein soll. Damit zurück in die Gegenwart und zum Vorläufigen Biergesetz.

Für die „Zulassung von Ausnahmen" nach Absatz 7 ist beispielsweise in Niedersachsen das Niedersächsische Landesamt für Verbraucherschutz und Lebensmittelsicherheit

---

[133] Siehe http://www.private-brauereien.de/de/reinheitsgebot/diskussion/index.php
[134] Tobias Becker: Das ist nicht mein Bier — KulturSPIEGEL 9/2013, S. 17.

Wie das Pier summer vñ winter auf dem Land sol geschenckt vnd prauen werden

Item Wir ordnen/setzen/vnnd wöllen/ mit Rathe vnnser Lanndtschafft / das füran allennthalben in dem Fürstenthumb Bayrñ/auff dem lande/ auch in vnsern Stettñ vñ Märckthen/da deßhalb hieuot kain sonndere ordnung ist/ von Michaelis biß auff Georij / ain maß oder kopffpiers über ainen pfenning Müncher werung/ vñ von sant Jorgen tag/biß auff Michaelis / die maß über zwen pfenning derselben werung / vnd derenden der kopff ist/ über drey haller/bey nachgesetzter Pene/nicht gegeben noch außgeschenckht sol werden. Wo auch ainer nit Mertzñ / sonder annder Pier prawen/oder sonst haben würde/sol Er doch das/kains wegs höher/dann die maß vmb ainen pfenning schencken/vnd verkauffen. Wir wöllen auch sonderlichen/ das füran allenthalben in vnsern Stetten/Märckthen/vñ auff dem Lannde/zu kainem Pier/merer stückh/dañ allain Gersten/Hopffen/vñ wasser/genomen vñ geprauche sölle werdñ. Welher aber dise vnsere Ordnung wissentlich überfaren vnnd nit hallten wurde / dem sol von seiner gerichtzöbrigkait / dasselbig vas Pier/zustraff vnnachläßlich/ so offt es geschicht / genommen werden. Jedoch wo ain Gäuwirt von ainem Pierprewen in vnnsern Stettñ/ Märckten/oder aufm lande/yezuzeitñ ainen Emer piers/ zwen oder drey/kauffen/ vnd wider vnnter den gemaynnen Pawrsuolck außschenncken würde/dem selben allain/ aber sonnst nyemandts/sol dye maß/ oder der kopffpiers/ vmb ainen haller höher dann oben gesetzt ist/ze geben/ vñ/ außzeschencken erlaubt vnnd vnuerpotñ.

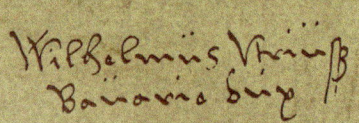

Wilhelmus Preuß
Bauarie dux

Gegeben von Wilhelm IV. Herzog in Bayern
am Georgitag zu Ingolstadt Anno 1516

Das Reinheitsgebot vom 23. April 1516 (die entscheidende Passage befindet sich in der Mitte)

(Laves) zuständig. Dieses hat 2017 drei Ausnahmegenehmigungen erteilt. Dabei ging es um Kakaobohnen, Haferflocken, Zimtstangen, Vanilleschoten, Muskatnuss, Koriandersamen, Galgantwurzel und Salbeiblätter[135]. In Hamburg heißt das zuständige Amt Behörde für Gesundheit und Verbraucherschutz (BGV). In Mecklenburg-Vorpommern wurden Markus Berberich von der *Insel-Brauerei* Anträge auf Biere mit Kreide oder zerhackten Whiskyfässern genehmigt. „Berberich spricht von einem ‚relativ unbürokratischen' Prozedere und kann mit der Ausnahmeregelung im Vorläufigen Biergesetz ‚wunderbar leben'. Eine Gesetzesänderung oder gar eine Abkehr vom Reinheitsgebot hält er für überflüssig."[136]

Jeder Brauer hat übrigens einen Anspruch auf die Erteilung der Genehmigung, urteilte das Bundesverwaltungsgericht 2005[137]. Die Behörde scheint zwar ein Ermessen zu haben. „Aus Art. 12 Abs. 1 GG [Grundgesetz] ergibt sich aber, dass die Genehmigung erteilt werden muss, sofern kein Missbrauch droht oder andere überwiegende Gemeinwohlgründe entgegenstehen". Ich komme auf dieses Urteil gleich zurück.

Die Verordnung zur Durchführung des Vorläufigen Biergesetzes

Der Vollständigkeit halber folgen hier noch die ebenfalls in Paragraf 1 Absatz 1 der Bierverordnung erwähnten Passagen aus der Verordnung zur Durchführung des Vorläufigen Biergesetzes (BierStDB[138]) von 1931 in der Fassung aus dem Jahr 2000, bei der ich allerdings Paragraf 20 Absatz 1 Satz 2 nicht finden kann, weil da kurioserweise nur ein Satz steht:

§ 16

Die Ausdrücke „Bereitung von Bier" und „Bierbereitung" sind im weitesten Sinn zu verstehen. Sie umfassen alle Teile der Herstellung und Behandlung des Bieres in der Brauerei selbst wie außerhalb dieser — beim Bierverleger, Wirt und dergleichen — bis zur Abgabe des Bieres an den Verbraucher.

§ 17

(1) Bei der Bereitung von Bier dürfen, soweit im § 9 Abs. 7 und 8 des Gesetzes nicht Ausnahmen vorgesehen sind, nur die im § 9 Abs. 1, 2 und 4 des Gesetzes zugelassenen Braustoffe

---

[135] *Lüneburger Landeszeitung, 18. August 2018, S. 17.*
[136] *Siehe https://www.zeit.de/2016/17/reinheitsgebot-bier-zutaten-malz-jubilaeum/komplettansicht*
[137] *Siehe https://www.bverwg.de/240205U3C5.04.0*
[138] *Siehe https://www.gesetze-im-internet.de/bierstdb/index.html.*

und Brauersatzstoffe verwendet werden. Die Vorschriften der Zusatzstoff-Zulassungs-verordnung sind anzuwenden. Farbebier muß aus Gerstenmalz, Hopfen, untergäriger Hefe und Wasser hergestellt werden, es muß vergoren sein.

(2) Die zulässigen Braustoffe müssen in der Beschaffenheit verwendet werden, in der ihnen die im Gesetz gewählte Bezeichnung zukommt.

(3) Das Malz darf sowohl in ganzen, enthülsten oder unenthülsten Körnern, wie auch zerkleinert, trocken, angefeuchtet, ungedarrt, gedarrt und geröstet verwendet werden.

(4) Zur Bereitung von obergärigem Bier darf Malz auch aus anderem Getreide als Gerste verwendet werden. Reis, Mais oder Dari gelten nicht als Getreide im Sinne des § 9 Abs. 3 des Gesetzes.

§ 18

Rüben-, Rohr- oder Invertzucker ist technisch rein, wenn er mindestens 99,5 Gewichts-hundertteile Zucker, bezogen auf den Trockenstoff, enthält. Stärkezucker ist der aus natürlicher Stärke gewonnene Zucker. Es ist zulässig, den Zucker auch in der Form von wäßrigen Lösungen zu verwenden.

§ 19

Wasser im Sinne des § 9 Abs. 1 des Gesetzes ist alles in der Natur vorkommende, gesundheitlich unbedenkliche Wasser sowie solches Wasser, das nach Maßgabe der jeweils geltenden lebensmittelrechtlichen Vorschriften für Trink- oder Brauzwecke aufbereitet worden ist. Maische oder Würze darf mit auf dem Malz natürlich vorkommenden Milchsäurebakterien, auch wenn sie vermehrt worden sind, angereichert werden.

§ 20

(1) Die Verwendung von Rückständen, die bei der Bereitung obergärigen Bieres verbleiben, zu dem anderes Malz als Gerstenmalz oder zu dem Zucker verwendet wurde, ist bei der Bereitung untergärigen Bieres nicht zulässig.

(2) bis (4) (weggefallen)

§ 21

Als obergärig gelten die mit obergäriger, Auftrieb gebender Hefe hergestellten, als untergärig die mit untergäriger, ausschließlich zu Boden gehender Hefe bereiteten Biere.

§ 22

(1) Zucker und aus Zucker hergestellte Farbmittel (gebräunter Zucker) dürfen nur bei der Bereitung von solchem Bier verwendet werden, dessen Würze mit reiner obergäriger Hefe, also weder mit untergäriger Hefe noch mit einer aus obergäriger und untergäriger Hefe zusammengesetzten Mischhefe, angestellt worden ist. Die nach Landesrecht zuständige Behörde kann jedoch im Bedürfnisfall widerruflich zulassen, daß unter Zuckerverwendung oder aus Weizenmalz hergestellten obergärigen Bieren eine verhältnismäßig geringe Menge untergäriger Hefe oder untergäriger Kräusen (in Gärung befindlicher, mit untergäriger Hefe angestellter Würze) zum Zweck einer besseren Klärung oder zur Erzielung eines festeren Absetzens der Hefe zugesetzt wird. Die Zulassung ist an folgende Bedingungen und Auflagen zu knüpfen:

a) Der Zusatz der untergärigen Kräusen darf 15 vom Hundert, der Zusatz der untergärigen Hefe 0,1 vom Hundert der Menge der mit reiner obergäriger Hefe angestellten Würze nicht überschreiten; an untergäriger Hefe dürfen jedoch nicht mehr als 50 vom Hundert der verwendeten Menge obergäriger Hefe zugesetzt werden. Einfachbier, das unter Verwendung von Süßstoff hergestellt und in der Brauerei nur angegoren wird, dürfen bis zu 75 vom Hundert der insgesamt zu verwendenden Hefe untergärige Hefe zugesetzt werden;

b) untergärige Hefe oder untergärige Kräusen dürfen niemals in den Anstell- oder Gärbottichen zugesetzt werden, sondern, wenn das Bier die Haupt- und Nachgärung in der Brauerei durchmacht, erst in den Gär- und Lagerfässern und auch hier erst, wenn keine Hefe mehr ausgestoßen wird und der auftretende zarte weiße Schaum erkennen läßt, daß die Hauptgärung und der erste Teil der Nachgärung – die sogenannte beschleunigte Nachgärung – beendet sind. Wenn das Bier in der Brauerei nur angegoren wird, darf der Zusatz erst im Abziehbottich oder in den Versandgefäßen stattfinden..

Craft-Bier und kreative Lösungen

Lange wurde das Deutsche Reinheitsgebot — auf das viele im Land stolz sind, obwohl sie die Regelungen im Detail nicht kennen — von Kritikern als lästige Beschränkung gesehen. Inzwischen meinen kreative Bierbrauer jedoch, dass sie ganz locker damit umgehen können. Denn erstens bieten sich auch innerhalb seiner Grenzen unzählige Variationsmöglichkeiten durch den Einsatz und die Kombination neuer oder ungewöhnlicher Malze, Hopfensorten und Hefen oder durch Veränderungen des Brauprozesses. Zweitens muss sich niemand davon abschrecken lassen, die Bande des Reinheitsgebots abzuschütteln. Andere Zutaten sind zumeist nicht verboten — schlimmstenfalls darf man sein Erzeugnis dann in Deutschland eben nicht mehr Bier nennen.

Michael Hanreich betrachtet das ähnlich entspannt. „Ja, ist halt einfach so. Und da kommt immer wieder die Frage auf, ob ich das Reinheitsgebot als Handicap ansehe. Sehe ich nicht, denn ich kann ja all diese Biere, die jetzt modern sind, nach dem Reinheitsgebot brauen. Wenn ich aber ein Gewürzbier braue oder Bier mit Kaffeebohnen, muss ich ja nicht draufschreiben Kaffeebohnenbier, sondern es ist dann halt irgendwie umschrieben und jeder weiß, dass es ein Bier ist. Da gibt es in der Rhön das *Pax Bräu*[139], eine kleine Brauerei, und die schreibt extra drauf ‚kein Bier'. Das ist eine einfache Lösung. Daher finde ich das Reinheitsgebot kein Hemmnis. Man kann das Ganze umgehen. Die Kreativität bleibt auch in Deutschland erhalten, wenn man sich ein bisschen was einfallen lässt, was man aufs Etikett druckt. Ich bin der Meinung, dass die Meisten diese Biere gezielt suchen und Ahnung von dem Ganzen haben und so ein Bier bestimmt nicht übersehen, nur weil nicht draufsteht Exportbier oder Weißbier."

Und er fährt fort: „Also, da ist das Frontetikett, was viele jetzt findig gestalten, und das Brustetikett, was optisch wirkt. Das Rückenetikett ist aber in diesem Zusammenhang das Entscheidende. Hier steht, was der Gesetzgeber erwartet. Und wenn ich nicht raufschreibe ‚Bier' und ‚nach dem Reinheitsgebot', sondern den Alkoholgehalt, der draufstehen muss, sowie die Inhaltsstoffe, dann ist die Kreativität bezogen aufs Reinheitsgebot in keinster Weise eingeschränkt und — die *Bierothek* ist das beste Beispiel — die Biere werden trotzdem gekauft. Es gibt ja deswegen in irgendwelchen Bierlokalen kein Ausschankverbot in dem Sinne, dass das Bier nicht ausgeschenkt werden darf, weil es nicht nach dem Reinheitsgebot gebraut wurde. So gesehen ist vom Gesetzgeber kein Hemmnis gegeben. Davon wird zwar immer geredet, aber ich frag mich warum. Ich seh das nicht so."

---

[139] Siehe https://pax-braeu.de

Anders ausgedrückt: Gibt der Kreativbrauer unerlaubte Zutaten ins Bier, genügt eine Bezeichnung wie „Biermischgetränk", „bierhaltiges Getränk" oder „kein Bier", um die Vorschriften elegant zu umkurven. Die Idee höre ich häufiger. Mit dieser vermeintlichen List wird Bier irgendwie erwähnt, ohne dass der Brauer sein Erzeugnis direkt als Bier deklariert. Die meisten Freunde besonderer Biere verstehen dann schon, was gemeint ist — nämlich Bier, welches Gesetzen, die dem Reinheitsgebot nicht entsprechen, nicht entspricht. Klingt nach Haarspalterei — aber was soll man machen, wenn die Gesetze sind, wie sie sind? Schließlich geht es um eine gute Sache, nämlich um Craft-Bier. Neben dem Getränk an sich, der Namensgebung und dem Etikett bietet die geschickte Umschreibung scheinbar eine weitere Gelegenheit, seinen Einfallsreichtum unter Beweis zu stellen. Doch Vorsicht — die Sache gestaltet sich durchaus etwas verzwickter.

Dieses Schlupfloch ist eventuell nicht so groß wie erhofft — und vielleicht gar nicht vorhanden. Denn Paragraf 1 Absatz 1 der Bierverordnung („Schutz der Bezeichnung Bier") bezieht sich ausdrücklich auf Getränke, die „unter der Bezeichnung Bier" oder — und jetzt kommt's — „unter Bezeichnungen oder bildlichen Darstellungen, die den Anschein erwecken, als ob es sich um Bier handelt" gewerbsmäßig in Verkehr gebracht werden. Dazu dürften wohl auch alle „Kein Biers" unter den Craft-Bieren zählen, die äußerlich wie Bier gestaltet sind. Möglicherweise genügt schon das Abfüllen in typische Bierflaschen. Sobald sie jedenfalls „den Anschein erwecken", Bier zu sein, müssen sie dem Paragraf 9 des

Biere mit Etiketten im klassischen Design

Vorläufigen Biergesetzes sowie der Verordnung zur Durchführung des Vorläufigen Biergesetzes entsprechen. Tun sie dies nicht (weil sie unerlaubte Zutaten enthalten), dann handelt es sich laut Paragraf 5 Absatz 1 Punkt 1 der Bierverordnung — so verstehe ich den Passus — um eine Straftat.

Wobei ich die Formulierungen und Querverweise für ein gelungenes Beispiel misslungener Transparenz halte. Wer steigt da noch durch? Der Gesetzgeber selbst offenbar nicht mehr, wenn eine Verordnung sogar auf einen fehlenden Satz in einer anderen Verordnung verweist (siehe oben). Sollte meine Auslegung richtig sein, dann hätten wir freilich eine groteske Situation. Die Verwendung von Plastikgranulat wäre erlaubt und stünde mit dem „Reinheitsgebot" in Einklang. Die Zugabe von Früchten und Kräutern wäre hingegen eine Straftat und der Kreativbrauer stünde mit einem Bein im Gefängnis. Das ist mündigen Bürgern wirklich schwer zu vermitteln.

In diesem Zusammenhang kann ich sehr gut nachvollziehen, dass die UNESCO das Reinheitsgebot aufgrund des industriellen Charakters der Bierproduktion vorerst nicht in die Liste des immateriellen Weltkulturerbes aufnehmen will[140].

Tipp: *Immerhin bleiben für Craft-Bier-Brauer die Ausnahmegenehmigungen nach Paragraf 9 Absatz 7 des Vorläufigen Biergesetzes (siehe oben). Diesen Weg sollten sie auch wählen, zumal sie laut Bundesverwaltungsgericht einen Anspruch auf die Ausnahmegenehmigung haben. Das erscheint mir vorläufig sicherer als die Verwendung einer kreativen Bezeichnung für sein „Kein Bier".*

Kommen wir nun also ausführlicher zum bereits erwähnten Urteil des Bundesverwaltungsgerichts aus dem Jahr 2005[141]. Im fraglichen Fall ging es um die Zugabe von Invertzuckersirup für ein untergäriges Schwarzbier namens „Schwarzer Abt" (zur Erinnerung: Invertzucker darf laut Vorläufigem Biergesetz nur für obergärige Biere verwendet werden). Das Gericht schreibt gleich zum Einstieg in den Leitsätzen:

„Mit dem Grundrecht der Berufsfreiheit wäre es nicht vereinbar, die Herstellung von Bier ausnahmslos dem deutschen Reinheitsgebot zu unterwerfen. § 9 VorlBierG genügt den verfassungsrechtlichen Anforderungen, weil er die Möglichkeit von Ausnahmen vorsieht. Allerdings ist eine großzügige Handhabung geboten.

[140] Siehe https://www.zeit.de/2016/17/reinheitsgebot-bier-zutaten-malz-jubilaeum/komplettansicht
[141] Siehe https://www.bverwg.de/240205U3C5.04.0

Ein unter Einhaltung des Reinheitsgebots gebrautes untergäriges Bier, dem nach der Filtrierung aus geschmacklichen Gründen Invertzuckersirup zugesetzt wird, ist ein ‚besonderes Bier' im Sinne von § 9 Abs. 7 VorlBierG, dessen Herstellung genehmigt werden kann.

Ein ‚besonderes Bier', dessen Herstellung genehmigt ist, darf unter der Bezeichnung ‚Bier' in den Verkehr gebracht werden."

In der Begründung des Bundesverwaltungsgerichts findet sich unter Punkt II 1. b) folgende bemerkenswerte Passage:

Diese Bestimmungen unterwerfen das Herstellen von Bier dem sogenannten deutschen Reinheitsgebot, das seit 1516 in Bayern gilt und seit Ende des 19. Jahrhunderts auch in Baden (1896) und in Württemberg (1900) anerkannt ist, ins Reichsrecht allerdings erst 1906 aufgenommen wurde (Gesetz wegen Änderung des Brausteuergesetzes vom 3. Juni 1906, RGBl S. 622) und im Beitrittsgebiet [den neuen Bundesländern] erst seit dem 1. Januar 1993 wieder gilt (...).

Ob dieses Reinheitsgebot verfassungsrechtlich zu rechtfertigen ist, ist umstritten. Es stellt eine Berufsausübungsregelung dar und schränkt damit das Grundrecht des Bierbrauers aus Art. 12 Abs. 1 GG ein. Seinen rechtfertigenden Grund findet es nicht in den Belangen des Gesundheitsschutzes, sondern allein in der Pflege einer kulturellen Tradition – der deutschen Braukunst – und der Gewährleistung eines bestimmten Produktniveaus. (...) Die Pflege der kulturellen Tradition und die Gewährleistung eines bestimmten Produktniveaus erfordern es nicht, alle Abweichungen vom Reinheitsgebot zu verbieten, als handele es sich dann zwangsläufig um minderwertiges, trügerisches (gepanschtes) oder gar gefährliches Bier. Es genügen vielmehr Regelungen, die eine Fortsetzung der deutschen Brautradition auf anderem Wege sicherstellen, etwa privilegierende Bestimmungen des Kennzeichnungsrechts (vgl. unten 2.) oder auch Regelungen über die Ausbildung zum Braumeister.

Der vorliegende Fall erfordert nicht, zu den aufgezeigten verfassungsrechtlichen Bedenken abschließend Stellung zu nehmen. Mit Art. 12 Abs. 1 GG unvereinbar wäre es jedenfalls, die Herstellung von Bier dem Reinheitsgebot ausnahmslos zu unterwerfen; zu rechtfertigen ist die Geltung des Reinheitsgebots vielmehr allenfalls als Regel, die begründeten Ausnahmen zugänglich ist. § 9 VorlBierG genügt diesen Anforderungen, weil er in Absatz 7 die Möglichkeit von Ausnahmen vorsieht. Allerdings muss die Auslegung und Anwendung dieser Vorschrift von den beschriebenen verfassungsrechtlichen Anforderungen geleitet sein. Das verlangt eine großzügige Handhabung.

Noch einmal zusammengefasst: Das Reinheitsgebot schränkt das Grundrecht auf Berufsfreiheit ein. Da es aber keinen übergeordneten Belangen (Gesundheitsschutz), sondern lediglich der „Pflege einer kulturellen Tradition" und der „Gewährleistung eines bestimmten Produktniveaus" dient, müssen Abweichungen möglich sein und sind großzügig zu handhaben!

„Der Bayerische Brauerbund hat sich davon allerdings nicht irritieren lassen und dazu 2014 festgestellt, dass er am strengen bayerischen Reinheitsgebot festhalten wolle und [dass] auch die Herstellung sogenannter Besonderer, vom Reinheitsgebot abweichender Biere in Bayern weiterhin unzulässig bleiben solle", schreibt der Bayernkurier[142].

„Eigentlich kann man momentan doch alles machen — außer in Bayern natürlich", meint Alexander Welzel achselzuckend. „Soweit ich weiß, macht der Brauerbund nur in Bayern so starke Schwierigkeiten. Da weichen manche Brauereien dann auch ins Ausland aus, nach Tschechien oder Österreich oder in benachbarte Bundesländer."

Bei der Tatsache, dass im Ausland gebraute Biere in Deutschland unter der Bezeichnung „Bier" verkauft werden dürfen, die in Verkehr zu bringen heimischen Brauern untersagt ist, handelt es sich um eine Inländerdiskriminierung. Oliver Wesseloh, Gründer der *Kreativbrauerei Kehrwieder* in Hamburg und einer der profiliertesten Kritiker des Reinheitsgebots, weist darauf hin, dass der Deutsche Brauer-Bund natürlich weiß, dass eine Klage vor dem EU-Gerichtshof das Reinheitsgebot wahrscheinlich zu Fall bringen würde. „Das nennt sich umgekehrte Diskriminierung. Das ist erlaubt, wenn Berufsgruppen der Meinung sind, sich selber diese Pflicht auflegen zu wollen. Das ist auch der wunde Punkt des Biergesetzes gegenüber dem EU-Recht."

Eindringlich warnt er aber davor, das Kind mit dem Bade auszukippen. „Wenn die Leute sich nicht mehr diskriminieren wollen, dann würde EU-Recht gelten. Das hätte den Nachteil, dass dann alles erlaubt wäre, was laut EU-Recht zulässig wäre, also auch künstliche Farb- und Aromastoffe. Daher sollte man also auch vorsichtig sein. Dann kommt der Geist aus der Dose heraus, den der Brauer-Bund ja immer beschwört: Chemie, künstliche Enzyme, Farbstoffe, Aromastoffe und was sonst noch. Darum muss man aktiv an einer Umgestaltung arbeiten, damit wir auch zukünftig einen besonderen Status für deutsche Biere haben. Aber das bedeutet: Zusammenarbeit. Wenn man meint, man muss da mauern und das aussitzen, dann ist man sicherlich im falschen Boot."

Und daher plädiert er für ein Natürlichkeitsgebot. „Mein Ansatz ist, dass ich zur Bierbereitung alle natürlichen Rohstoffe verwenden kann. Aber halt in ihrer natürlichen Form."

[142] Siehe https://www.bayernkurier.de/wirtschaft/20777-widerstand-gegen-unreines-bier/

Irish Stout und Barley Wine

Also beispielsweise Kirschen ja, Kirschmuttersaft auch, Kirschsaftextrakt nicht. Hopfenextrakt auch nicht und PVPP schon gar nicht. Auch keine Maßnahmen, die der verlängerten Haltbarkeit dienen wie die Pasteurisierung – „Es sei denn, sie ist verfahrenstechnisch notwendig. Wenn ich mit einer Brettanomyces arbeite und dann an einem Punkt der Gärung sage, jetzt ist genau das Aroma erreicht, ich habe aber noch Restzucker, dann musst du die Hefe stoppen. Dann müsstest du entweder steril filtrieren, was ich noch schlimmer fände, oder eben pasteurisieren. Aber wenn es nur der Verlängerung der Haltbarkeit dienen sollte, ist eine Pasteurisierung nicht okay." Man könnte „das Reinheitsgebot einfach ergänzen bzw. erweitern. Das hat Georg Schneider, der eigentlich ein Verfechter des Reinheitsgebotes ist, schön formuliert, als ich ihn mal angesprochen habe bezüglich der Holzfassreifung, die er ja macht. Das ist eindeutig eine Aromatisierung der Biere. Er sagte: ‚Das Reinheitsgebot ist ja über die Jahrhunderte immer wieder modifiziert worden. Wir arbeiten nicht mehr mit der Form von 1516.'"[143]

---

[143] *Siehe http://www.bierhandwerk.de/interview/kreativitaet-statt-reinheit/*

Tobias Seidel darf sein Columbian Coffee Stout aufgrund der Inhaltsstoffe nach dem Reinheitsgebot jedenfalls nicht Bier nennen. Wäre der Begriff Stout schon ausreichend, um das Reinheitsgebot zu umgehen, oder ist er da auch nicht ganz sicher? „Das ist ganz schwierig. Es wird mal so, mal anders ausgelegt. Bei dem Belgian Style Wit ist es die belgische Brauart und das darf ich aus meiner Sicht brauen, weil ich es ja nur nachmache. Nach dem Reinheitsgebot natürlich nicht, aber das ist Auslegungssache. Ich hab Kollegen, die in Tschechien brauen, weil sie hier Ärger bekommen haben mit dem Brauerbund. Es ist schon lockerer geworden, aber immer noch ein heikles Thema. Die einen sind dafür, die anderen dagegen. Ich find das Reinheitsgebot super. Es ist Tradition. Man wird als Brauer in der Lehre schon drauf getrimmt, dass man stolz darauf sein kann und dass es einfach eine Ehre ist, in Deutschland eine Brauer-Ausbildung zu machen und nach dem Reinheitsgebot das alles zu lernen und nicht wie in anderen Ländern Enzyme zuzugeben und sonst was. Dennoch bin ich der Meinung, wenn jemand nach dem Reinheitsgebot braut, sollte er dies für die Kunden draufschreiben dürfen. Und wenn nicht, sollte es trotzdem Bier genannt werden dürfen. Das sollte man alles ein bisschen entkrampfter handhaben."

Wie in Österreich vielleicht. Im Biercodex des Österreichischen Lebensmittelbuchs, Kapitel B 13[144] wurde 2015 die Kategorie „Kreativbiere" aufgenommen:

3 KREATIVBIERE

3.1 Definition

Kreativbiere sind Biere mit besonderen natürlichen Rohstoffen bzw. besonderer Herstellungsart oder nach einem internationalen Bierstil hergestellt. Der Basischarakter ist Bier, was durch die eingesetzten Cerealien, Hopfen und der alkoholischen Gärung zum Ausdruck gebracht wird. Mindestens 50 % des eingesetzten Extraktes müssen aus Cerealien gemäß Abs. 1.2 oder Erzeugnissen aus diesen stammen.

Unter natürlichen Rohstoffen versteht man zum direkten Verzehr geeignete Produkte landwirtschaftlichen Ursprungs und Lebensmittel.

Unter besonderer Herstellungsart versteht man z. B. Spontangärung, Holzfassreifung, Milchsäuregärung.

Der Zeitpunkt der Zugabe an Zutaten oder Getränken erfolgt während der Bierherstellung, somit im Sudhaus, während des Gärungs-, Reife- bzw. Lagerungsprozesses.

[144] Siehe https://www.verbrauchergesundheit.gv.at/lebensmittel/buch/codex/B_13_Bier_9_10_2018.pdf

Nicht als Kreativbiere gelten Mischungen von Bier gemäß Abs. 1.1 mit weiteren Zutaten oder Lebensmitteln.

3.2 Aromen, Enzyme, Farbstoffe, Süßungsmittel

Ein Zusatz von Aromen im Sinne der Aromenverordnung findet nicht statt. Der Zusatz von Enzymen, Farbstoffen und Süßungsmitteln ist nicht üblich.

3.3 Bezeichnung

Die Bezeichnung enthält das Wort „Kreativbier" in Kombination mit der besonderen Rohstoff- oder Herstellung(sart) sowie der Kategorisierung; z. B. „Kreativbier mit Honig, Vollbier", „Kreativbier mit x % Maroni, Schankbier", „Kreativbier, Vollbier, Stout".

Auf die quantitative Inhaltsdeklaration (QUID)-Bestimmung der LMIV wird hingewiesen.

Der Deutsche Brauer-Bund (und ebenso seine Regionalverbände, etwa der Bayerische Brauerbund) vertritt die Interessen zumindest eines Teils seiner Mitglieder. Das ist legitim. Bloß ... was für ein Interesse ist das? Vor allem dann, wenn kreative Ansätze unterbunden werden, die der Sache — dem Bier nämlich — keineswegs schaden, sondern ihm zu neuem Ansehen, neuen Freunden, neuen Möglichkeiten und neuen Umsätzen verhelfen. Daher könnte der Verband sich eines Tages vielleicht sogar damit arrangieren und für Craft-Bier und Kreativbier öffnen. Anzeichen dafür sehe ich, wenn der Hauptgeschäftsführer des Deutschen Brauer-Bundes Holger Eichele über die Wirkung schwärmt, die von Craft-Brauereien ausgeht. „Tatsächlich ist in Deutschland ein neuer Markt für neue Biere entstanden. Die Craft-Beer-Szene ist nach wie vor ein Motor, der Funken schlägt und wichtige Impulse setzt. Dank einer weiter wachsenden Zahl von Neugründungen haben wir im Sommer [2018] die Marke von 1.500 Brauereien in Deutschland überschritten. Das sind alles Betriebe, die meist sehr, sehr unterschiedlich sind. In ihrer Ausrichtung, ihrer Positionierung, ihren Erfolgschancen."[145]

Bleibt festzuhalten, dass eine Lockerung des „Reinheitsgebots" kein Reinheitsverbot wäre. Craft-Brauer möchten mit natürlichen Rohstoffen interessante Biere herstellen, haben nach meiner Wahrnehmung aber überhaupt kein Interesse daran, die erlaubten technischen Hilfsstoffe zu verwenden. Das Reinheitsgebot sollte — wie von Oliver Wesseloh skizziert — in modifizierter Form als Natürlichkeitsgebot erhalten bleiben. Aber es sollte erhalten bleiben. Und zwar als Damm gegen das EU-Recht.

---

[145] *Siehe https://www.hopfenhelden.de/biermarkt-deutschland-craft-beer/*

KEIN ETIKETTEN-SCHWINDEL

Neben dem Reinheitsgebot finden sich aber noch anderen Vorschriften für Brauer. Marc Brammer berichtet: „Wir haben vom Lebensmittelamt — die haben Proben genommen — mitgeteilt bekommen, dass Alkoholgehalt, Füllmenge und das Wort Bier auf demselben Etikett sichtbar sein müssen. Wir haben den Alkohol vorne und die Füllmenge hinten angegeben — darum geht es. Zudem war die Schriftgröße zu klein. Das hab ich immer gesagt. Ich hab dem Designer die Soll-Schriftgrößen gegeben. Das kleine x einer bestimmten Schriftart muss mindestens 2 Millimeter hoch sein. Oder halt 4 Millimeter bei einer anderen Information. Alles andere war okay. Im Jahr davor haben sie uns mitgeteilt, dass wir aus hygienischen Gründen einen Halter für Papier-Einweghandtücher in der Brauerei haben müssen — wir hatten da immer ein Handtuch hängen — und dass die Chemie nicht im Raum stehen soll, auch wenn das in fast jeder Brauerei geschieht. Aber gut, soll nicht sein."

Brauereien haben in der Tat keine freie Hand bei der Gestaltung ihrer Flaschenetiketten. Vielmehr unterliegen sie einer Vielzahl von Bestimmungen, die sich auch ändern können. So gilt in Deutschland beispielsweise die europäische Lebensmittel-Informationsverordnung (LMIV)[146] erst seit dem 13. Dezember 2014. Sie hat die Lebensmittel-Kennzeichnungsverordnung (LMKV) abgelöst. Einschlägig sind zudem das Lebensmittel- und Futtermittelgesetzbuch (LFGB)[147] und weitere.

---

[146] Siehe https://eur-lex.europa.eu/legal-content/DE/TXT/PDF/?uri=CELEX:32011R1169&from=DE
[147] Siehe https://www.gesetze-im-internet.de/lfgb/LFGB.pdf

Etikettencheck – scheint alles zu passen

Die folgenden Ausführungen sollen Craft-Brauern in Deutschland praxisnahe Hinweise geben, worauf sie zu achten haben. Ich orientiere mich an einem Skript von Dario Cotterchio[148] vom *Forschungszentrum Weihenstephan für Brau- und Lebensmittelqualität*, der sich durch den Dschungel der Gesetze und Verordnungen gekämpft hat, und ergänze dies um weitere Informationen, nenne aber nicht jedes Detail der Vorschriften.

Folgende Angaben sind Pflicht, wobei die Elemente 1. bis 6. im gleichen Sichtfeld (also auf dem gleichen Etikett) anzubringen sind:

1. Verkehrsbezeichnung: Dies ist die „nach allgemeiner Verkehrsauffassung übliche Bezeichnung", etwa Pils, Export, Dunkel. Bei einer Stammwürze von unter 7 Grad Plato *muss* dort „Bier mit niedrigem Stammwürzegehalt" stehen, bei einer Stammwürze von 7 bis unter 11 Grad Plato „Schankbier". Als „Starkbier" usw. *darf* es nur bezeichnet werden, wenn die Stammwürze mindestens bei 16 Grad Plato liegt (siehe Paragraf 3 der Bierverordnung).

2. Füllmenge: Sie ist nach Volumen in den Einheiten Milliliter (ml), Centiliter (cl) oder Liter (l) anzugeben, und zwar bei einer Füllmenge von 5 bis 50 ml mit einer Schriftgröße von 2 mm (bezogen auf das kleine x der verwendeten Schriftart — siehe die Definition im Anhang IV der LMIV), bei über 50 bis 200 ml mit 3 mm, bei über 200 bis 1.000 ml mit 4 mm und bei über 1.000 ml mit 6 mm.

3. Mindesthaltbarkeitsdatum (MHD): Dem MHD muss ein „mindestens haltbar bis" vorangehen. Da es kein Verfallsdatum ist, kann der Artikel nach Ablauf des MHD bei einer erhöhten Sorgfaltspflicht des Verkäufers weiterhin verkauft werden. Wenn das MHD von den Lagerbedingungen beeinflusst wird, müssen Angaben wie „gekühlt und lichtgeschützt aufbewahren" erfolgen.

4. Alkoholgehalt: Der Angabe wird „Alkohol" oder „alc." vorangestellt. Ihr folgt ein „% vol" oder „% vol." (ohne oder mit Punkt). Der Alkoholgehalt erfolgt mit einer Dezimalstelle (hinter dem Komma). Abweichungen nach oben oder nach unten dürfen laut Anhang XII der LMIV bis 5,5 % vol maximal 0,5 Prozent, darüber 1,0 Prozent und bei Biermischgetränken 0,3 Prozent betragen. Hintergrund dürfte unter anderem sein, dass man nicht bei jeder kleinen Abweichung zwischen den einzelnen Suden neue Etiketten drucken muss.

---

[148] *Dario Cotterchio: Die Kennzeichnung von Bier / Lebensmittelrechtliche Verpflichtungen bei der Etikettengestaltung (ohne Jahr) — siehe https://hobbybrauer.de/forum/wiki/lib/exe/fetch.php/dokumente:bier-etikettengestaltung.pdf — siehe für weitere Regelungen auch Fohr/Kiesbye/Stempfl (2018), S. 289 ff.*

5. Herstellerangabe: Die Angabe des Herstellers muss so ausführlich sein, dass ein Brief mit den gemachten Angaben ihn „problemlos und ohne weitere Nachforschungen erreichen" kann.

6. Zutatenverzeichnis: Der Zutatenliste muss das Wort „Zutaten" oder der Satz „gebraut aus folgenden Zutaten" vorangehen. Die Zutaten werden „in absteigender Reihenfolge ihres Gewichtsanteils" genannt und durch Kommas getrennt. Wasser wird als „Wasser" oder „Brauwasser" angegeben. Für Allergiker muss die Malzart („Gerstenmalz" usw.) genannt werden. Für Hopfendolden, Hopfenpellets oder Hopfenpulver genügt die Angabe „Hopfen". Hopfenextrakt muss als solcher gekennzeichnet sein. Hefe muss nur angegeben werden, wenn sie im Bier enthalten ist. Kohlensäure muss nur als „Gärungskohlensäure" deklariert werden, wenn sie aus einem anderen Brauprozess stammt.

7. Losangabe: Die Losangabe besteht aus einer Kombination von Buchstaben oder Zahlen und muss bei Reklamationen betriebsintern Rückschlüsse auf die exakte Produktionscharge zulassen. Bei einem unverschlüsselten MHD mit Tag, Monat und Jahr kann sie entfallen.

8. Die Angaben müssen in deutscher Sprache und leicht verständlich an gut sichtbarer Stelle erfolgen. Sie müssen deutlich sichtbar, leicht lesbar und unverwischbar sein. Und sie dürfen nicht durch andere Bildzeichen verdeckt oder getrennt werden. Nährwertangaben sind laut Artikel 16 (4) LMIV „nicht verpflichtend für Getränke mit einem Alkoholgehalt von mehr als 1,2 Volumenprozent".

HYGIENE BEIM BRAUEN

Sauberkeit ist ein wichtiger Aspekt beim Brauen. Zwar schützt sich das Bier zu einem gewissen Grad selbst. Es enthält Hopfen, Kohlendioxid und Alkohol, es steht unter Druck und ist idealerweise gut gekühlt. Dies alles sind Faktoren, die das Wachstum von Keimen hemmen. Trotzdem kann ein Sud untergehen. Dann sind Hopfen und Malz verloren, und daher kommt auch das Sprichwort. Schlimm genug, wenn dies einmal geschieht. Mancher Brauer hat aber schon erlebt, dass Keime sich irgendwo eingenistet und einen Sud nach dem anderen geschädigt haben — trotz aller Bemühungen, sie zu beseitigen. Es kann schwierig sein, die Ursache für das Problem zu finden und abzustellen.

Der Craft-Brauer (dessen Name ich zur Abwechslung hier verschweige) öffnet eine Flasche Bockbier, schenkt einen Schluck ein. Er hat uns gewarnt. Und richtig ... das Gebräu schmeckt unangenehm sauer, ungenießbar. Wir kippen es weg. „Dieses Bier ist jetzt ein halbes Jahr alt — eigentlich sollte da nichts schief gehen. Aber trotzdem haben wir mal Keime im Bier. Die sind natürlich die ganze Zeit schon enthalten, nur geht die Keimzahl unter ungünstigen Bedingungen irgendwann logarithmisch nach oben. Gerade bei diesem Bockbier — 7,4 Prozent Alkohol — da hätte ich jetzt gar kein Problem erwartet. Aber diese Kiste ist zurückgekommen aus der Gastronomie. Die hatten das Bier zehn Tage. Und wenn sie es zehn Tage bei den sommerlichen Temperaturen in der Garage stehen haben und es dann zurückbringen, weil sie es nicht verbraucht haben, da kann das halt passieren. Natürlich sollten die Keime gar nicht erst drin sein, dann können sie sich auch nicht vermehren."

Bei einer einzelnen Kiste lohnt es sich wohl kaum. Generell jedoch lässt sich ein misslungener, saurer Sud eventuell sogar noch nutzen. Sofern eine Brennanlage verfügbar ist, kann der Brauer sein Bier destillieren (lassen). Mit etwas Glück tauchen die Geschmacksfehler im Bierbrand nicht mehr auf. Natürlich lässt sich auch ein gelungener Sud brennen. Wer dies von Anfang an plant, sollte das betreffende Bier so stark wie möglich brauen. Ein hoher Alkoholgehalt ist eine gute Basis für den späteren Bierbrand. Aber dies sei nur am

Immer eine Option, manchmal auch die letzte Rettung — Destillation

Rande erwähnt. Das Brauen eines Superstarkbiers wird in meinem Buch „Heimbrauen für Fortgeschrittene" ausführlicher beschrieben (ab der zweiten Auflage).

Besser wäre aber, wie gesagt, wenn Keime gar nicht erst ins Bier gerieten.

Wie arbeitet die *Dachs-Brauerei*, um eine weitgehende mikrobiologische Reinheit zu gewährleisten? „Mit viel Chemie halt. Wir haben hier das Problem, dass wir unsere Sudpfanne mit Gas heizen — nicht mit Dampf. Wir haben hier keinen Dampf, den wir gerne zum Sterilisieren der Abfüllanlagen und so weiter hätten. Rohrleitungen reinigen wir mit Lauge, Säure und dem Desinfektionsmittel Wasserstoffperoxid (H_2O_2). Wir vermeiden, Hefen öfter zu nutzen, kaufen also jedes Mal neue Hefe. Bei der Lagertankreinigung nehmen wir die Dichtungen raus, nehmen die Ausläufe raus, reinigen die auch per Hand und versuchen insgesamt, so sauber wie möglich zu arbeiten. Unser Problem ist tatsächlich, dass wir keinen Dampfanschluss haben. Im Bereich Gärbottiche schrubben wir von Hand mit Bürste und Lauge. Die Anschlüsse und Probeentnahmeventile werden auch mit Bürsten bearbeitet, mit Zahnbürsten teilweise, weil selbst eine verunreinigte Schweißnaht schon ein Infektionsherd sein kann."

Wie gestaltet sich die Reinigung der Leitungen der Zapfanlage? „Die meisten machen eine kombinierte mechanisch-chemische Reinigung (beispielsweise mit speziellen Reinigungsperlen). Wir machen eine chemische. Wir haben eine Waschmaschinenpumpe, eine Tauchpumpe für einen Eimer, in dem ich Lauge vorlege, und dann wird die Leitung durchgepumpt, quasi immer im Kreis, durch den Zapfhahn hindurch in den Eimer. Ich nehm erst Natronlauge, dann Wasser, dann Salpetersäure, um eventuelle Laugenreste zu neutralisieren. Und dann spül ich mit kaltem Wasser aus. Lauge lässt sich eigentlich nur mit heißem Wasser ausspülen, die Säure aber gut mit kaltem Wasser (daher kommt sie nach der Lauge). Beim Desinfektionsmittel gibt es oft Streit. Manche nehmen Chlor, aber Chlor ist nicht ideal. Davon können Rückstände bleiben, die die Gärung beeinflussen, und es ist aggressiv sogar gegen Edelstahl. Wasserstoffperoxid (H_2O_2) wiederum ist relativ aggressiv auch gegenüber der Haut. Da gibt es in den Brauereien große Philosophieunterschiede. Wasserstoffperoxid benutzt man zum Schluss. Es wird teilweise in der Leitung stehen gelassen und dann wird das Bier direkt raufgeschoben. Wenn die es in der Rohrleitung stehen haben, zwischen Lagertank und Filter zum Beispiel, dann schiebt das Bier aus dem Lagertank das H_2O_2 in den Gulli und wird dann direkt auf den Filter gefahren. So kann in der Zwischenzeit nichts passieren. Es gibt eine Mischzone, aber die ist relativ klein. Und Reste vom H_2O_2 zerfallen in die harmlosen Bestandteile Wasser und Sauerstoff."

PIBE's arbeitet mit 4-prozentiger Natronlauge. Nach dem Abfüllen eines Sudes, wenn sie die Gär- und Bierrückstände aus den Leitungen entfernen wollen, verbinden sie alle Tanks (hier durch eine CIP-Kugel, die durch Rotation das Wasser im Tank verteilt), Rohrleitungen und Schläuche miteinander und pumpen die Natronlauge im Kreis durch das gesamte System. Zur Sanitisierung[149] ihrer Flaschen und Geräte benutzen sie 70-prozentigen Isopropylalkohol. Sie verwenden auch Zitronensäure und für leichte Verschmutzungen den Sauerstoffreiniger „Oxi" (Natriumcarbonat-Peroxyhydrat).

CIP steht für „Clean in Place" und bedeutet, dass beispielsweise Fässer oder Tanks nicht demontiert werden müssen. Die Innenreinigung erfolgt mit Hilfe spezieller Düsen, Sprühkugeln, Sprühköpfe oder rotierender Düsen, die in das Behältnis geschoben und mit einem Hochdruckreiniger betrieben werden. Nach der Reinigung kann bei Bedarf eine „Sterilisation in Place" (SIP) folgen.

Für Hobby- und Craft-Brauer mit kleineren Anlagen bietet sich die Verwendung von Zitronensäure an, die als Pulver oder Granulat auch in größeren Gebinden und recht preisgünstig erhältlich ist. Zitronensäure ist wegen ihrer Vielseitigkeit ohnehin in vielen Haushalten vorhanden. Sie dient beispielsweise zur Reinigung von hartnäckig verschmutzten Töpfen und Pfannen, als Waschmittel und Fleckentferner, als Wasserenthärter, zum Entkalken von Wasch- und Spülmaschinen, zur Körperpflege (Gesichtsmasken, Badebomben usw.) und für die Herstellung von Lebensmitteln (wie Marmeladen, Brausepulver, Eistee, Sportdrinks) als allerdings bisweilen umstrittener Lebensmittelzusatzstoff E 330. Sie wird auch zum Korrosionsschutz von Edelstahl und als Rostentferner eingesetzt. Zitronensäure ist reizend, darf nicht in die Augen gelangen und sollte mit der gebotenen Umsicht behandelt werden.

Interessant für die Endreinigung von Braugerätschaften und Abfüllgefäßen ist auch der „Spezialreiniger für den Braubedarf" One2Clean®[150]. Er enthält Dinatriumcarbonat und eine Verbindung mit Hydrogenperoxid, jedoch weder Chlor, noch Sulfate, noch Phosphate, noch organische Verbindungen. Nachspülen ist nicht erforderlich, denn Anhaftungen sind unbedenklich. Sie wirken sich sogar günstig auf die Hefe aus und beschleunigen den Gärbeginn. Allerdings ist auch dieser recht scharfe Reiniger mit Vorsicht zu behandeln — die Warnhinweise sollten beachtet werden. Edelstahl greift er nicht an. Andere Metalle hingegen, etwa die Drähte von Bügelverschlüssen, sollten aufgrund der Korrosionsgefahr mit dem Reiniger nicht in Berührung kommen.

---

[149] *Sanitisierung ist die signifikante Reduzierung der Keimzahl, während Sterilisation deren vollständige Abtötung ist.*
[150] *Siehe http://www.one2clean.de*

NACHWORT

Dies war meine Expedition ins Bierreich, mein Eintauchen in den Dschungel der Craft-Biere. Interessanten Menschen durfte ich begegnen, die gerne über das Thema sprachen und die mich (und meine Leser) auskunftsfreudig an ihren Erfahrungen teilhaben ließen. So hoffe ich, dass Hobbybrauer und Craft-Brauer in diesem Buch viele nützliche Anregungen finden. Allerdings setze ich Grundkenntnisse voraus. Für Einsteiger und auch für Fortgeschrittene gibt es genügend Bücher auf dem Markt, die diese Grundlagen schaffen.

Daneben hoffe ich, dass nicht-brauende Craft-Bier-Freunde trotz aller mitunter recht technischen Hinweise für Brauer genügend lesenswerten Stoff finden, um ihre Begeisterung für Craft-Bier zu fördern. Auch wenn sie (noch) nicht selbst brauen, dürften ihnen die vielen angesprochenen Details interessante Einblicke in die Herstellung ihres Lieblingsgetränks bieten. Sie lassen immerhin erahnen, mit wie viel Hingabe zum kreativen Brauen und mit welchem Aufwand viele dieser Biere entstehen.

Vielleicht schreibe ich irgendwann ein zweites Buch über Craft-Bier mit weiteren Erfahrungen, Tipps und Informationen. Einige Unternehmen und Ansprechpartner stehen bereits auf meiner Wunschliste. Und wer weiß, welche neuen Entwicklungen uns erwarten. Wer etwas dazu beitragen möchte und gute Ideen, erfolgreiche Experimente, lustige Begebenheiten, neue Erkenntnisse, lehrreiche Fehler oder Anregungen aller Art mit anderen Craft-Bier-Freunden teilen möchte, darf mir gerne darüber berichten (Mail an: info@hagenrudolph.de).

Carsten Nolte meint zum Abschluss unseres Gesprächs: „Ich finde, Bier ist einfach toll. Das ist ein Produkt, was wir gefühlt zumindest in der westlichen Welt alle sprechen. Wenn du da in den USA rumläufst oder in England oder in Dänemark oder so — alle finden Bier klasse. Alles ist entspannt und alle können sich darüber einigen. Und dann gibt es immer mal zwei, drei Verrückte dazwischen, die sich noch ein bisschen mehr dafür interessieren. Echt cool ..."

Allen, die sich ein bisschen mehr dafür interessieren, wünsche ich, dass sie ihr nächstes Craft-Bier genießen ... und dass sie sich gerne noch ein zweites davon einschenken.

ANHANG

Tabelle Neue Hopfensorten (seit 2000) *im Überblick*

Name	Her-kunft	Alpha-säure	Gabe	Frei-gabe	Aroma	Biersorte
Ahtanum	USA	5,7–6,3	A	2004	Apfelblüte, Pfeffer	US Ales, Lager
Amarillo	USA	7,0–12,0	B/A	2003	Aprikose, Grapefruit	US Ales, IPA
Ariana	D	9,0–13,0	B/A	2016	Grapefruit, Cassis, Geranie, Zitrone, Stachelbeere, Vanille	Helles, Pils, Märzen, Weizen
Apollo	USA	16,2–18	B	2006 ?	Limette, Grapefruit, Kiefer, würzig	IPA
Azacca	USA	12,7	A	2014	Zitrusfrüchte, Mango, Apfel, Birne, Tannen-nadeln	US Ales, IPA
Bohemie	CZ	5,0–8,0	B/A	2010	Kräuter, Heu	Pils, Lager
Bouclier	FR	7,5–8,5	A	2005	Kräuter, Piment	UK/Belgische Ales
Bravo	USA	15,0–18,0	B	2006	Orange, Vanille	US Ales
Callista	D	2,0–5,0	A	2016	Maracuja, Grape-fruit, Pfirsich, Stachelbeere, Pinie	Helles, Pils, Märzen, Weizen
Citra	USA	11,5–15,5	B/A	2008	Zitrus, Stachel-beere	US Ales, Weizen
Delta	USA	5,5–7,0	A	2009	Melone, Limette	Bitter, US/US Ales
Ella	AUS	13,0–16,5	B/A	2007	Zitronenmelisse, Salbei	US Ales

Name	Land	Alpha %	Typ	Jahr	Aroma	Biersorten
Endeavour	UK	8,0–10,5	B/A	2002	Zitrone, Rote Johannisbeere	UK Ales
Ekuanot (Equinox)	USA	13,0–16,0	A	?	Zitrus, Beeren, Apfel, Melone, Papaya, Guave, grüne Paprika, kräutrig	Pale Ale, IPA, Double IPA, Pilsner
Eureka	USA	17,2–19,9	B/A	?	Kiefer, Schwarze Johannisbeere, schwarze Beeren, Zitrus, Kräuter	US Ales, IPA, Saisons
Flyer	UK	8,0–14,5	B/A	2011	Süßholz, Steinobst	UK Ales
Galaxy	AUS	11,5–16,0	B/A	2009	Blaubeere, Pfirsich	US Ales
Glacier	USA	4,0–7,5	B/A	2000	Holundersirup, Zwetschge	US Ales, US Wheat
Hallertauer Blanc	D	9,0–12,0	B/A	2012	Weißwein, Zitronengras	Weizen
Harmonie	CZ	5,0–8,0	B/A	2004	würzig, Zwiebel	Lager, Pils
Herkules	D	12,0–17,0	B	2005	Pfeffer, Orangenschale	Lager, Kölsch, Alt, Weizen
Hüller Melon	D	6,5–7,5	A	2012	Honigmelone, reifer Pfirsich	Weizen
Jester	UK	7,0–9,0	B/A	2012	Tropische Früchte, Grapefruit	UK Ales
Kazbek	CZ	4,0–7,0	A	2008	Zitronenmelisse, Tropische Früchte	Lager, Kölsch, Alt, Weizen
Magnat	PL	12,0–13,5	B	2012	Kiefernnadeln, Zitronenmelisse	Lager, Kölsch, Alt, Weizen
Mandarina Bavaria	D	8,5–11,0	A	2012	Mandarine, Cassis	Lager, Ales, Weizen
Merkur	D	12,0–14,5	B/A	2000	Minze, Ananas	Lager, Ales, Weizen
Minstrel	UK	5,0–7,0	B/A	2012	Orangen, Waldbeeren	Ales
Mosaic	USA	10,5–14,0	A	2012	Limette, Stachelbeere	US Ales, US Wheat

Nelson Sauvin	NZ	11,5–13,5	B/A	2000	Weißwein, Stachelbeere	Ales, Saisons
Opal	D	5,0–8,0	B/A	2000	Aprikose, Bergamotte	Ales, Lager, Weizen
Pacific Jade	NZ	12,0–14,5	B/A	2004	Zitronenschale, Pfeffer	Lager, US Ales, Porter
Palisade	USA	6,5–10,0	A	2004	Aprikose, Heu	US Ales
Pilgrim (P38)	UK	9,0–13,0	B/A	2000	Limette, Grapefruit	UK/US Ales
Polaris	D	18,0–24,0	B/A	2012	Eisbonbon, Minze	Weizen, Ales
Rakau	NZ	10,0–11,0	B/A	2007	Feige, Steinobst	Ales
Saaz Late	CZ	3,5–6,0	A	2010	Veilchen, Himbeeren	Lager
Sabro	USA	12,0–16,0	A	?	Kokosnuss, Ananas, Minze, Sahne	IPA
Saphir	D	2,0–4,5	A	2002	Kräuter, Orangenblüte	k. A.
Simcoe	USA	11,5–15,5	B/A	2000	Passionsfrucht, Brombeere	US Ales
Smaragd	D	4,0–6,0	B/A	2001	Tabak, Kräuter	Ales, Lager
Sonnet	USA	2,6–6,0	A	2009	Holz, Wildblumen	Ales, Lager
Sovereign	UK	4,5–6,5	B/A	2006	Wildblumen, Kräuter	UK Ales
Summit	USA	17,0–20,0	B/A	2003	Zitrus, Grapefruit, Orange	UK/US Ales, IPA
Tahoma	USA	6,0–7,5	A	2013	Zedernholz, Grapefruit	US Ales
Triskel	FR	8,0–9,0	A	2006	Tabak, Honigmelone	Belgische Ales, Saison
WAI-ITI	NZ	2,5–3,5	A	2011	Pfirsich, frische Limone	k. A.
Yakima Gold	USA	7,0–8,0	B/A	2013	Grapefruit, Zitronengras	US Ales

Tabelle 11: 48 neue Hopfensorten (seit 2000 freigegeben) – B = Bittergabe / A = Aromagabe[151] – zu weiteren neuen Sorten habe ich noch keine ausreichenden Informationen gefunden

[151] *Quelle: Jan Brücklmeier (2018), S. 460 ff sowie die Online-Shops mehrerer Hopfenhändler und andere.*

LITERATUR

Barth, Heinrich Joh./Klinke, Christiane/Schmidt, Claus: Der große Hopfenatlas, Verlag Hans Carl, Nürnberg 1994

Brücklmeier, Jan: Bier brauen, Eugen Ulmer KG, Stuttgart 2018

Bühring, Ursel: Alles über Heilpflanzen, Eugen Ulmer KG, Stuttgart 2015

Fohr, Markus/Kiesbye, Axel/Stempfl, Wolfgang: Die neue Bierkultur 4.0, Verlag Hans Carl, Nürnberg, 2018

Hanghofer, Hubert: Bier brauen, BLV Verlagsgesellschaft, München 1999

Heyse, Karl-Ullrich (Hrsg.):
Handbuch der Brauerei-Praxis, 3. Aufl., Verlag Hans Carl, Nürnberg 1995

Narziß, Ludwig: Abriß der Bierbrauerei, 6. Aufl., Ferdinand Enke Verlag, Stuttgart 1995

Pütz, Jean/Gollhardt, Heinz: Bier, selbstgebraut, in: Das Hobbythek-Buch 7, S. 7–40 – Verlagsgesellschaft Schulfernsehen, Köln 1982

Rudolph, Hagen: Selber Bier brauen, Midena Verlag, Augsburg 1999

Rudolph, Hagen: Heimbrauen, 6. Aufl., Verlag Hans Carl, Nürnberg 2018

Rudolph, Hagen: Heimbrauen für Fortgeschrittene, 4. Aufl., Verlag Hans Carl, Nürnberg 2017

Thaler, Richard: Misbehaving, Siedler Verlag, München 2018

DVD

Rudolph, Hagen: Selber Bier brauen, 3. Aufl., Dahlenburg 2007 (beim Autor erhältlich)

DANKSAGUNG

Folgenden Personen danke ich herzlich für die teils ausgedehnten Gespräche und die interessanten Informationen und Anregungen. Viele von ihnen waren mit leuchtenden Augen beim Thema. Ihre Begeisterung für das Bierbrauen war offensichtlich. Hier sind sie in der Reihenfolge der Interviews und mit der Position, die sie zum Zeitpunkt des Interviews bekleideten:

→ **Michael Hanreich**, Braumeister beim *Schlenkerla (Brauerei Heller)* in Bamberg,

→ **Tobias Seidel,** Braumeister im Craft-Bier-Restaurant *Kronprinz* in Bamberg,

→ **Alexander Welzel,** Geschäftsführer von *Hopfen der Welt* in Ellingen,

→ **Ulrich Peise,** Technischer Leiter bei der *Hefebank Weihenstephan* in Au in der Hallertau,

→ **Marc Brammer,** Brauer und Mälzer, Mitbegründer der Brauerei *Dachs* in Klein Sommerbeck,

→ **Frieder Dähnhardt,** Geschäftsführer des Craft-Bier-Ladens und Cafés *Avenir* in Lüneburg,

→ **Carsten Nolte**, Brauer im *Brauhaus Nolte* in Lüneburg,

→ **Sabine Weyermann**, Geschäftsführerin der *Mälzerei Weyermann®* in Bamberg,

→ **Thomas Vogel,** Diplom-Biersommelier und Geschäftsführer der *„DAS BIER!" Brausysteme GmbH* in Schüttorf,

→ **Christian Herkommer,** Geschäftsführer der *Hopfen und mehr GmbH* in Neukirch,

→ **Pitt Denecke** und **Benjamin Boba,** Craft-Bier-Brauer, Gründer der Brauerei *PIBE's* in Sülbeck (Reinstorf),

→ **Rudolf Eisemann,** Geschäftsführer der *Hildegard Eisemann KG* (Hopfen und Hopfen-produkte) in Spechbach,

→ **Ralf Messing,** Kundenberater der *Wilhelm Eder GmbH* (Fasshandel) in Bad Dürkheim,

→ **Ulrike Genz,** Brauerin der *Schneeeule Brauerei GmbH* in Berlin.

Sollten die Aussagen meiner Gesprächspartner irgendwelche Ungenauigkeiten oder Fehler enthalten, bitte ich, nachsichtig zu sein und mich darüber zu informieren. Die genannten Personen haben meine Fragen meist spontan und nach bestem Wissen und Gewissen beantwortet. Sie konnten während der Interviews selbstverständlich nichts nachschlagen oder recherchieren. Nach Möglichkeit habe ich das übernommen und einige Zahlen und andere Details später ergänzt oder im Zweifelsfall entfernt. Trotzdem mögen Fehler durchgeschlüpft sein, die ich bedaure und gegebenenfalls für spätere Auflagen beseitigen möchte.

Dies gilt ebenso für Fehler, die mir selbst unterlaufen und durch alle Kontrollen gerutscht sein mögen — irgendwas übersieht man immer. Für deren Reduzierung danke ich meinen Korrekturleser(inne)n Dagmar Petermann (für ihre ganz besonders wachsamen Augen), Ulrich Peise (Hefekapitel), Thomas Vogel, Michael Schmitt und Sabine Raab.

REGISTER

Symbole

A

B

Vita

Dr. Hagen Rudolph (geboren 1961) ist promovierter Wirtschafts- und Sozialwissenschaftler und arbeitet als Autor und Lyriker. Er hat bereits 36 Sachbücher zu sehr unterschiedlichen Themen und viele teils wissenschaftliche Aufsätze publiziert. Daneben schreibt er Gedichte, Balladen und Kurzgeschichten, die bislang in fünf Bänden verfügbar sind. Weitere Informationen finden Sie unter „www.hagenrudolph.de".

Seit 1996 ist er zudem als Hobbybrauer tätig. Aus dem Hobby entwickelte sich schnell ein professionelles Standbein. Hagen Rudolph veröffentlichte bislang drei Bücher und eine Lehr-DVD über das Bierbrauen und trug mit rund 150 Seminaren zur neuerlichen Verbreitung dieser alten Tradition bei.